此书为中国教育学会2024年度教育科研一般规划课题"新课标背景下语文课程'教-学-评'一体化教学生态理论与实践研究"（课题编号202427020215B）阶段性研究成果。

梦山书系

小学语文
"教—学—评"
互动理论与实践

黄国才 ◎ 著

海峡出版发行集团｜福建教育出版社

图书在版编目（CIP）数据

小学语文"教—学—评"互动理论与实践/黄国才著. —福州：福建教育出版社，2025.4（2025.10 重印）. —ISBN 978-7-5334-9223-6

Ⅰ. G623.202

中国国家版本馆 CIP 数据核字第 2025GV3833 号

Xiaoxue Yuwen "Jiao—Xue— Ping" Hudong Lilun Yu Shijian

小学语文"教—学—评"互动理论与实践
黄国才　著

出版发行	福建教育出版社
	（福州市梦山路 27 号　邮编：350025　网址：www.fep.com.cn
	编辑部电话：0591-83779615　83726908
	发行部电话：0591-83721876　87115073　010-62024258）
出 版 人	江金辉
印　　刷	福州报业鸿升印刷有限责任公司
	（福州市仓山区建新镇建新北路 151 号　邮编：350082）
开　　本	710 毫米×1000 毫米　1/16
印　　张	15
字　　数	230 千字
插　　页	1
版　　次	2025 年 4 月第 1 版　2025 年 10 月第 2 次印刷
书　　号	ISBN 978-7-5334-9223-6
定　　价	39.80 元

如发现本书印装质量问题，请向本社出版科（电话：0591-83726019）调换。

序

生来奔走万山中　踏尽崎岖路自通

——"老黄牛"国才老师印象

他个子不高才学高，做事干练。

他有点幽默，喜欢与教研员同事、语文老师开开玩笑，大家认为他好接触、好相处，很接地气。

他做讲座，多媒体用得比较少，边讲边在黑板上写，讲讲擦擦，各种观点烂熟于心。

他的身影经常出现在学校里。八闽大地，从农村到城区小学，不管学校大小，邀请讲学有求必应、乐此不疲。

他经常在机场、车站、动车上专注地看书、写作、审稿、思考问题。他算得上小学的"红学"专家，为了研究《红楼梦》，看原著，听录音，开教学研讨会，亲自上《"凤辣子"初见林黛玉》一课，并指导刘冰老师执教此课在全国小语专委会组织的青年教师教学观摩研讨活动中荣获特等奖。

他，就是福建省普通教育教学研究室教研员、特级教师、正高级教师——黄国才。面对纷繁复杂的社会，黄老师像"老黄牛"一样，内心沉静，淡定从容，勤恳工作。三十多年来，为了语文教育、教学、教研，他不断实践，思考，由浅入深，经历了多次蜕变，最终成为小语界的专家。

精彩课堂是山里"研"出来的

黄老师是从大山里走出的专家。他的成就从根本上说，是源于他广博而深厚的学养。黄老师是一个勤奋的语文教育实践者。从初登讲坛到骨干教师，从乡村教师一跃成为县级、省级教研员，几十年如一日，在课堂上实践着、探索着，边教边研，边研边教。

文天祥曾说"高山流水，非知音不能听"。我听过他二三十堂课，总感到课如其山、山如其课，"好课"如山。

教学目标像山峰一样醒目。"教什么"是阅读教学的核心问题。如果"教什么"没有解决好，方法越好越糟糕。教师要以专业视角读懂课文和学生，确定"教什么"。如教学《红楼春趣》，他确定了两个目标：（1）能较熟练地概括"放风筝"的故事情节，说出对宝玉的印象，探讨"放风筝"所表达出来的"趣"。（2）能结合《红楼梦》的阅读经验（或有所了解的）以及对比课后"阅读链接"（林庚《风筝》），初步探讨《红楼春趣》"春"和"趣"的含义，体验文学阅读的审美乐趣，激发学生阅读《红楼梦》原著的兴趣。这两条目标既符合略读课文的特点，又符合文学作品阅读的规律。

问题是思维的引擎。黄老师常说"问题要少而精，问到思维的'痛处'"。黄老师在课堂上提问如山中涓涓细流清澈见底。如执教《王戎不取道旁李》提的问题：你觉得《王戎不取道旁李》，作者省略了什么内容？为什么要省略？人们为什么"认为王戎'自幼聪慧'"？（而不问"王戎是一个怎样的人？"）我们要向王戎学习什么？……他认为问题"精"，还包括问题要有"开放性""生成性"，更要激发学生质疑。通俗地说，问题要"好玩"一点。

学生的思维像登山一样步步实在。美国著名生态学家阿尔多·李奥帕德（Aldo Leopold）曾提出，人类要学会"像山一样思考"。像山一样思考，就是像一个生态系统那样去思考。黄老师提出"让思考成为阅读习惯"。他执教《在柏林》一课像"登山"一样，步步落实，环环紧扣，一一到位，训练学生思维。

第一步：借助预习检查，说一说，开启精准思维之门。"你们昨天预习时做了哪几件事？"（学生愕然，一时无法回答，几秒后有人醒悟）接着以自己已完成的任务为情境，引导简洁有序地归纳：一查资料；二查字典，理解不懂的词语；三熟读课文，提问题。

第二步：补充资料了解背景，写一写，播撒对比思维的种子。先听老师背诵杜甫的《石壕吏》，想一想这首诗写了什么故事、主题是什么；然后引导思考战争给你留下什么画面和感受，用一两个词写一写。

第三步：梳理小说文脉，读、说并用，落实整合思维训练。小小说篇幅简短却内涵丰富。黄老师借用板书先厘清文脉；接着，引导学生复述重现文脉；最后，反复朗读，引导学生进入角色、进入情境，体会情感。

第四步：补写小说结尾，写、评、议、改结合，锤炼审辩式思维。学生写完后当场评议修改，再和原文比较。三个回合下来，学生始终处于积极的思维状态中。

第五步：再续资源背景，释疑又存疑，呵护审辩思维幼芽。课的结尾黄老师提出：小说读完了，现在你们还有什么问题？学生提出以下问题：小说写火车驶出柏林，题目却是"在柏林"，为什么？老兵那么老却还得上前线，不是白送命吗？老头狠狠地扫了一眼，难道他早就知道答案了吗？她在沉思什么？她不是疯了吗，为什么还会沉思呢？为什么两个小姑娘会"不假思索"？黄老师有意设置再提问环节，让学生发现之前未留意到的问题，带着问题走出教室……

荀子在《劝学》中说"积土成山，风雨兴焉；积水成渊，蛟龙生焉；积善成德，而神明自得，圣心备焉。故不积跬步，无以至千里；不积小流，无以成江海"。黄老师的课是一步一步"研"出来的，充满了智慧。

研究成果是路上"磨"出来的

"生来奔走万山中，踏尽崎岖路自通。"黄老师现在虽然生活在大城市，但仍然保持着山民的勤劳本色。他每天晚上锻炼身体的方式很特别，提着鞋子赤脚走路一两公里，脚底磨起厚厚的茧。这得益于他母亲的教育。黄老师的母亲是位地道的农家妇女，目不识丁，但通情达理，勤劳善良，永不服输。她把十几个孩子拉扯大，靠的就是这种精神。他母亲有许多"格言"，如"人争气，火争烟""人无面皮，贼也可做""天上落油饼，还要起得早"……这对他的成长产生了重大的影响。特别是那句"天上落油饼，还要起得早"，比他上学后知道的"勤能补拙""天道酬勤"对他的影响还要深刻得多！

他这股磨劲在工作中表现得淋漓尽致。从2010年开始，他主持全国教育科学"十二五"规划2014年度教育部重点课题"国际阅读素养框架下的我国小学阅读教学和测试改革的实践研究"。2018年经全国教育科学规划领导小组办公室审核鉴定为"良好"等级，2021年被评为福建省基础教育教学成果一等奖。

好成果是磨出来的。为了研究这一课题，他精读10多部专著；确定21个单位和立项8个课题协作研究，他本人主持并完成其中5个课题，撰写系列论文 31 篇；深入课堂听评课 1800 多节，撰写案例 30 余篇；在"国培班"、统编教材培训班上作讲座 10 余场；以此理论指导的课例，有 4 人荣获国家级特等奖或一等奖。可谓"十年磨一剑"。

教育思想是爱中"流"出来的

他最爱两个人。一个是他 94 岁的老母亲。现在他们家族有 80 多口人，为了孝敬老母亲，他每年召集家人聚会一两次。还有一个是他 2 岁多的外孙。他给外孙的每一张照片都配一首诗，出版了一本儿童诗集《外公的诗》。

斯霞老师说过，一个教师用胜似母爱之爱来爱学生、爱下一代，这是对教育事业热爱的集中体现，也是对祖国和人民之爱的具体表现。黄老师在家庭的熏陶下，身上也体现着"童心""母爱"式教育思想。

他主张要认识童心价值，理解童心，保护童心，站在儿童的视角来看世界，尊重儿童立场，把儿童当作儿童（而不是成人眼中的儿童）。他提出"微笑是送给孩子最美的礼物"。他提倡语文教师为学生用心做好三件事：一是好写字，写好字；二是好读书，读好书；三是好作文，作好文。他认为教儿童有分享、有方法、有思考地阅读，是阅读之所以需要教师教的根本理由，是评判学生阅读品质和教师教学品质高下的核心标准。他主张把古诗词读进儿童的心里去。如果把中华优秀传统文化比作一条巨龙，那么，古诗词就是这条巨龙的眼睛。所以，在儿童心田里播种了古诗词的种子，长大了走到哪里都有一颗"中国心"。

黄老师这样的"童心语文"思想不是一时的心血来潮，而是他三十多年的坚守，闪耀着理性的光辉。

黄老师的新作《小学语文"教—学—评"互动理论与实践》是其"童心语文"思想的核心部分。读其书，知其人；知其人，读其书。

是为序。

胡和春

2024 年 10 月

自 序

好好教学

教学，好像无须再说了。

其实不然。

因为许多流行的教学讨论不仅没有真正讨论到点上，而且多半缺乏哲理的根据。比如"是先教还是先学""是多教还是多学""是以教为中心还是以学为中心"等。这些讨论都犯了一个致命的错误，就是将教学这个有机体人为地割裂开来。这些讨论正如朱光潜先生所言："关于内容与形式的辩论——例如'形式重要抑内容重要''形式决定内容，抑内容决定形式'之类——大半缺乏哲理的根据。"[①] 因此，这样的讨论对于教学未必有益，甚至可能是一种伤害。

教学，即教学生学。教与学是一个你中有我我中有你、互相影响互相促进的有机整体。这点古人早就有定论——"教学相长"。教学，怎么会是谁先谁后、谁多谁少、谁主谁次的关系呢？

教学的机制，是因为学，因为学的需要，所以教；又因为教启发学、促进学、成就学，直至超越教，所以学。同时，教又及时地吸收学的养分，随时调整、改进、完善，使之更好——教得更好同时带来学得更好——如此切磋互动、循环往复。我主张"好好教学"大抵如此。

比如，说某老师"牵着学生的鼻子走"，那是因为教得死板，教得生硬，教得效益低。这样教并非没有学的发生，只是学得有限，学得"无法"又"无情"——这样的学不会有多少"后劲"。如何变教师"牵着学生的鼻子走"为"指个方向一起走"呢？比如组织春游：老师决定去哪里、怎么去、做什么——便是"牵着学生的鼻子走"。（这样的春游，学生往往是眉开眼笑去，

---

① 朱光潜. 谈文学[M]. 东方出版中心，2016：85.

愁眉苦脸回——因为回来要写作文。）如果教师和学生一起讨论，一起筹划，最后拿出一个最佳的"游法"——就是"指个方向一起走"了。（即便回来要写作文也甘愿，因为是集体决定。）这个决定的过程看似学实有教，看似教实是学。这样的教学必然超越单向的教，也超越被动的学。这样教，便是和学生一起在"做"中教、"用"中教、"创"中教。简单的春游尚且如此，何况心智培育？

所谓好好教学，是教因为学，促进学，成就学，最终使学超越教；学因为教，成于教，最终"用不着教"，甚至超越教。如此不断互动、不断互化、不断互超，形成素养导向的"教—学—评"互动一体的学习生态。这才是教学之本质、教学之本义。

追求抑或实现"更加公平更高质量的教育"实始于"好好教学"。

因此，好好教学吧。

是为序。

目　录

新课标·新修订教材解读篇

1. 语文课程评价：构建素养导向的教—学—评良性互动的教学生态
   ——《义务教育语文课程标准（2022年版）》解读 …………………… 3
2. 2022年版课标的变化及其对教学的影响 …………………………………… 12
3. 在"发展型学习任务群"旨归下的阅读与习作教学改进建议 …………… 23
4. "评价建议"解读：伴随教学过程开展评价 ……………………………… 32
5. 语文课程社会主义先进文化教育：核心要素、基本原则与关键策略 … 41
6. 把握修订教材特点　用好教材改进教学
   ——统编修订版小学语文教材解读和教学建议 …………………… 49
7. 新修订小学语文教材"阅读"编排特点和教学建议 …………………… 60
8. 新修订小学语文教材"习作"编排的意图解读和教学建议 …………… 68
9. 落实习作新理念：构建"读—写—改—评—用"一体化的教学生态 … 78
10. 新修订教材识字与写字：把汉字当作汉字教与学 ……………………… 88
11. 整本书读思达：学理、价值和实施路径 ………………………………… 96
12. 如何提升学生整本书的阅读力 …………………………………………… 105
13. 阅读日记：为阅读思考存证，为精神成长留痕 ………………………… 111
14. 不超标　分类别　少而精　亲力为
    ——小学语文作业设计研究 ………………………………………… 116
15. 对标扣本命题　等级评定成绩
    ——加强考试管理背景下毕业班考试和成绩评定实践研究 ……… 122
16. 聚焦写话/习作命题设计，促进书面表达能力健康发展 ……………… 129

17. 小学语文"跨学科综合性作业"设计的要领和原则 …………… 133
18. 改进综合性学习评价　培养学生综合能力 …………… 142

教材解读与教学建议篇

19. 基于程序性知识，提高阅读策略单元教学效益 …………… 149
20. 巧用策略　提高效能
　　——六上"有目的地阅读"策略单元教学建议 …………… 155
21. 整体观照，边写边读，优化习作单元教学 …………… 162
22. 读课文　用课文　学写美景
　　——四下第五单元习作单元教学建议 …………… 167
23. 观照学习全程　提升思维品质
　　——五下第六单元思维单元解读与教学建议 …………… 172
24. "把文学当作文学"
　　——基于"文学阅读与创意表达"学习任务群的四下第六单元解读与教学建议 …………… 181
25. 指导学生尝试作研究和学术表达
　　——综合性学习单元"遨游汉字王国"的价值追求和教学建议 … 189
26. 《综合性学习：奋斗的历程》教材解读和教学建议 …………… 197
27. 《综合性学习：难忘小学生活》教材解读与教学建议 …………… 203
28. 革命文化类课文教学的价值和建议 …………… 212
29. 古典名著课文教学：把握共性　突出个性
　　——五下第二单元解读与教学建议 …………… 216
30. 基于幼小科学衔接的小学"适应期"语文教学建议 …………… 220

新课标·新修订教材解读篇

1. 语文课程评价：构建素养导向的教—学—评良性互动的教学生态

——《义务教育语文课程标准（2022年版）》解读

《义务教育语文课程标准（2022年版）》（以下简称2022年版课标）新增了"学业质量"一章，明确了学业质量内涵和学业质量标准，体现语文学习的基本质量要求，这是形式和结构上的重大突破。明确了学业质量内涵及其标准，自然要有配套的实施措施，2022年版课标的"评价建议"集中阐明如何通过评价操作体现学业质量内涵以及检验学业质量达到标准的程度，实现"教—学—评"一致性，达成育人的课程目标。

研读2022年版课标，我们可以发现有关课程评价的内容无处不在、无时不有，仅"评价"一词就出现了110次，比《义务教育语文课程标准（2011年版）》多出21次。2022年版课标对评价的重视提升到前所未有的高度，这是基于近三十年的探索研究所明确的导向。1992年颁布的《九年义务教育全日制小学语文教学大纲（试用）》将评价作为"教学中应该注意的几个主要问题"之一，2000年《九年义务教育全日制小学语文教学大纲（试用修订版）》新增"教学评估"一节，2001年《义务教育语文课程标准（实验稿）》新增"评价建议"一节，《义务教育语文课程标准（2011年版）》进一步充实"评价建议"内容，2022年版课标新增"学业质量"一章。显然，评价从未"缺席"，并且所占比例不断上升。教育评价事关教育发展方向，有什么样的评价"指挥棒"，就有什么样的办学导向，也就有什么样的教学导向。可见，2022年版课标重在让质量标准及其评价"归位"且成为"最核心的标准"。

一、准确理解语文课程评价的标准体系

《义务教育课程方案（2022年版）》明确"国家课程标准规定课程性质、

课程理念、课程目标、课程内容、学业质量和课程实施等，是教材编写、教学、考试评价以及课程实施管理的直接依据"。2022年版课标从"课程理念"到"学业质量"到"评价建议"，建构起完整的语文课程评价的标准体系，明确了"为什么教/学""教/学什么""怎样教/学""教/学到什么程度"，以及"怎样判断教/学达到了这个程度"，等等，做到好用、管用。

1. 课程理念提纲挈领。

2022年版课标的课程理念分别从课程目标、课程结构、课程内容、课程实施和课程评价等五个方面，明确语文课程改革最基本的价值追求和实施策略。课程理念中提到，"倡导课程评价的过程性和整体性，重视评价的导向作用"，将课程评价提升到课程理念的高度。这一理念明确了课程评价的目的是"要有利于促进学生学习，改进教师教学，全面落实语文课程目标"；评价内容"应准确反映学生的语文学习水平和学习状况，注重考察学生的语言文字运用能力、思维过程、审美情趣和价值立场，关注学生学习过程和学习进步"；评价方式要恰当、要多种、要"充分利用现代信息技术"并"加强语文课程评价的整体性和综合性"；评价主体要"多元与互动"等。这些都为课程评价实施提供了根本遵循。

2. 学业质量整体刻画。

2022年版课标主要由知识内容标准、教学活动标准和学业质量标准三个方面构成，知识内容标准主要回答"教/学什么"的问题，教学活动标准主要回答"怎样教/学"的问题，学业质量标准主要回答"教/学得怎么样"和"怎样判断是这样"的问题，三者各司其职又相互关联、各有侧重又融为一体。学业质量标准"是以核心素养为主要维度，结合课程内容，对学生语文学业成就具体表现特征的整体刻画"，它"依据义务教育四个学段，按照日常生活、文学体验、跨学科学习三类语言文字运用情境，整合识字与写字、阅读与鉴赏、表达与交流、梳理与探究等语文实践活动，描述学生语文学业成就的关键表现，体现学段结束时学生核心素养应达到的水平"（见表1），旨在"引导和帮助教师把握教学深度与广度，为教材编写、教学实施和考试评价等提供依据"。

表 1　语文学业质量标准刻画要素表

主要维度	课程内容	语言文字运用情境	语文实践活动
文化自信 语言运用 思维能力 审美创造	语言文字积累与梳理	日常生活 文学体验 跨学科学习	识字与写字
	实用性阅读与交流		阅读与鉴赏
	文学阅读与创意表达		
	思辨性阅读与表达		表达与交流
	整本书阅读		
	跨学科学习		梳理与探究

在研读 2022 年版课标对各学段学业质量的具体描述时，我们必须抓住其中对语文实践活动的"关键表现"，即"能做什么"和"要做到什么程度"的描述，以便厘清各语文实践活动所对应的认知能力，如此才能获取"教育学"和"教学法"意义，使之成为可落实的"教—学—评"的直接依据，并拿来用于指导"教—学—评"、实施"教—学—评"、评估"教—学—评"。

我在参考北京师范大学李倩团队研制的"语文学科核心素养测评框架中认知能力要素及内涵"（主要适用高中）和北京师范大学吴欣歆教授在"教研网"上的讲座《义务教育语文课程标准（2022 年版）解读》中提供的"学业质量的基本框架"（主要适用于初中）的基础上，参照"布卢姆教育目标分类学视野下的学与教及其测评（2009 年修订版）"理论，进一步梳理了 2022 年版课标的相应表述，并结合长期的教学实践研究，初步形成了小学第二、三学段的学业质量测试框架（见第 10—11 页表 2），包括认知能力要素及内涵，以期作为小学阶段教学、作业设计和阶段性评价/纸笔测试命题时的一种参考。之所以只梳理第二、三学段，是因为考虑到根据"双减"政策，"小学一二年级不进行纸笔考试，义务教育其他年级由学校每学期组织一次期末考试"，一些内容无法照搬至第一学段的教学中。另外，需要注意的是，该框架中的"认知能力"是各语文实践活动过程中涉及的主要"认知加工活动"，"能够把知识迁移到新的问题和新的学习情境之中"，其内涵则是对学生在各语文实践活动中的"关键表现"的梳理和提炼。

3. 评价建议具体落实。

2022 年版课标的评价建议实际上是分两个部分呈现的，一部分在 6 个学习任务群的"教学提示"中，一部分在"评价建议"中。"教学提示"不仅对各学习任务群的教学进行提示，而且对其评价进行提示，因而这部分的"评价提示"更微观、更聚焦，主要针对各学习任务群评价的具体内容、方式方法进行提示。"评价建议"是课程理念中有关评价理念的具体化，是评估学生达到学业质量标准程度的直接依据。换言之，它明确回答了义务教育阶段语文课程实施中"为什么评价""评价什么""怎样评价""评价结果怎么用"等关键问题。更重要的是，评价建议对"作业设计"和"学业水平考试"命题（阶段性评价中的"纸笔测试"命题亦同）作了明确、具体、可操作的规定，不仅使作业设计和考试命题有了"课程标准依据"，而且为基层学校和一线教师落实"双减"政策要求提供了强有力的指导和直接的帮助。这是建设性的、也是开创性的。

二、充分发挥语文课程评价的实践价值

以上梳理所形成的认识，对我们后续准确地理解和把握新课标有关语文课程评价的理念、要求及其内在联系有所帮助，也有利于以2022年版课标为准绳开展指导备课、设计教学、活动实践、即时评价、进行测评等教育教学实践。尤其在当下，如何设计作业，以及"用少量、优质的作业帮助学生获得典型而深刻的学习体验"，实现减负提质，促进学生核心素养发展，是一线学校和教师迫切需要解决的问题。作业设计与考试命题关系紧密，可以说，作业设计是常态的考试命题，考试命题是特殊的作业设计。我们不仅能以2022年版课标为依据完成作业设计，而且能以此完成阶段性测试命题，并将部分作业或测试题嵌套于课堂教学中，建立教—学—评互动机制，形成"教—学—评"一体化的教学格局。我以"阅读与鉴赏""梳理与探究"两个语文实践活动的作业设计为例进行说明。

1."阅读与鉴赏"作业设计示例。

"阅读与鉴赏"作业设计的质量，一方面取决于阅读材料的选取，另一方面取决于对"阅读与鉴赏"认知能力的理解与把握。阅读材料的选取要"具有时代性、典型性和多样性"，还要保证其真实与完整，如必须注明作者、出处等；问题或任务要指向"检索与理解""运用与表现""评价与欣赏"等阅

读能力，表现这些阅读能力。寻找合适的有质量的文本材料、创设相应情境，是作业设计和阶段性测试命题的重点和难点。平时的作业要充分发挥教科书"母本"和书中练习"母题"的作用，模仿与创造相结合，特别是作业中所用的文本材料，大可从教科书中的略读课文、"阅读链接"以及"快乐读书吧"推荐的整本书等素材中选择，有利于教师减负增效。当然，这需要教师做"专业生活的有心人"，有意识地将适合作业和阶段性测试命题的文本材料的搜集和整理融入日常阅读中。同时，教师还可以开设"专门训练学生挑选适合测试的阅读情境材料的课"，并将文本材料的搜集和整理设计成"实践性作业"。如此既增强学生阅读的目的性，又能提高学生阅读的实用性，使学生在"读以致用"的过程中培养和展示阅读素养。

【阅读材料】

《虎门销烟》（选自苏教版四年级上册第 34—36 页，原文略），后附"鸦片""鸦片战争""林则徐"等 3 个注释（也可改为要求学生查阅相关资料）。

【题目设计】

(1) 著名的虎门销烟发生在哪一年？（　　）

    A. 1785　　　B. 1839　　　C. 1840　　　D. 1850

(2) 人们把虎门海滩挤得水泄不通，是来观看什么？（　　）

    A. 蓝天映衬大海　　　　　B. 古老的虎门寨

    C. 礼台上的彩旗　　　　　D. 虎门滩上销烟

(3) 人们把虎门海滩挤得水泄不通，心情怎么样？（　　）

    A. 激动　　　B. 沉重　　　C. 懊恼　　　D. 震惊

(4) 《虎门销烟》这个故事的主要人物是谁？（　　）

    A. 民工　　　B. 林则徐　　　C. 文武官员　　　D. 外国商人

(5) 请概括虎门销烟的过程。

(6) 为什么说"1839 年 6 月 3 日，是中国历史上值得纪念的日子"？

(7) 小明的爷爷的爷爷就是深受鸦片毒害的人之一，也是 1839 年 6 月 3 日这天奔往虎门寨的人之一。一路上，他感慨万千……请你展开想象，把他感慨的内容写成一段话。注意要联系《虎门销烟》或相关材料。

(8) "这一天，天气晴朗，碧海、蓝天、绿树，把古老的虎门寨装点得分外壮丽。"你认为作者这样描写好在哪里？根据文本说明理由。

【题旨说明】

"阅读与鉴赏"是在真实的语文实践活动过程中培养"检索与理解""运用与表现""评价与欣赏"等认知能力，往往需要教师通过学生在新的真实情境中完成典型任务的情况加以评估。因而这个典型任务一定要指向且检验这些能力的达成度，进而实现"教—学—评"一致性。例如，题目（1）～（4）指向"检索与理解"，（1）（2）侧重检索显性信息；（3）（4）侧重推论和比较。此类直接利用文本信息就能作答的问题，一般采用客观题。题目（5）（6）亦指向"检索与理解"，侧重概括和解释说明，属于封闭性主观题；题目（7）指向"运用与表现"，侧重想象与联想，并将阅读与表达整合，增强文学体验，属于开放性主观题；题目（8）指向"评价与欣赏"，侧重评价"品味语言，体会表达效果"，提升审美素养。此类问题既要利用文本信息，又要联系生活经历或阅读体验进行深度加工，多采用主观题。

2. "梳理与探究"作业设计示例。

"梳理与探究"语言实践活动的作业设计，也应提供具体的文本材料，拟定有育人价值和探究空间的问题或任务，并指向"提问与推断""分析与整理""反思与表现"等"梳理与探究"能力。教师要找到文本材料和学生生活实际之间的结合点，引导"学生深入思考探究、综合分析解决问题，在学以致用的过程中展现正确的世界观、人生观、价值观"。此类作业既可嵌套在"梳理与探究"教学过程中，也可作为阶段性纸笔测试题。

【阅读材料】

《詹天佑》（选自统编小学语文教科书六年级下册"阅读链接"，原文略）。

【题目设计】

（1）一些帝国主义国家为什么要阻挠清政府修筑京张铁路？

（2）根据阅读材料，查阅资料，用图文结合的方式说明"人"字形线路是怎样解决"爬陡坡"问题的。注意标注资料的出处。

（3）阅读下图和文字。如果请你在詹天佑塑像前进行演讲，你会讲些什么？请写一篇演讲稿。

规划中的京张高铁全程设10站

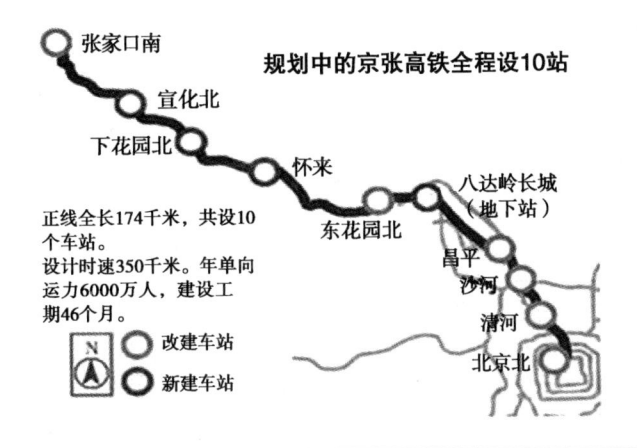

```
张家口南
  宣化北
   下花园北
              怀来
                    八达岭长城
                    （地下站）
正线全长174千米，共设10    东花园北
个车站。                          昌平
设计时速350千米。年单向            沙河
运力6000万人，建设工              清河
期46个月。                       北京北
      ○ 改建车站
 N    ○ 新建车站
```

> 2019年12月30日，京张高速铁路正式开通运营。京张高速铁路是2022年北京冬奥会的重要交通保障设施，是中国大陆第一条采用中国自主研发的北斗卫星导航系统、设计速度为350千米/小时的智能化高速铁路，也是世界上第一条最高设计速度350千米/小时的高寒、大风沙高速铁路。京张高速铁路开通后将试点刷脸进站。（图文均引自网络）

【题旨说明】

"梳理与探究"是在真实的语文实践活动过程中培养学生"提问与推断""分析与整理""反思与表现"等认知能力，因而此类作业或试题必须指向且检验这些能力的达成度，进而实现"教—学—评"一致性。例如，题目（1）指向"提问与推断"能力，侧重培养学生主动提出问题，并运用文本信息进行推断，从而解决问题的能力；题目（2）指向"分析与整理"能力，侧重培养学生根据目的搜集资料、整理资料的能力及跨学科学习的能力（涉及科学、美术、数学等学科）；题目（3）指向"反思与表现"能力，侧重综合表现"梳理与探究"成果。同时，补充的材料有意识地引导学生关注新时代中国特色社会主义建设的伟大成就，实现作业育人的目的。

2022年版课标以落实立德树人为根本任务，以促进学生核心素养发展为红线，串联起知识内容标准、教学活动标准和学业质量标准，使之成为一个完整的有机整体。特别是学业质量标准及其评价建议构建的语文课程评价体系，更是有力"促进教、学、考有机衔接，形成育人合力"。解读语文课程评价体系，深刻领会评价精神，熟练掌握操作要领，精准设计作业和命制测试

题，确保"教—学—评"一致性，进而构建素养导向的教—学—评良性互动的教学生态，是语文教学改革的当务之急和必然要求。

表 2　第二、三学段的学业质量测试框架表

语文实践活动	认知能力	内涵	
		第二学段（3~4年级）	第三学段（5~6年级）
识字与写字	记忆与理解	能认识2500个左右并正确书写其中1600个左右常用汉字；能借助工具书理解语境中汉字的意思；能辨识/纠正常见错别字	能认识3000个左右并正确书写其中2500个左右常用汉字；能借助工具书准确理解不同语境中汉字的意思；能辨识/纠正错别字
	运用与分析	能借助偏旁部首辨析语境中多音多义字，并借助工具书验证；能梳理/分类具有相同或相似特征的汉字，并交流分类理由	能借助偏旁部首推断/辨析字音字义，并借助工具书验证；能梳理/分类学过的字词或富有表现力的语言材料，并尝试运用
阅读与鉴赏	检索与理解	阅读常见的图文结合的材料，能初步把握主要内容；阅读文学作品，能提取主要信息、预测情节发展、解释作品中人物行为；能复述故事、概括文本内容	能根据要求提取显性信息；能概括说明性文字的主要内容或简单非连续性文本的关键信息；能梳理行文思路或预测情节发展；能品味语言，推断关键词句隐含的意图、思想、情感等信息
	运用与表现	能提出问题并与他人交流；能关注有新鲜感的词句并有意识地运用；能按照文体样式，运用联想、想象续写故事	能根据行文思路续写或结合自己的体验改写；能梳理语言运用实例并尝试运用；能运用文本信息解决生活中的问题；能发现文本的特点，运用多种形式推荐或说明推荐理由
	评价与欣赏	能结合关键词句分析和评价人物；能体会关键语句、标点符号、图表在表达中的作用	能评价文本中的人物、事件、观点，品味语言、体会表达效果；能判断关键信息的合理性或真伪，提出自己的看法，形成有理有据的观点

续表

语文实践活动	认知能力	内涵	
		第二学段（3~4年级）	第三学段（5~6年级）
表达与交流	观察与记录	观察周围世界，能把内容写清楚；能主动搜集信息，尝试用流程图和文字记录学习活动的主要过程与生活体验；能用日记记录见闻、感受和想法；能用便条、简短的书信等与他人交流	能留心观察周围世界、搜集相关信息，记录观察过程和发现/心得体会；能写简单的记实作文，内容具体、感情真实；能写读书笔记、常见应用文
	想象与描述	能用表现事物特征的词语描摹形象，用积累的语言材料描述想象的事物或画面；能按照童话、寓言等文体样式，运用联想、想象续写故事	能有意识地丰富想象和联想，并描述出来，做到生动有趣；能根据故事提供的线索想象，续写或改写故事；能写想象作文，想象丰富、生动有趣
	说明与设计	能用照片、图表、视频、文字、流程图等方式设计、展现学习成果，并与他人分享	能清楚明白地介绍事物或程序；能根据文本和对象有条理地说明推荐理由；能设计简单的活动方案
梳理与探究	提问与推断	乐于观察、提问；能尝试根据语文学习经验和生活经验解决日常生活中的问题	能根据活动需要，提出要探究、解决的主要问题，探索解决问题的具体方法；能围绕解决问题搜集整理资料、做出推断并验证
	分析与整理	能根据不同学习活动主题搜集、整理信息和资料，提出自己感兴趣的问题	能分析和判断信息的真伪，整理相关的观点与看法；能比较语言运用实例的异同，积极运用于写作实践中；能围绕学习活动展开调查、获取材料、整理并展示学习成果
	反思与表现	能参与简单的活动策划、组织工作；参加文学体验活动，能记录活动过程，表达感受，用自己喜欢的方式整理、展示学习成果	能反思组织策划的方案、搜集整理资料的方法以及探究的过程和结果；能提炼并发表自己的观点或成果；能撰写计划、方案、总结、简单的研究报告

2. 2022年版课标的变化及其对教学的影响

与2011年版课标相比，2022年版课标有哪些重大变化？这些变化将对教学产生怎样的影响？这是一线教师最为关心的问题。厘清这些问题，对于在2022年版课标理念和要求引导下更科学地用好用足统编教材、减负提质，有着重大意义。

反复阅读、比对两版课标，可以发现，2022年版课标是在继承的基础上与时俱进的，但变化显著，意外颇多。当然，这种变化，若放在《普通高中语文课程标准（2017年版2020年修订）》（以下简称高中新课标）的背景下，又是理所当然、情理之中。综合起来，笔者认为2022年版课标与一线教学关系最密切的变化主要有六个方面：明确了核心素养，设置了学习任务群，增设了学业质量标准，增加了教学提示，强化了学段衔接，更加注重学习方法。这六大变化将对教学产生直接而深刻的影响。

一、把握变化，领会内涵

1. 明确了核心素养。

2022年版课标明确，语文课程是"一门学习国家通用语言文字运用的综合性、实践性课程"，其基本特点是"工具性与人文性的统一"。语文课程究竟要做什么？

2022年版课标指出："语文课程应引导学生热爱国家通用语言文字，在真实的语言运用情境中，通过积极的语言实践，积累语言经验，体会语言文字的特点和运用规律，培养语言文字运用能力；同时，发展思维能力，提升思维品质，形成自觉的审美意识，培养高雅的审美情趣，积淀丰厚的文化底蕴，继承和弘扬中华优秀传统文化、革命文化、社会主义先进文化，增强对习近平新时代中国特色社会主义思想的理解和认识，全面提升核心素养。"这便是语文课程"核心素养"的基本内涵。

简而言之，核心素养包含"文化自信""语言运用""思维能力""审美创造"四个方面。这四个方面是一个相互联系的有机整体，取代了2011年版课标的"三维目标"，是对学生学习语文课程后应形成的正确价值观、必备品格和关键能力的具体化，是对知识与技能、过程与方法、情感态度与价值观的整合。

2. 设置了学习任务群。

2022年版课标"以促进学生核心素养发展为目的，以识字与写字、阅读与鉴赏、表达与交流、梳理与探究等语文实践活动为主线，综合构建素养型课程目标体系"。即以"识字与写字""阅读与鉴赏""表达与交流""梳理与探究"等四大语文实践活动，取代原课标的"识字与写字"、"阅读"、"写话"（"习作""写作"）、"口语交际"、"综合性学习"等五个方面，并分三个层面设置六个学习任务群。（见表1）

表1 核心素养、语文实践活动、学习任务群一览表

核心素养	语文实践活动	学习任务群	
		三个层面	六个学习任务群
文化自信 语言运用 思维能力 审美创造	识字与写字	基础型	语言文字积累与梳理
	阅读与鉴赏	发展型	实用性阅读与交流
	表达与交流		文学阅读与创意表达
			思辨性阅读与表达
	梳理与探究	拓展型	整本书阅读
			跨学科学习

核心素养、语文实践活动、学习任务群，是2022年版课标中最明显也是最重要的变化。一句话，语文课程实施，是引导学生在积极参与四类"语文实践活动"中完成六个"学习任务群"的学习任务，逐步形成和提升学生的四大"核心素养"。

3. 增设了学业质量标准。

以往的课程标准（包括教学大纲）都"只规定课程的学习内容，而对相应学段的学生应该学到什么程度、达到何种水平却没有具体规定"[①]，因此，只大体相当于课程的内容标准，缺少相应的学业质量标准，使得评价和考试命题缺乏课程标准依据，大大削弱了其对教学的全过程指导功能。

　　2022年版课标增设了学业质量标准，并对"学业质量"和"语文课程学业质量标准"的内涵做了明确界定，对各学段学业质量进行了具体描述，大大增强了指导性和可操作性。即："学业质量是学生在完成课程阶段性学习后的学业成就表现，反映核心素养要求"，"语文课程学业质量标准是以核心素养为主要维度，结合课程内容，对学生语文学业成就具体表现特征的整体刻画。依据义务教育四个学段，按照日常生活、文学体验、跨学科学习三类语言文字运用情境，整合识字与写字、阅读与鉴赏、表达与交流、梳理与探究等语文实践活动，描述学生语文学业成就的关键表现，体现学段结束时学生核心素养应达到的水平"。（见图1）如此"引导和帮助教师把握教学深度和广度，为教材编写、教学实施和考试评价等提供依据"，有力地指导作业设计和考试命题，促进教、学、评、考有机衔接、良性互动，形成育人合力。

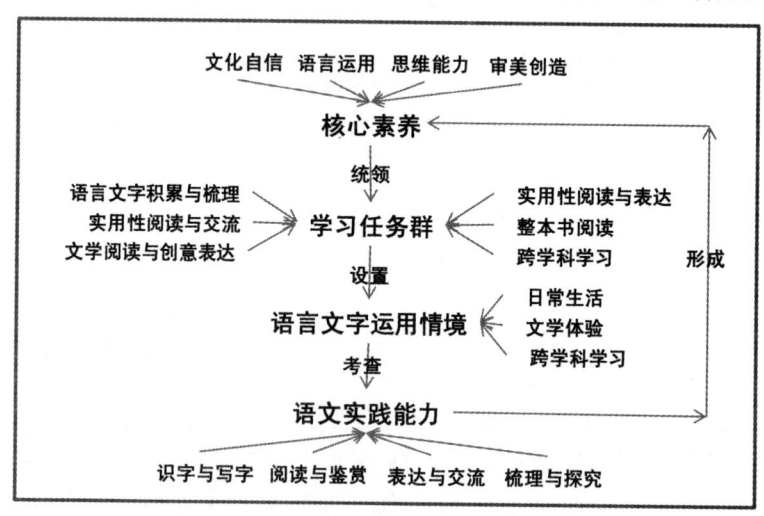

图1　语文学业质量标准刻画要素图

[①] 教育部基础教育课程教材专家工作委员会组织编写. 普通高中语文课程标准（2017年版2020年修订）解读[M]. 北京：高等教育出版社，2020：224.

4. 增加了教学提示。

课标是教学领域的"纲领性文件"，是教材编写、教师教、学生学、质量评价的直接依据。因此，课标既要高屋建瓴，又要好用、管用。

2022年版课标"针对'内容要求'提出'学业要求''教学提示'，细化了评价与考试命题建议，注重实现'教—学—评'一致性，增加了教学、评价案例，不仅明确了'为什么教''教什么''教到什么程度'，而且强化了'怎么教'的具体指导，做到好用、管用"。

2022年版课标的"教学提示"编排在各学习任务群的"学习内容"之后，对该学习任务群"怎么教"提出三到五条指导性意见，从不同角度细化"学习内容"以便其落地。具体而言，"实用性阅读与交流""文学阅读与创意表达"各提了三条，"思辨性阅读与表达""整本书阅读""跨学科学习"各提了四条，"语言文字积累与梳理"提了五条。从提示的内容看，前面几条都是关于教学的提示，最后一条都是关于评价的提示，如此将教学与评价统整起来，确保教、学、评良性互动，实现"教—学—评"一体化。

5. 强化了学段衔接。

2022年版课标"注重幼小衔接"。具体而言，幼小衔接方面，基于对学生在健康、语言、社会、科学、艺术等幼儿教育五大领域发展水平的评估，合理设计小学一至二年级课程，明确在学习设计上要注重"活动化、游戏化、生活化"。

小学与初中衔接方面，2022年版课标与2011年版课标一样，"课程目标九年一贯整体设计"体现义务教育语文课程的整体性，又在"总目标"之下分四个学段提出具体要求，体现其阶段性，各个学段相互联系，螺旋上升，最终全面达成总目标。

义务教育与高中的衔接方面，2022年版课标可以说是高中新课标的"义务教育升级版"。从课程性质到课程理念、从课程目标到课程内容以及学业质量等等，都是一个"模板"，只不过突出了义务教育的学段特点，同时又与时俱进、后来居上，是"升级版"。例如，由高中新课标的"语文学科核心素养"四个方面"语言建构与运用""思维发展与提升""审美鉴赏与创造""文化传承与理解"改为"核心素养"四个方面"文化自信""语言运用""思维能力""审美创造"；由高中的18个"学习任务群"减少到六个；表述课程性质时将"学习祖国语言文字运用"改为"学习国家通用语言文字运用";等等。不仅如此,还增加了"作业评价建议",对作业设计、批改、反馈和讲评等作了具体规定,将党中央、国务院"双减"政策要求落实到课程标准中,使作业设计和评价有了课标依据。

6. 更加注重学习方法。

相比较而言,2022年版课标更加注重学习方法、思维方法的学习和运用,强化"怎么学",促进学生提高学习效率,实现善读书、会学习的目标,真正减负提质。

通观2022年版课标,"方法"一词出现了50多次,而且表述得具体、详细,实用性强。例如,在总目标中明确"初步掌握基本的语文学习方法""学会运用多种阅读方法""初步掌握比较、分析、概括、推理等思维方法"等;在学段要求和内容组织与呈现方式中,对"基本的语文学习方法"又进行细化,如"学会用音序检字法和部首检字法查字典""观察字形,体会汉字部件之间的关系""借助读物中的图画阅读""学习圈点、批注等阅读方法",等等,不一而足;在学业质量描述中,甚至要求"能借助跨学科知识和相关材料,与同学合作探索解决问题的具体方法"(第三学段)。基本的语文学习方法、思维方法见表2。

表2 基本的语文学习方法、思维方法一览表

适用范围	具体方法
识字与写字	音序检字法和部首检字法,随文识字,集中识字,注音识字,字理识字,等等
阅读与欣赏	借助读物中的图画阅读,略读,浏览,领悟文章的基本表达方法,了解文章的基本说明方法,学习辨析、质疑、提问的方法,等等
表达与交流	运用阅读和生活中学到的词语/语言材料,考虑不同的目的和对象,选择恰当的表达方式,运用联想和想象,等等
梳理与探究	运用多种方法整理和呈现信息,了解查找资料、运用/引用资料的基本方法,等等
整本书阅读	圈点,批注,记笔记,列大纲,写脚本,画思维导图,等等
思维方法	比较,分析,概括,推理,猜想,验证,等等

值得注意的是，2022年版课标在阐述六个学习任务群的"学习内容"和"教学提示"时，还用"方式"一词来强化运用。例如，"学习用口头和书面的方式，客观地表述生活中的见闻片段""运用讲述、评析等方式，交流自己的情感体验""尝试运用列提纲、画思维导图等方式，表达故事中的道理""运用口头或书面方式，与同学分享自己整本书阅读的经历、体会和阅读方法"等。

此外，2022年版课标还顺应"互联网时代语文生活的变化"，明确要"把握信息技术与语文教学深度整合的趋势，充分发挥信息技术在语文教学变革中的价值和功能"，并"探索线上线下相结合的混合式语文学习"。同时，在评价建议中提出"有条件的地区可以考虑逐步引入基于信息技术的考试形式"来与之配套。这的确是"世界水准"的。据悉，国际阅读素养进展研究（Progress in International Reading Literacy Study，简称 PIRLS）已于 2021 年对数字阅读素养的理论进行界定并进行了测试实践。[①]

二、顺时而动，勇于探索

学习、运用 2022 年版课标的理念、要求和建议，用以调整、改进教学与评价，是当下义务教育阶段教学教研的重中之重。那么，如何在教学中体现 2022 年版课标的理念和要求呢？

1. 充分认识现行教材的先进性。

统编教材以落实立德树人为根本任务，积极发挥培根铸魂、启智增慧的作用。其先进性主要表现在以下三个方面。

（1）不断调整完善，与时俱进。统编教材的编写是不断调整、完善的动态过程，与时代同步。例如，在 2012 年启动编写时，中国学生发展核心素养研制也启动了；在 2016 年开始试点试用到 2019 年一次性更新期间，高中新课标已经颁布。换言之，现行教材研制、编写的指导思想在一定程度上与新课标是一致的。举一个例子，统编教材自试用以来，每个学期都有调整、更新，而 2021 年最为明显，如 2021 年 7 月第 3 次印刷的上册教材，再次增加了

---

① 钱荃，刘洁玲. 提升小学生数字阅读素养——PIRLS2021 数字阅读测评对我国阅读教学的启示［J］. 小学语文教与学，2022（1）：60－63.

体现革命文化的课文，即二上的《八角楼上》《刘胡兰》、三上的《一个粗瓷大碗》、六上的《我的战友邱少云》等；2021年12月第3次印刷的六下教材，增加了课文《董存瑞舍身炸暗堡》以及综合性学习《奋斗的历程》（内有《十里长街送总理》《飞夺泸定桥》《囚歌》等阅读材料）等。

（2）明确提出一个核心概念"语文要素"。语文要素是指语言文字训练的基本要素。统编教材从三年级开始，所有单元导语都从阅读与表达（包括口语和书面语）两个方面列出了语文训练的基本要素，将学生必备的语文知识、基本的语文能力、常用的学习方法或适当的学习策略和学习习惯等，分成若干个知识点或者能力训练点，统筹规划目标训练序列，并分梯度编排在各个年级的相关内容或活动中。① 有了语文要素的引导，语文学习任务就清晰，语言文字训练就有章可循。

（3）以"双线组元结构"呈现，注重方法，使之"便学利教"。统编教材在单元内容组织上，以双线组织单元内容，强化语文学习的综合性和实践性。双线组元的结构表现为每个单元都贯穿"宽泛的人文主题"和"语文要素"两条线，教学目标直接体现在单元导语中，课后思考练习题围绕单元的训练要素设计，教学目标明确，增强了可操作性。② 同时，在各单元的《语文园地》的"交流平台"中编排"怎么学"的程序性知识，教学生怎样读懂词语、句子；怎样把握段落、文章主要内容，体会思想情感，感受人物形象；怎样摘抄、记笔记、复述故事；等等。还编排了四个阅读策略单元，专门训练"预测""提问""提高阅读速度""有目的地阅读"，实现有方法地教、有策略地学，提高教与学的品质。

2. 现行教材的内容与"学习任务群"的对应性。

2022年版课标明确"义务教育语文课程内容主要以学习任务群组织与呈现"。语文学习任务是素养导向的语文实践活动，其实质是真实情境下的语言文字运用。③ 学习任务群自然就是一个个"相互关联的系列学习任务"的有机

---

① 陈先云. 课程观引领下统编小学语文教科书能力体系的构建［J］. 课程·教材·教法，2019 (3)：78—87.

② 陈先云. 统编小学语文教科书中语文要素的内涵及其特点［J］. 课程·教材·教法，2022 (3)：28—37.

③ 文艺，崔允漷. 语文学习任务书究竟是什么［J］. 课程·教材·教法，2022 (2)：12—19.

组合。统编教材根据原课标制定的学段目标、编排的学习内容,基本可以与2022年版课标设置的六个学习任务群相对应。(见表3)

表3　2022年版课标学习任务群与现行教材学习内容对应表

2022年版课标学习任务群		现行教材学习内容
三个层面	六个学习任务群	
基础型	语言文字积累与梳理	识字与写字
发展型	实用性阅读与交流	阅读 写话/习作/写作 口语交际
	文学阅读与创意表达	
	思辨性阅读与表达	
拓展型	整本书阅读	快乐读书吧
	跨学科学习	综合性学习

举一个具体例子,统编教材编排的习作单元,就是以"主要是写一篇习作"① 为任务导向,以"写·读·改"项目为载体,整合精读课文与习作例文等阅读情境、"交流平台"与批注等方法资源,引导学生在观察想象与言语实践中完成写一篇习作的任务。②

从一线教学的实践看,这种整合还不够自觉,路径也还在摸索中。而2022年版课标的"教学提示"便是及时雨。例如,发展型三个学习任务群,既从源头上打通"阅读—思考—表达"融为一体的具体路径,使读写良性互动有了课标依据,又在实施上通过"教学提示"指明了将"阅读—思考—表达"融为一体的具体路径。比如,"实用性阅读与交流"提示"将识字、写字、阅读、写作、口语交际、搜集处理信息等融为一体","文学阅读与创意表达"提示要"引导学生成长为主动的阅读者、积极的分享者和有创意的表达者","思辨性阅读与表达"提示要"引导学生发表对文本的看法,尝试表达自己的观点,从文本中寻找证据支持自己的观点",等等。这些"教学提

---

① 陈先云. 课程观引领下统编小学语文教科书能力体系的构建 [J]. 课程·教材·教法,2019(3):78—87.

② 黄国才. 整体观照,边写边读,优化习作单元教学 [J]. 福建教育,2021(10):32—35—55.

示"的指导性和操作性都很强，可以直接"拿来用"。

3. 改进教学的必要措施。

（1）改进"识字与写字"教学。

除继续遵循"先认后写""多认少写"原则、养成规范书写等良好习惯外，还要加强"字理识字"方法的运用，特别关注"常用汉字形、音、义之间的联系"，强化"语言文字积累与梳理"意识，以科学识字写字为契机提高"识字与写字"教学效益，增强文化自信。

（2）增强整体意识，优化"阅读与表达"教学设计。

在用好统编教材"习作单元"将阅读与表达整合设计的基础上，扩大阅读与表达融合的范围，逐步跟上新课标规定的"发展型三个学习任务群"的"学习内容"和"教学提示"要求，将统编教材的阅读教学、写话/习作教学和口语交际教学三方面打通，尝试一体化设计。如，探索不再单独设"习作课""口语交际课"，努力使所有语文课都与"阅读与表达"相关，都在训练"阅读与表达"能力。特别是习作指导，强化随时表达、有感而发、因需而写、为用而作的习作理念，改进习作训练方式，避免出现"临'习作课'时抱佛脚"的尴尬局面。

（3）适当补充"思辨性"阅读材料，提高"思辨性"作业设计能力。

相对而言，原教材的思辨性阅读材料比较薄弱。教师要在相应课文或单元教学时，适当补充阅读材料和设计作业，逐步完成"思辨性阅读与交流"学习任务群的学习任务，提升学生"思维能力"核心素养。

①适当补充"思辨性"阅读材料。如，精选中华智慧故事，关于中华传统美德、社会公德等方面的短论、简评，有关科学发现、技术发明的故事等，补充在寓言单元、专门的思维训练单元（五年级下册第六单元，课文有《自相矛盾》《田忌赛马》《跳水》）、议论文课文（《为人民服务》《真理诞生于一百个问号之后》）、口语交际《辩论》《演讲》等地方，以丰富的材料培养思辨能力。

②补充设计相应作业。如，在带有"思辨性"课文后面增加"思辨性"作业量。通观原教材，只有三篇课文《小马过河》（"你同意下面的说法吗？说说你的理由。"）、《父亲、树林和鸟》（"你同意下面这些对父亲的判断吗？

说说你的理由。")、《景阳冈》("对课文中的武松，人们有不同的评价。你有什么看法？说说你的理由。")课后练习涉及对观点的评价等思辨性练习。这远不能满足"思辨性"思维训练要求，必须挖掘课文隐含的思辨因子设计相关作业，如，你怎么看小猴子"下山"的过程和结果？（《小猴子下山》）你怎么看父亲和母亲对"我"截然相反的态度和评价？（《"精彩极了"和"糟糕透了"》）你怎么看"变"与"不变"？（《方帽子店》）你怎么评价鲁肃这个人物？（《草船借箭》）等等。

（4）增设"整本书阅读"和"跨学科学习"课。

现行的统编教材各册都编排了"快乐读书吧"栏目，推荐和指导"整本书阅读"。福建省各级教研部门也启动了整本书阅读教学研讨活动，分"启动课""跟进课""分享课"等课型分别探索整本书阅读进程中三个关键节点——启动阅读、持续阅读、成果分享——的指导与评价，推动了"整本书阅读"课程化实施。但是，目前"整本书阅读"教学没有列入课程表，没有常态进行，效果不是很理想。要想达成"整本书阅读"学习任务群的目标，一要建设好班级"图书角"，让适合阅读的好书离学生最近；二要将"整本书阅读"教学排进课程表（可以隔周安排1课时）；三要加强对"整本书阅读"教学与评价的指导和研究，整体设计整本书阅读的备课、上课和评价。

"跨学科学习"亦同。统编教材在三到六年级下册各编排了一个"综合性学习"单元（2022年的六年级下册又增加了《综合性学习：奋斗的历程》）。综合性学习相当于"跨学科学习"任务群。由于一方面受制于分学科分课时教学、一方面受制于综合性学习本身的复杂性，教学效果也不是很理想。要达成跨学科学习任务群的目标，一要加强校本教研，由学校教研组组织、协调和开发跨学科学习资源。二要加强同年段学科之间的横向联系，在各学科教材中寻找跨学科学习的"教点"，整合内容、整体设计。例如，"奋斗的历程"，《道德与法治》教科书中也有相关单元，语文和道德与法治便可"联手"开发课程、联合开展教学。三要将"跨学科学习"指导课列入课程表。按照新课程方案"用不少于10%的课时设计跨学科主题学习"的规定，一学期要安排10个课时左右。四要加强对"跨学科学习"教学与评价的指导与教研。

（5）适当增加优质作业，规范考试命题，以弥补现行教材的不足。

不管是统编教材，还是未来依据2022年版课标编写的新教材，都不可能容纳足够的作业，更不会有三至六年级的期末测试题。要落实党中央、国务院"双减"政策要求，就必须由任课教师以及教研组系统设计符合学生年龄特点和学习规律、体现素质教育导向的基础性作业，[①] 根据实际学情布置分层、弹性和个性化作业（也就是实践性、探索性、综合性/跨学科作业），严格依据学业质量要求命制期末测试题。

令人欣喜的是，2022年版课标对作业设计/评价、测试命题做了既有原则性又具操作性的规定，使作业设计/评价、测试命题也有了课标依据。因此，我们只要吃透课标精神，以2022年版课标为依据持续设计优质作业、命制期末测试题，便能将新课标的新理念、新要求、新建议落实到统编教材实施过程中，从"旧路"上走出"新路"来。在作业设计上，要加强针对统编教材相对薄弱的内容，特别是"思辨性阅读与表达"的作业设计与研究，用充足的作业强化学生的"思维能力"训练，提升核心素养。

[①] 中共中央办公厅 国务院办公厅印发. 关于进一步减轻义务教育阶段学生作业负担和校外培训负担的意见[EB/OL]. (2021-07-24)[2022-04-30]. http://www.gov.cn/zhengce/2021-07/24/content_5627132.htm.

3. 在"发展型学习任务群"旨归下的阅读与习作教学改进建议

2022年版课标将"语文课程内容主要以学习任务群组织与呈现",并按照内容整合程度不断提升,分三个层面设置学习任务群,其中第一层设"语言文字积累与梳理"1个基础型学习任务群,第二层设"实用性阅读与交流""文学阅读与创意表达""思辨性阅读与表达"3个发展型学习任务群,第三层设"整本书阅读""跨学科学习"2个拓展型学习任务群。其中"3个发展型学习任务群"与统编教科书(以下简称现行教材)的阅读与习作教学结合最为密切。在根据2022年版课标编写的教科书出来之前,当务之急是探索如何在"学习任务群"旨归下用好现行教材,改进阅读与习作教学,实现平稳而有质量的过渡。

一、"3个发展型学习任务群"的梳理

"3个发展型学习任务群"主要是将阅读与表达(包括口语交际、写话/习作)整合,分不同文本类型分别提出阅读与表达的学习目标、学习内容和教学提示,共同指向学生的核心素养发展。"学习目标"都用一段话简明扼要地概括实现目标的途径、内涵,起到统领作用;"学习内容"分学段叙述,阐明各学段阅读与表达所适用的情境材料、阅读与表达的基本要求;"教学提示"从情境创设、学习活动设计和评价等三方面提出具体意见,强化"怎么教/评"的具体指导,做到"好用、管用"。

(一)"3个发展型学习任务群"的目标、内容梳理

1. 实用性阅读与交流。

2022年版课标明确"本学习任务群旨在引导学生在语文实践活动中,通

过倾听、阅读、观察，获取、整合有价值的信息，根据具体交际情境和交流对象，清楚得体表达，有效传递信息，满足家庭生活、学校生活、社会生活交流沟通需要"。

"实用性阅读与交流"任务群的学习内容，主要阅读涉及有关描写个人生活、家庭生活、学校生活、社会生活以及说明、叙写大自然的短文；记人叙事的优秀文本；有关老一辈无产阶级革命家和革命英雄、劳动模范、科学家的事迹或故事等情境材料，以及在大自然、家庭、学校、社会场所等的语言文字材料或新鲜事等，能够进行口头交流沟通、讲述故事，运用多种形式进行书面表达（包括日常应用文、日记等）。具体见表1。

表1 实用性阅读与交流学习任务群的学习内容要点表

学段	"实用性阅读"情境	"交流"要点
一	有关个人生活、家庭生活、学校生活、中华优秀传统文化的短文；在革命遗址、博物馆、公园等社会场所有关标牌、图示、说明书；等等	识字，了解公共生活规则，与家庭成员、亲朋好友、同学、老师交流沟通，讲故事，等等
二	有关家庭生活、学校生活、社会生活以及说明、叙写大自然的短文，有关老一辈无产阶级革命家和革命英雄、劳动模范、科学家的事迹，反映中华传统美德的故事，等等	表述生活中的见闻片段，写留言条、请假条、短信息、简单书信等日常应用文，写日记、观察手记，讲述事迹/故事，等等
三	记人叙事的优秀文本，参观访问记录、考察报告、科技说明文、科学家小传、革命英雄和劳动模范的事迹，等等	通过口头表达和书面叙写与他人交流或分享所见所闻、所思所感，学习记笔记、列大纲、写脚本、画思维导图等整理和呈现信息的方法，写日记，尝试用多种媒介方式记录、展示、讲述故事，等等

2. 文学阅读与创意表达。

2022年版课标明确"本学习任务群旨在引导学生在语文实践活动中，通过整体感知、联想想象，感受文学语言和形象的独特魅力，获得个性化的审美体验；了解文学作品的基本特点，欣赏和评价语言文字作品，提高审美品位；观察、感受自然与社会，表达自己独特的体验与思考，尝试创作文学作品"。

"文学阅读与创意表达"任务群的学习内容：主要阅读诗歌、散文、童话、故事、小说、传记等优秀文学作品，讲述/复述故事、诵读诗文，学习联想与想象，学习运用细节描写等文学表现手法，尝试富有创意地表达等。具体见表2。

表2　文学阅读与创意表达学习任务群的学习内容要点表

学段	"文学阅读"情境	"创意表达"要点
一	革命领袖、革命英雄、爱国志士的童年故事，表现自然之美的短小诗文，儿歌、童话、图画书，等等	讲述故事，诵读诗文，等等
二	革命故事、爱国故事、历史人物故事，诗歌、散文等文学作品，儿童文学作品，等等	讲述故事，尝试用文学语言表达，用口头或者图文结合的方式创编儿童诗和有趣的故事，等等
三	革命领袖、革命先烈创作的文学作品以及表现他们事迹的诗歌、小说，表现人与自然的诗歌、散文，表现人与社会的文学作品，反映少年成长的故事、小说、传记，等等	讲述/复述故事，评析人物，用口头或者书面的方式表达对自然的观察与体验，抒发情感，尝试富有创意地表达，学习运用细节描写等文学表现手法，描述自己成长中的故事，等等

3. 思辨性阅读与表达。

2022年版课标明确"本学习任务群旨在引导学生在语文实践活动中，通过阅读、比较、推断、质疑、讨论等方式，梳理观点、事实与材料及其关系；辨析态度与立场，辨别是非、善恶、美丑，保持好奇心和求知欲，养成勤学好问的习惯；负责任、有中心、有条理、重证据地表达，培养理性思维和理性精神"。

"思辨性阅读与表达"任务群的学习内容：主要阅读有关日常生活、大自然的有趣短文，有关科学发明、发现的小故事，有关中华传统美德、社会公德方面的短论、简评以及哲人故事、寓言故事等，学习猜想、验证、推理等思维方法，尝试有理有据地表达自己的观点，等等。具体见表3。

表 3　思辨性阅读与表达学习任务群的学习内容要点表

学段	"思辨性阅读"情境	"表达"要点
一	有关鸟兽虫鱼、花草树木、家用电器等日常事物的有趣短文等	通过观察、发现、提问、请教、思考、讨论等，说出想法、分享办法或理由等
二	有关科学的短文、解决生活问题的故事、中华智慧故事等	口头和图文结合，运用列提纲、画思维导图等方式表达，记录、整理、交流，辨析、提问、质疑，等等
三	有关中华传统美德、社会公德等方面的短论、简评，有关科学发现、技术发明的故事，哲人故事、寓言故事、成语故事，等等	有理有据地表达观点，学习猜想、验证、推理等思维方法，发现并思考成语、对联、谚语、绕口令等语言现象的特点，体会不同的表达效果，等等

（二）"3个发展型学习任务群"的"教学提示"梳理

2022年版课标增设"教学提示"，是努力增强课标对教学（包括评价）指导性的积极探索。当然，也是借鉴吸收《普通高中语文课程标准（2017年版）》的成功经验。这种探索实际上是致力于语文学科教—学—评的一体化，在一定程度上解决了教与学分离、教学与评价脱节的问题，[①]构建起素养导向的"教—学—评（考）"良性互动的教学生态体系。

一般来说，"教学提示"前面几条是有关教与学的，最后一条是有关评价的。具体言之，第1条，主要是针对教学的"情境"创设、"学习任务"设计的提示，强调在真实情境中进行教学，围绕主题设计学习任务。第2条，主要是针对"学习活动"的提示，强调整合、融合、综合，如"将识字、写字、阅读、写作、口语交际、搜集处理信息等融为一体""注意整合听说读写，引导学生综合运用朗读、默读、诵读、复述、评述等方法学习作品""将文本阅读和自主探究结合起来"等。此外，"教学提示"还特别对信息技术运用进行了提示（此提示在"思辨性阅读与表达"中单列为第3条）。第3、4条，主要是针对"评价"的提示，强调评价融入教学过程，"使得学习活动与评价相

---

① 教育部基础教育课程教材专家工作委员会组织编写. 普通高中语文课程标准（2017年版2020年修订）解读［M］. 北京：高等教育出版社，2020：47.

互嵌套和联结"[1]，为实现"教—学—评"的一致性提供保障。3个学习任务群的评价意见，都既关注"过程性表现"，也关注"学习成果"。（见表4）

表4 "3个发展型学习任务群"的"教学提示"要点表

任务群名	学段	教与学的提示		评价关注点
		主题/情境	学习活动	
实用性阅读与交流	一	我爱我家、我爱上学、文明的公共生活	朗读、复述、游戏、表演、讲故事、情景对话、现场报道等，将识字、写字、阅读、写作、口语交际、搜集处理信息等融为一体	注重语言运用的实际表现，围绕阅读与交流的实际任务，注意内容明确、条理清晰、语言简洁以及应用文的基本格式和行文规范
	二			
	三	拥抱大千世界、创造美好生活、科学家的故事、数字时代的生活、家乡文化探究		
	四			
文学阅读与创意表达	一	春夏秋冬、多彩世界、童心天真、英雄童年	整合听、说、读、写，综合运用朗读、默读、诵读、复述、评述等方法学习作品；诵读古代诗文，感受其独特魅力和思想内涵，提升审美能力和审美品位；运用多样的形式呈现作品；主动阅读、积极分享、有创意地表达	阅读兴趣，对作品情境、节奏和韵味的大体感受
	二	饮水思源、珍爱自然、童年趣事		对重要段落和语句的理解，以及对作品的语言和形象的具体感受
	三	英雄赞歌、壮丽山河、爱与责任、成长的脚印		对语言、形象、情感、主题的领悟，对文学作品的欣赏水平，创意表达能力
	四	光辉历程、精忠报国、社会万花筒、人与自然和谐共生		

---

[1] 李学书，胡军. 大概念单元作业及其方案的设计与反思［J］. 课程·教材·教法，2021(10)：72—78.

续表

任务群名	学段	教与学的提示		评价关注点
		主题/情境	学习活动	
思辨性阅读与表达	一	生活真奇妙、我的小问号	好奇心、自信心，观察事物，多问为什么	在问题研究过程中的交流、研讨、分享、演讲等现场表现，产生的文字、表格、统计图、思维导图等学习成果，思考的过程和思维的方法
	二	大自然的奥秘、生活中的智慧、我的奇思妙想	知道事实与观点，发表看法，寻找证据	
	三	社会公德大家谈、奇妙的祖国语言、科学之光、东方智慧	分析证据与观点，辨别总分、并列、因果等关系，有条理地表达	
	四	生活的感悟、探究与创造、艺海拾贝、理性的声音	客观、全面、冷静地思考，体会作者的思维方法，观点鲜明、证据充分、合乎逻辑	

二、"3个发展型学习任务群"与现行教材内容的对应关系梳理

通过上述梳理，我们不难发现它们与现行教材内容的联系。厘清了它们之间的联系，就方便以学习任务群的旨归为指导，改进教学，减负提质。

（1）实用性阅读与交流学习任务群，是将叙事性和说明性课文与相应的表达以及部分综合性学习整合起来，侧重培养"语言运用"核心素养。

（2）文学阅读与创意表达学习任务群，是将文学类课文与相应的表达以及部分综合性学习整合起来，侧重培养"文化自信""语言运用"和"审美创造"核心素养。

（3）思辨性阅读与表达学习任务群，是将思辨性阅读材料与思辨性表达整合起来，侧重培养"语言运用"和"思维能力"核心素养。

三、在"发展型学习任务群"旨归下的阅读与习作的教学改进建议

基于上述梳理，我们认为在根据2022年版课标重新编写或修订的统编教科书未出来的过渡期，用2022年版课标理念指导现行教材的教学和评价，是可行、有为的。如果能够有针对性地补充阅读材料、适当调整组合、强化过

程性评价，就完全可以"从旧路上走出新路来"，实现顺利过渡。

(一) 根据"学习任务群"适当补充阅读材料

从"3个发展型学习任务群"与现行教材内容对应关系的梳理来看，现行教材在"思辨性阅读与表达"方面比较薄弱。这一方面是受制于学生的思维特点。从皮亚杰儿童心理学来看，小学生的思维尚处在"前运算阶段"向"具体运用阶段"的过渡期，并且"其中展开着一个时间相当长的整合过程"。[①] 通俗地说，小学生的思维处于以形象思维为主逐步向抽象思维过渡的状态。而"思辨"属于抽象思维，需要掌握和运用猜想、验证、推理、比较、分析、概括等思维方法，"有条理、重证据地表达，培养理性思维和理性精神"，这是一个长期而缓慢发展的过程。另一方面是用于培养思辨性阅读与表达的情境材料单薄，特别是"中华智慧故事""关于中华传统美德、社会公德等方面的短论、简评"少之又少，教学时需要适当进行补充。因为无论是形象思维还是抽象思维，都必须在语文实践活动中，借助相应的情境材料，通过阅读、比较、推断、质疑、讨论等方式进行训练，循序渐进地进行培养。补充时材料的选择不仅要注意其与现行教材的单元相联系，还要考虑学段特点。

(二) 适当调整教材内容，整合阅读与习作

学习任务群的设置，具有鲜明的"情境性、实践性、综合性"。就"3个发展型学习任务群"而言，是对现行教材"阅读"与"写话/习作"以及"综合性学习"三个方面的整合，是"'读思达'教学法"[②]在语文课程实施中的运用，是实现"阅读—思考—表达"一体化的应然。

在"学习任务群"的旨归下，首先要对现行教材内容做必要的调整和整合，方能有效教学。调整和整合时可以从横向、纵向两个维度展开，即横向整合课文与写话/习作（话题）、课本情境与生活情境以及数字资源；纵向整合听、说、读、写能力，直觉思维、形象思维、逻辑思维、辩证思维和创造思维。

[①] ［瑞士］J. 皮亚杰，B. 英海尔德. 儿童心理学［M］. 吴福元，译. 北京：商务印书馆，1980：96.

[②] 余文森. "读思达"教学法［J］. 课程·教材·教法，2021（4）：50—58.

从现行教材编排看,"习作"单元以"主要是写一篇习作"[①]为任务导向;"阅读策略"单元则"以阅读策略为主线组织单元内容""以引导学生获得必要的学习阅读的策略"[②]为旨归;"综合性学习"单元将阅读与表达融为一体等,都是纵横整合的范例,只不过所占比例不高而已。因此,教师还需要在教学实践中,不断探索整合方式,加大整合力度,创造性地使用教材。从这个意义上说,2022年版课标的颁布再次为一线教师发挥专业智慧、提升专业能力创造了机遇,当然也是巨大挑战。

(三)强化过程评价,建立"教—学—评"良性互动机制

毫无疑问,2022年版课标不折不扣地贯彻落实"强化过程评价"精神,既在各"教学提示"中专条提示评价,又在"评价建议"中专列"过程性评价",且对"课堂教学评价"和"作业评价"提出建议,强化了"怎么评"的具体指导。

2022年版课标提出"教师应树立'教—学—评'一体化的意识",这意味着教师设计学习活动时,必须"思考如何使教学活动与评价活动相互嵌套和联结,利用形成性评价使教学活动和相应的评价活动相互迭代,甚至把教学活动本身设计为评价活动,发挥基本问题纽带作用以强化作业目标和评价的一体化",[③] 建立和完善"教—学—评"良性互动机制,整体提升学生的核心素养。例如,将圈画、批注、记笔记、列大纲(相当于列提纲)、写脚本(相当于摘要、提要)、提问题、画思维导图等贯穿于阅读全过程,养成"不动笔墨不读书"的良好习惯,将阅读与表达一体化理念落到实处。

同时,要特别增加需要进行思辨性表达的作业,训练学生的思辨能力。一方面,在课堂教学中,适度增加教师追问、反问和学生质疑、讨论环节,迫使学生"想",多角度、正反面地想,深度思考、有理有据地表达;一方面,适当增加具有挑战性的学习任务,培养学生通过积极的探究实践,深刻

[①] 陈先云. 课程观引领下统编小学语文教科书能力体系的构建 [J]. 课程·教材·教法,2019(3):78—87.

[②] 陈先云. 课程观引领下统编小学语文教科书能力体系的构建 [J]. 课程·教材·教法,2019(3):78—87.

[③] 李学书,胡军. 大概念单元作业及其方案的设计与反思 [J]. 课程·教材·教法,2021(10):72—78.

地掌握学科核心知识,并运用该知识解决实际问题的能力,促进深度学习的发生。[①] 建议主要设计以下两类作业:一类是结合课文(或阅读材料),论证"作者的观点"是否成立,如诸葛亮的"草船"真能"借"到曹操的箭吗?(《草船借箭》);一类是结合生活情境(包括社会热点),负责任、有中心、有条理、重证据地表达看法,如"小学生能否带手机上学","现代信息交流方式会不会增进人与人之间的理解"等。

综上所述,我们只要充分领会和发挥新课标、新理念的引领作用,善于取现行教材之长补现行教材之短,强化过程评价,建立"教—学—评"互动机制,将阅读、写作、口语交际、搜集处理信息等环节融为一体,就能用现行教材完成"3个发展型学习任务群"的教学任务,实现平稳而有质量的过渡,提升学生的"文化自信""语言运用""思维能力""审美创造"等核心素养。

---

① 刘月霞,郭华. 深度学习:走向核心素养(理论普及读本)[M]. 北京:教育科学出版社,2018:020.

4. "评价建议"解读：伴随教学过程开展评价

《义务教育课程方案（2022年版）》在"全面落实新时代教育评价改革"方面出了不少新招、实招，如"倡导基于证据的评价""积极探索增值评价""倡导协商式评价""推进表现性评价"等。其中，"注重伴随教学过程开展评价"于日常教学改进最为直接，触动也最大。它是构建素养导向的"教—学—评"一体化教学格局的重要举措，体现"评价即学习"的理念。《义务教育语文课程标准（2022年版）解读》（高等教育出版社2022年版）指出，评价是"学习的有机组成部分，是一种反思性学习，是学习改进的重要一环"。

伴随教学过程开展评价，将教、学与评价互相嵌套，有机融合，有助于教与学的及时改进，发挥评价"检查、诊断、反馈和激励"功能，提高课堂效率，实现减负提质。

落实"伴随教学过程开展评价"，还要弄明白评价的内容和工具。笔者对2022年版课标进行梳理，发现评价的内容主要是两方面：一是学习评价，培养学生的评价能力；二是对学习的评价，评估学生的学习能力。评价的工具主要有两类型：一类是"少量、优质的作业"；另一类是评价量表。实施"伴随教学过程开展评价"能否取得预期效果，取决于教师能否设计优质作业，研制相关评价量表，并用好它们，发挥其应有作用。

一、指导学习评价，培养学生的评价能力

这里的评价，是指学生对所学内容和同学的学习表现进行价值判断，是一种学习能力，是核心素养的重要组成部分。2022年版课标在"课程内容""学业质量""课程实施"等章节均有具体表述，提出明确要求。教学时，我

们要将其落实到语文实践活动中，培养学生评价的能力。

1. 在语文实践活动中，培养评价的能力。

培养学生评价的能力，以"阅读与鉴赏"实践活动为重点。2022年版课标对"阅读与鉴赏"实践活动所培养的评价能力进行了分解和细化，更清晰、更具可操作性。如，在阅读、欣赏革命领袖与革命先烈创作的文学作品时，要"运用讲述、评析等方式交流自己的情感体验"；第三学段还要求"梳理、反思小学阶段的阅读生活"等。

2022年版课标在"学业质量"中，对学生评价能力的典型表现以及应该达到的"广度和深度"作了精准描述，使教与学方向明确、目标清晰。如，在阅读童话、寓言、神话等过程中"能结合关键词句解释作品中人物的行为，从某个角度分析和评价人物"；在为准备发言而搜集信息或倾听发言中能"初步判断信息真伪"；在阅读说明性文字或简单非连续性文本过程中能"初步判断内容或信息的合理性"；在阅读散文、小说、诗歌等文学作品过程中能"结合作品关键语句评价文本中的主要事物和人物，提出自己的观点或看法"；在组织讨论、专题演讲和交流反思过程中能"辨别是非、善恶和美丑"。

对于培养学生评价的能力，统编教材也作了系统编排，并按内容、形式、观点进行分类，以提高训练针对性和效果。试以第三学段为例。

（1）对内容的评价，即关于"写什么"的评价，包括品味语言和评析人物等。如，《将相和》"蔺相如、廉颇给你留下了怎样的印象"，《少年闰土》"结合相关内容，说说闰土是个怎样的少年"，《鲁滨逊漂流记（节选）》"你觉得鲁滨逊是一个什么样的人"。

（2）对形式的评价，即关于"怎么写"的评价，包括评价表现手法和布局谋篇等。如，《太阳》"说说作者是运用哪些说明方法介绍太阳的，体会这样写的好处"，《金字塔》"两篇短文用了不同的方式写金字塔，你更喜欢哪一种"，《草原》"在写景中融入感受有什么好处"，《狼牙山五壮士》"课文第2自然段既关注了人物群体，也写了每一位战士，结合相关内容说说这样写的好处"，《桥》"小说最后才点明老支书和小伙子的关系，和同学讨论这样写有什么好处"，《穷人》"渔家的小屋'温暖而舒适'，这样的环境描写对刻画桑娜这个人物有什么作用"，《北京的春节》"哪几天写得详细，哪几天写得简略，再讨论一下这样写的好处"，《十六年前的回忆》"课文最后两个自然段与开头有什么联系？说说这样写有什么好处"，《董存瑞舍身炸暗堡》"找出描写董存瑞神态、言行的句子读一读，和同学交流这些描写对刻画人物有什么作用"，六（下）第四单元《语文园地·交流平台》"找一些你认为写得好的文章，把开头和结尾列出来，和同学一起分析这样写的好处"。

（3）对观点的评价，即对作者或别人的观点发表自己的看法。如，《"精彩极了"和"糟糕透了"》"联系生活实际，说说你如何看待巴迪父母表达爱的方式"，《忆读书》"你是否赞同作者的这种读书方法"，《景阳冈》"对课文中的武松，人们有不同的评价。你有什么看法"，《跳水》"他的办法好在哪里"。

2. 在互相评价和反思中，学会评价。

同学之间互相评价与自我评价一样，是过程性评价的重要内容，是评价能力的有机组成部分。

（1）互相评价。课堂中，学生学习无非是围绕目标的实现，或独立学习（包括阅读、思考、表达、发表意见、实践操作、查找资料等），或互相学习（包括讨论、交流、倾听、发表意见等），或接受教诲（包括听教师讲解、点评以及同学互评等）。这三种学习活动是融合的、一体的。而"同学互评"是三者之间联系的纽带，是建立学习共同体的关键。如评价同学的写字、朗读、习作、报告、表演等。

（2）自我评价。自我评价是反思性学习，是对"元认知知识"的理解与运用。我们不仅要引导学生了解学习的策略、运用策略学习，还要反思学习的过程，检视自己的学习目的是否明确、学习态度是否端正、学习方法是否适合、学习程序是否科学等，以及时调整、改进、优化学习，帮助学生"学会自我反思和自我管理"，进而提高学习效益。

以阅读为例，2022年版课标提出研制阅读反思单，并指导学生梳理、反思小学阶段的阅读生活，在梳理和反思中改进阅读、提高阅读效率。阅读反思单可以从反思项目、评价参考、自我评价、反思改进等维度进行设计。反思项目包括选择读物、阅读种类、阅读态度、阅读时间、阅读方法、阅读运用等；评价参考分别提供具体要求；自我评价既可以是等第（如"优秀""良好""待改进"），也可以是文字描述；反思改进则针对评价参考和自我评价提出改进建议，以便化为行动。（见表1）阅读反思单可以从三年级开始实践，每学期至少一次，毕业前进行总结整理，形成"小学阶段的阅读生活"简单研究报告。

表1　阅读反思单

反思项目	评价参考	自我评价	反思改进
选择读物	了解出版社，比对版本，阅读序言或后记，等等		
阅读种类	阅读面广、种类丰富，如既有纸质的也有电子的，既有图书也有报刊。图书包括人文社科类、文学类、科普类、艺术类等		
阅读态度	是否认识到阅读的重要性，是否对阅读感兴趣，是否关注内容或信息的合理性，等等		
阅读时间	能否坚持每天阅读15分钟以上		
阅读方法	根据文本类型或目的而采取适当的方式方法，如朗读、默读、精读、略读、浏览、跳读、预测、提问、提高速度，摘抄、批注、写读后感，查阅相关资料，等等		
阅读应用	在口头或书面表达中有意识地运用阅读所得，增强表达效果，等等		

二、对学习进行评价，评估学生的学习能力

实施伴随教学过程开展评价，离不开评价工具的开发与运用。评价工具主要包括作业、纸笔测试题、评价量表等。这些评价工具既是培养学习力的工具，也是评估学习力的工具；既是教学的有机组成部分，也是构建"教—学—评"一体化教学格局的标志。

1. 评价工具之"少量、优质的作业"。

2022年版课标明确"教师要严格控制作业数量，用少量、优质的作业帮助学生获得典型而深刻的学习体验"，并在"作业评价建议"和"阶段性评价建议"中列举了写字、阅读、日记、习作等19种作业类型（见表2），足见作

业的重要性。

表2　2022年版课标列举的作业类型

作业评价建议		阶段性评价建议		
基础型	拓展型	纸笔式	综合式	整本书阅读	跨学科学习
写字、阅读、日记、习作	主题考察、跨媒介创意表达	纸笔测试	诵读、演讲、书写展示、读书交流、戏剧表演、调查访谈	读书笔记、读书报告会、读书分享会	观察报告、实验报告、研究报告

教师能否胜任设计"少量、优质的作业",是专业水平的重要标志,也是减负提质的关键环节。教师要充分运用教科书的"练习系统"以及略读课文、"阅读链接"、快乐读书吧等资源,设计作业。笔者以发展型学习任务群和拓展型学习任务群为例展示若干作业实例。

（1）发展型学习任务群。发展型学习任务群的显著特点是将阅读与表达整合、输入信息与输出信息融为一体,弥合阅读与表达割裂的鸿沟,形成"阅读—思考—表达—评价"一体化的阅读教学形态,整体提升教学效益。

笔者执教《我的"长生果"》时设计的课堂作业,在组织学生了解作者叶文玲读书的类型、经历和悟得的道理后,让学生完成作者读书"流程图"（见图1）,并以此为"支架"介绍她的读书经历。

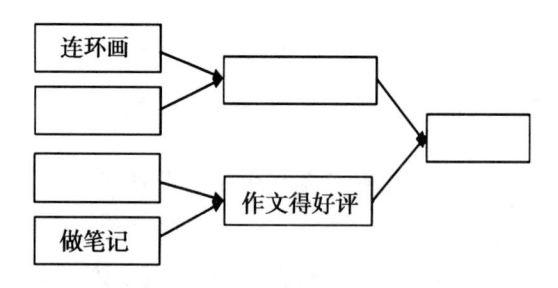

图1　作者读书"流程图"

课后作业,既可以及时巩固课堂所得,又可以迁移运用,可视为微型"阶段性评价"。本课的课后作业设计具体如下：

※必做题。

①下列加点字在词语中的读音,与其他三个不同的是（　　）。

A. 这等美差　　B. 鬼使神差　　C. 参差不齐　　D. 出差研学

②下列加点字的拼音，不正确的是（　　）。

A. 嫦娥奔（bēn）月是一个美丽动人的神话故事。

B. 我的父母进城务工，四处奔（bèn）波，主要是为了让我"上好学"。

C. 钟南山院士爷爷是奔（bèn）九十的人了，依然奋斗在抗击新冠肺炎的最前线。

D. 党的二十大报告，明确了人民的奔（bèn）头：实现中华民族伟大复兴的中国梦。

③用成语概括下列句子的意思，最恰当的是（　　）。

少年时代的叶文玲只要手中一有书，就忘了吃，忘了睡。

A. 津津有味　　B. 如饥似渴　　C. 呕心沥血　　D. 废寝忘食

④作者说"阅读也大大扩展了我的想象力，在家对着一面花纹驳杂的石墙，我会待上半天，构想种种神话传说"，请你发挥想象，联系自己的阅读经验，想象叶文玲"构想"了哪些神话传说，写一段连贯的话。

⑤分类摘抄"优美的词语"，并选择其中一个写下自己的感受。

※选做题。

①《我的"长生果"》引发了你哪些联想、感受，阅读后受到了哪些启发？请以《读〈我的"长生果"〉有感》为题目写一篇读后感。

②查找"嵌"所在的段落，读一读巴金先生的《家》，或上图书馆阅读叶文玲的长篇历史小说《秋瑾》（《叶文玲文集》第八卷，作家出版社）。

以略读课文为阅读情境材料，可以设计"阅读与鉴赏"作业。如，四（上）第四单元，在教学《盘古开天地》《精卫填海》《普罗米修斯》之后，可以将略读课文《女娲补天》作为"阅读与鉴赏"测试的情境材料并增加一幅网络图片（见图2），构成检测阅读能力的作业。待批阅后，便可针对学生的薄弱环节开展"补救性"教学。用略读课文或"阅读链接"为情境材料，既可以解决编制"阅读与鉴赏"作业时情境材料难找的问题，也可以促进教学观念转变——变"以教为主"为"以学为主"，实现因学而教、因材施教。设计作业如下：

①将女娲补天的经过补充完整。

捡石炼浆→_____→杀龟撑天→_____→_____→撒灰缝地

②女娲补天有哪些神奇的地方？至少举两个例子，并说明理由。

③女娲给你留下怎样的印象？根据文本说明理由。

④女娲要从各地拣五种颜色的石头，是一项艰难的工作。展开想象，选择女娲拣某一种颜色的石头的经历，写一个情节。

⑤小明同学发现神话的题目一般都是"神名＋事件"。你认为这样的标题有什么好处？

⑥中国的火星车取名"祝融号"。你认为这个名字好在哪里？

图 2　"祝融号"火星车

（2）拓展型学习任务群。

①整本书阅读。2022 年版课标将"倡导少做题、多读书、好读书、读好书、读整本书，注重阅读引导，培养读书兴趣，提高读书品位"提升到课程理念的高度，并专设整本书阅读学习任务群，是对语文课程内容及实践规律的清醒认识和本质回归。整本书阅读除了"采用读书笔记、读书报告会、读书分享会等方式引导学生高质量完成整本书的阅读"，还要关注日常阅读习惯的养成。记阅读日记——将阅读与"日记"整合——是促成阅读习惯养成和促进深度阅读的最有效的途径。

阅读日记，可以将摘抄、批注、读书笔记、阅读反思等一大串"读书任务"贯通整合，成为阅读和成长的"字证"，且使日记的内容循环往复、源源不断。例如，A. 摘抄。可摘抄新鲜词句，可分类摘抄，可摘抄并写感受（为什么觉得新鲜、产生什么联想或想象），等等。B. 笔记。可记产生的疑问、受到的启发、查阅工具书或资料的收获等。C. 若阅读文学作品，可画一画人物关系图，可预测情节发展（将预测的情节写出来），可想象模仿练笔，可发表评论（对人物、事件、观点等），可与人物"对话"，可改写，可创作剧本，等等。D. 分享。如向同学推荐等。如果将疑惑或启发或收获写得具体一点便是"读书笔记"，反思一下阅读过程便是"反思笔记"……凡此种种，皆成阅读日记。阅读日记，既解决日记没内容的问题，又解决阅读浅表化问题，见证阅读过程和精神成长。从评价的角度看，阅读日记既是伴随读书过程的评价，又是评价读书效果的证据，是阅读的有机组成部分。

②跨学科学习。《义务教育课程方案（2022年版）》明确"原则上，各门课程用不少于10%的课时设计跨学科主题学习"，旨在优化课程结构，"加强学科间相互关联，带动课程综合化实施，强化实践性要求"。"跨学科学习"任务群的作业必须依据此目标设计，聚焦语言运用，"在综合运用多学科知识发现问题、分析问题、解决问题的过程中，提高语言文字运用能力"。如笔者设计的跨学科学习作业：

8月16日，星期二，天空晴朗。小明趁暑假到乡下外公家，看到了稻田、稻谷，还和外公一起参加田间除草劳动，真实感受劳动的辛苦。他随手拍了一照片（见图3），又写了一篇日记，描写看见的田间美景、参加劳动的感受和产生的联想，通过微信传给了城里的同桌。

图3 福建光泽县元岱村一景

请你帮他完成这篇日记。

城里的同桌看见微信产生了极大的兴趣，便上网搜有关稻谷、大米等信息，对自己天天吃的米饭有了更多的了解。她突然觉得妈妈煮饭时，把米洗了又洗是不科学的做法。她便将自己发现的过程写下来告诉妈妈，还配上了图（见图 4）补充说明，请你帮她完成这篇作品。

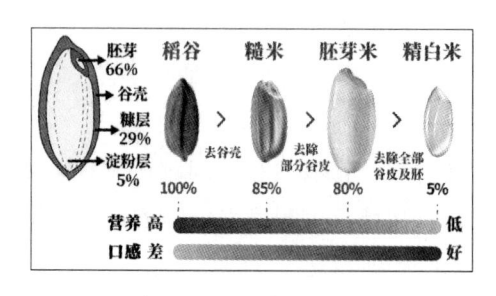

图 4 稻谷的结构及营养

2. 评价工具之评价量表。

2022 年版课标明确"在小组合作、汇报展示过程中，教师应提前设计评价量表、告知评价标准，引导学生合理使用评价工具，形成评价结果"。制订评价量表可以从参与度、民主性、成效感等维度进行设计（见表3）。在小组合作、汇报展示过程中运用此表时，可先作解释再对照评价，以提高学习效能。

表 3　评价量表

维度	评价参考	自我评价	反思改进
参与度	倾听是否专注，接受任务是否主动，发言是否积极等		
民主性	规则是否遵守，遇到不同意见是否先耐心听后再积极评议，表达自己的意见时是否语气平和，意见无法一致时是否求同存异，等等		
成效感	是否感受到团队的力量，是否感受到合作对自己的帮助或帮助别人的成就，等等		

综上，实施"伴随教学过程开展评价"，是全面落实新时代教育评价改革的关键一招，是提升教学质量的重要一环，是构建素养导向的"教—学—评"一体化教学格局的主要标志。

5. 语文课程社会主义先进文化教育：核心要素、基本原则与关键策略

《义务教育课程方案（2022年版）》在《前言》部分明确把"全面落实习近平新时代中国特色社会主义思想，将社会主义先进文化、革命文化、中华优秀传统文化、国家安全、生命安全与健康等重大主题教育有机融入课程，增强课程思想性"作为修订原则，为义务教育课程修订指明方向。2022年版课标将其转化为课程性质内涵"继承和弘扬中华优秀传统文化、革命文化、社会主义先进文化，增强对习近平新时代中国特色社会主义思想的理解和认识，全面提升核心素养"，凝练成课程理念"重视价值取向，突出社会主义先进文化、革命文化、中华优秀传统文化"和总目标"弘扬社会主义先进文化、革命文化、中华优秀传统文化，建立文化自信"，具体化为课程内容"体现中华优秀传统文化、革命文化、社会主义先进文化的作品，应占60%～70%"。将社会主义先进文化教育"落细、落小、落实"到课堂，使"入脑进心践于行"，要探明社会主义先进文化教育的核心要素，遵循社会主义先进文化教育的基本原则，把握社会主义先进文化教育的关键策略。

一、探明社会主义先进文化教育的核心要素

落实社会主义先进文化教育，首先要探明其核心要素，明白"是什么"。社会主义先进文化教育的核心要素包括内涵、教育目标和基本内容。

（一）社会主义先进文化的内涵

"社会主义先进文化"，是指社会主义核心价值观、社会主义制度和社会主义伦理道德规范等。党的十八大提出的富强、民主、文明、和谐、自由、平等、公正、法治、爱国、敬业、诚信、友善是社会主义核心价值观的基本

内容，也是社会主义先进文化的核心。而增强对习近平新时代中国特色社会主义思想的理解和认识，是社会主义先进文化的硬核，起统领作用。

（二）社会主义先进文化教育的目标

通过社会主义先进文化教育，坚定学生的理想信念，厚植爱国主义情怀，"理解和践行社会主义核心价值观，逐步领会改革创新的时代精神。懂得坚持走中国特色社会主义道路的道理，初步树立共产主义远大理想和中国特色社会主义共同理想。明确人生发展方向，追求美好生活，能够将个人追求融入国家富强、民族复兴、人民幸福的伟大梦想之中"，使其成长为有理想、有本领、有担当的社会主义建设者和接班人。

（三）社会主义先进文化教育的基本内容

2022年版课标明确"围绕社会主义核心价值观，确定社会主义先进文化内容主题，突出爱党、爱国、爱社会主义相统一"，规划了"反映社会主义建设事业中取得的重大成就、涌现出来的模范人物与先进事迹的作品"等三大主要载体，具体内容分布在"3个发展型学习任务群"和"2个拓展型学习任务群"中。虽然依据新课标修订的教科书尚需时日，但是现行统编教科书编排有丰富的反映社会主义先进文化的课文（见表1），此外，还有练习系统中（包括口语交际、习作和课后练习等）的相关内容，基本能够满足社会主义先进文化教育的需求。

表1　社会主义先进文化的内容主题与载体以及相关课文

内容主题	载体	相关课文
围绕社会主义核心价值观，突出爱党、爱国、爱社会主义相统一	1. 反映社会主义建设事业中取得的重大成就、涌现出来的模范人物与先进事迹的作品	《升国旗》《我多想去看看》《葡萄沟》《难忘的泼水节》《邓小平爷爷植树》《雷锋叔叔，你在哪里》《千人糕》《一株紫丁香》《神州谣》
	2. 反映当代中国从站起来、富起来到强起来的奋斗历程和重大事件，以及体现中国式现代化新道路和人类文明新形态的相关作品	《大青树下的小学》《富饶的西沙群岛》《海滨小城》《美丽的小兴安岭》《延安，我把你追寻》《乡下人家》《纳米技术就在我们身边》《千年梦圆在今朝》《七月的天山》《祖国，我终于回来了》《挑山工》

续表

内容主题	载体	相关课文
	3. 反映和谐互助、共同富裕、改革创新、劳动创造美好生活等方面的作品	《搭石》《小岛》《鸟的天堂》《青山处处埋忠骨》《草原》《开国大典》《小站》《青山不老》《三黑和土地》《在希望的田野上》《春天的故事》《综合性学习：奋斗的历程》

二、遵循社会主义先进文化教育的基本原则

语文课程是一门"学习国家通用语言文字运用"的综合性、实践性课程，"工具性与人文性的统一"是其基本特点。这一课程性质和基本特点，决定了社会主义先进文化教育必须"以语言运用为基础，并在学生个体语言经验发展过程中得以实现"，遵循目标导向、实践导向、评价导向等基本原则。

（一）坚持目标导向

目标是出发点也是归宿点，发挥着指引作用。社会主义先进文化教育必须明确目标，以"全面落实习近平总书记关于培养担当民族复兴大任时代新人的要求"为导向，精选课程内容、优化课程结构、改进课程实施、细化课程评价，凸显学生的主体地位，关注学生的个性化和多样化学习和发展需求，方能取得实效。

（二）坚持实践导向

社会主义先进文化是在伟大的社会主义现代化建设事业中孕育、发展、成熟、丰富起来的，因此，社会主义先进文化教育也应该在社会实践中探索、在社会实践中发展、在社会实践中成熟和丰富。换言之，语文课程社会主义先进文化教育要在指导学生用心做语文的事中展开，在积极的语文实践活动中渗透、积累、沉淀、升华，逐渐融为学生精神成长的有机组成部分。社会主义先进文化教育要像空气一样无所不在、无时不有地滋养影响，而不是贴标签、喊口号、背概念、记知识等脱离生活、脱离实践的说教。

（三）坚持评价导向

评价是归宿点也是出发点。评价这根指挥棒怎么指、指到哪，教学就怎

么走、走到哪。因此，制定社会主义先进文化教育的评价方式和评价标准是关键。中共中央、国务院印发《深化新时代教育评价改革总体方案》提出的"改进结果评价，强化过程评价，探索增值评价，健全综合评价"是社会主义先进文化教育评价的根本遵循。坚持评价导向，就是以评价贯通、以评价引导、以评价促进，"教—学—评"互动一体地把社会主义先进文化教育的评价融入教学全过程，加强在日常学习生活的观察，将可纸笔测试的内容列入期末考试，关注学生的言行情感的变化与进步等。

三、把握社会主义先进文化教育的关键策略

文化既是显性的也是隐性的。显性的文化是看得见、摸得着、感得到的部分。隐性的文化是看不见、摸不到、可意会不可言传的部分。它以"浸润"的方式潜移默化地影响人们的思想观念、情感态度、言行举止等。因此，文化教育要显性活动与隐性熏陶、主题学习与时间沉淀相结合。社会主义先进文化教育也不例外。语文课程中社会主义先进文化教育要把握"用好用足教材"这个总关键，做到三个"相结合"，即主题活动与语言运用相结合，用于生活与向生活学相结合，做跨学科作业与写简单的研究报告相结合。

教材建设是国家事权，作为"统编三科教材"之一且发挥"奠基作用"的语文尤其如此。现行"统编统审统用"语文教材，在社会主义先进文化教育内容编排、练习设计等方面，基本适配新课标要求。一方面，据笔者统计，承载社会主义先进文化教育核心内容的课文共31篇（不包括汉语拼音单元的儿歌等），还有1个"综合性学习"单元《奋斗的历程》（见表1），基本对应新课标提出的社会主义先进文化的三大"载体"；另一方面，练习系统（包括口语交际、习作和部分课后练习等）中编排有丰富的练习，基本适应社会主义先进文化教育的实践活动。只要教师能"准确理解义务教育语文课程的基本理念，把握学生核心素养发展的基本规律"，透彻理解教材、充分领会编者意图，用好用足教材资源，就能实现社会主义先进文化教育的目标。

（一）主题活动与语言运用相结合

教材内容无论多新，都难以跟上现实变化。更何况，社会主义先进文化有着鲜明的时代特征，甚至于"即时"特点。因此，在用好用足教材的基础

上，必须适时组织主题活动，将"过去时""进行时"与"未来时"有机融合，增强社会主义先进文化教育的时效性。但是，不管什么样的主题活动，都要引导学生"在学习语言文字运用的过程中"进行且以语言文字（含与语言文字结合的多种媒介）来表现和内化教育成果。

例如，课文《千年梦圆在今朝》是反映"中华民族千年飞天梦"实现历程的文章，也是典型的社会主义先进文化类课文，但是，它也止于2019年我国实施探月工程的成果。不难想象，截至2023年12月，短短4年间我国航天领域又取得了多少历史性突破，这些成就是无法及时成为课文的。因此，在基于《千年梦圆在今朝》了解了中华民族千年——尤其是中华人民共和国成立以来——飞天梦逐步实现的事实，增强了"爱党、爱国、爱社会主义"的情感之后，可以开展主题活动——"查阅资料，了解我国在航天领域的最新成就"，并在"国旗下的讲话""班队活动"等场合宣讲。主题宣讲，就是典型的"语言文字运用"，既要书面表达又要口头表现，是社会主义先进文化教育的生动表现。

（二）用于生活与向生活学相结合

20世纪20年代，陶行知先生就倡导"生活即教育，社会即学校"，提出"教学做合一"的主张，并创办南京晓庄师范等教育机构实践之。叶圣陶先生在1978年3月发表的《大力研究语文教学尽快改进语文教学》讲话中，也提出要"把所学的应用到实际生活的各方面去"，一方面用于解决实际生活的问题，另一方面也到实际生活中验证和丰富所学。陶行知、叶圣陶等所倡导的通过大脑和身体与外部世界互动的学习，符合现代具身认知理论的基本观点，都适用于指导社会主义先进文化教育。

因此，社会主义先进文化教育，需要组织学生积极参与且留心身边"火热的""鲜活的"现实生活，引导学生在多样的日常生活场景和社会实践活动中学习、锻炼和丰富。如此，用于生活与向生活学相结合，社会主义先进文化教育才生动活泼、入脑入心。但是，都组织学生参加"生产劳动和社会实践"也不太现实。

"用于生活"，就是要将课内学到的阅读和表达"围绕社会主义核心价值观"的各类作品的方法运用于课外阅读和表达，使学生更有效地阅读和表达更多的相关作品，更全面、更丰富、更深刻、更切身地感受社会主义建设的伟大成就、模范人物的奉献精神、社会和谐互助的美好生活等等，不断增强学生对党、对国家、对社会主义的高度认同和真挚情感。

"向生活学"，就是在留心生活以及组织必要的参观（如参观各种博物馆、市政建设规划馆、美丽乡村建设规划项目等）和采访（如采访劳动模范、道德楷模、时代楷模等）活动的基础上，借助网络媒体，定时、即时观看反映中国式现代化建设进展和成就的视频。例如，收看《新闻联播》，登录"学习强国"APP（特别是科技栏目），及时收看北京冬奥运会、成都大运会和杭州亚运会等开/闭幕式，不忘"逛逛"每年一届的世界互联网大会·乌镇峰会、上海"进博会"，还有 2023 世界 5G 大会等，即时上"天宫课堂"，等等。虽然，学生（包括教师）隔着屏幕，但是，丝毫都不会降低那种激动人心、无以言表的自豪感。学生只有贴着新时代的脉搏、聆听新时代的律动，教育才能触动心灵、培根铸魂。

（三）做跨学科作业与写简单的研究报告相结合

语文等同于生活，是说语文无时不在、无处不有。但是，语文课程培养的核心素养都是"以语言运用为基础，并在学生个体语言经验发展过程中得以实现"的。换言之，语文课程"书本的东西"多于"实践的东西"。做跨学科作业和写简单的研究报告既是弥补缺陷，又是社会主义先进文化教育的重要途径。因为，跨学科学习是将课堂内外、学校内外联结起来，它拓宽了语文学习和运用领域，既将语文引向直接参与生产劳动和社会实践，综合运用多学科知识发现问题、分析问题、解决问题，又是"回到"语文——运用语言文字（包括运用多种媒介）记录、梳理、提炼"直接参与"以及"发现问题、分析问题、解决问题"的过程、体验或感悟，甚至于"学术表达"——写简单的研究报告。学生在做跨学科作业和写简单的研究报告过程中，社会主义先进文化教育自然而然地积累、滋长和强大。

例如，《少年中国说（节选）》（虽然不是反映社会主义先进文化类课文）可以设计跨学科作业，让它与时俱进闪耀新时代光芒。（1）编辑手抄报。即完成课后练习"课文诉说了中国人的强国梦想。百年来，在强国梦想的激励下，涌现出大量的优秀人物，为国家作出了卓越的贡献，如地质学家李四光等，查找资料，读一读为国家富强而奋斗的杰出人物故事，和同学做一份手抄报"。(2) 评选优秀作品。制定手抄报的评选标准，组织评委评选出优秀作品。(3) 布置展览。办一个主题为"杰出人物故事"的优秀手抄报展览。(4) 设计宣传海报。为主题展览设计宣传海报，邀请同学、老师、领导、家长甚至于当地新闻媒体记者等观摩展览。(5) 选拔讲解员。撰写讲解稿、训练讲解员，为观摩展览的嘉宾进行现场讲解。(6) 组织演讲/朗诵/讲故事。撰写"立志为国家富强而读书"的演讲稿在展览会上演讲，或排练《少年中国说（节选）》朗诵表演在展览会上展示，或讲杰出人物的故事（当然，演讲、朗诵和讲故事都可以有），以丰富展览的内容和形式，赢得观摩者的青睐。这项跨学科作业从《少年中国说（节选）》生发出来，以真实情境中的语言文字运用为线索，"跨"了艺术、劳动、信息科技、综合实践活动等课程。在完成此跨学科作业的过程中，"模范人物与先进事迹"在学生心中鲜活起来，"强国有我"在学生实践中扎根下去，"爱党、爱国、爱社会主义"教育无痕而有力。

如果说跨学科作业在实施上难度较大、不容易常态化，那么写简单的研究报告相对容易。新课标在第二学段"跨学科学习"任务群中就提出"尝试写出简单的研究报告"的要求。写简单的研究报告对中华优秀传统文化、革命文化和社会主义先进文化的传承与弘扬，对学生的核心素养的提升等有特殊作用，是典型的语文课程"用中学""创中学"的表现形式。它同样可以从语文教学中自然延展、自然研究。例如，习作《二十年后的家乡》（五年级上册），可以设计成"三代人的'二十年后的家乡'"，然后写成简单的研究报告，以切身感受社会主义现代化建设的伟大成就。即，2024年的学生展望2044年（这个时间点是新中国成立九十五周年）的"家乡"；2024年的"家乡"是2004年的学生展望的"二十年后的家乡"；而2004年的"家乡"又是1984年的学生展望的"二十年后的家乡"。1984年、2004年、2024年、2044年，五年级学生笔下我们伟大的祖国和可爱的家乡是怎样翻天覆地的变化——不正生动地诠释了社会主义先进文化的丰厚与壮美吗？教学时，先指导学生展望并写作文《二十年后的家乡》；然后提出"父辈、祖父辈'二十年后的家乡'是什么样的"问题；接着围绕这个问题去访谈父母、祖父母，并收集资料，整理资料；最后按照"问题的提出—研究方法—资料整理—研究结论"基本框架撰写一篇简单的研究报告，社会主义先进文化自然成为学生"简单的研究报告"的有机组成部分。

综上所述，语文课程社会主义先进文化教育就是要落实立德树人根本任务，厘清社会主义先进文化教育的核心要素，遵循基本原则，把握关键策略，突出语文课程性质和特点，以语言运用为基础并融入语文实践全过程，使入脑入心践于行，并不断推动社会主义先进文化蓬勃发展。

6. 把握修订教材特点　用好教材改进教学

——统编修订版小学语文教材解读和教学建议

教材是育人育才的重要依托，是教师教学、学生学习的重要工具。每一次课程改革，都以教材更新为显性标志。自《义务教育课程方案（2022年版）》和2022年版课标颁布以来，教材修订更新就成了落实课程方案和课标精神的焦点。此次修订是在2016年"统编统审统用"教材的基础上进行调整、补充、完善，是"微调小改"，不是"推倒重来"。

笔者梳理了"义务教育统编教材国家级示范培训"中获得的信息，并将统编修订版小学语文教材（以下简称修订本）与2023年7月第8次印刷的教材（以下简称原教材）进行比对，发现修订本更加突出育人为本，更加便于幼小衔接，更加强化语文实践，更加优化内容结构，更加着力便学利教。教师要把握住修订本的特点，用好教材，改进教学。

一、更加突出育人为本

修订本更加突出育人为本、以文化人。

1. 精心编排习近平新时代中国特色社会主义思想进教材的内容与形式。

修订本根据语文学科的特点，采取显性表述与隐性渗透相结合的方式，落实《习近平新时代中国特色社会主义思想进课程教材指南》精神，认真解决"进什么""如何进""怎么教"等问题，确保进教材的思想内容便于小学生认知、理解和接受，实现入脑入心。

（1）显性表述。将习近平新时代中国特色社会主义思想融入单元人文主题，精选习近平总书记有关文化、读书等的"金句"编排在单元导语页，如"中国文化源远流长，中华文明博大精深""多读书，读好书，从书本中汲取智慧和营养"等。

（2）隐性渗透。主要通过调整、充实课文，将反映习近平新时代中国特色社会主义思想和社会主义核心价值观的优秀作品选编进教材，努力"让文章本身去教育学生"。如，一年级上册第三单元新编排《哪座房子最漂亮》，反映"美丽乡村建设""教育优先"等思想；第七单元新编排《两件宝》，蕴含习近平总书记"劳动最光荣、劳动最崇高、劳动最伟大、劳动最美丽"的思想及科学创造精神等。

2. 增加反映中华优秀传统文化、革命文化、社会主义先进文化的作品。

修订本进一步充实和更新了反映中华优秀传统文化、革命文化、社会主义先进文化的作品，在数量上达到 2022 年版课标要求的"占 60%～70%"；在内容上更加贴近学生生活、与时俱进，确保文道统一。一到六年级编选新课文 26 篇，占 8% 左右，具体方式为"调整""充实"和"增选"。即调整了体现中华优秀传统文化的作品，使之更加经典、更加贴近学生生活；充实了体现革命文化的篇目，达到 24 篇；新增体现社会主义先进文化的篇目，达到 20 篇，如反映戍边英雄故事的《我站立的地方是中国》、反映新时代航天精神的《航天员写给孩子的信》、反映国家粮食安全的《中国有能力解决好吃饭问题》、反映创新创造精神的《绚丽的"彩虹"》等，努力打造"新经典"课文。

二、更加便于幼小衔接

修订本贯彻党的方针政策，回应社会期待，落实课标精神，精心编排低年级，特别是一年级"过渡期"教材，切实"减缓坡度，降低难度，增强学习的趣味性和吸引力"，使之更加便于幼小衔接。

1. 扩充"入学教育"内容。

修订本的"入学教育"由原教材的 3 课增加至 4 课，使学生在增强"国家认同""身份认同"和"学科认同"的同时，有更长的时间为正式进入语文学科学习做准备。例如，《我是中国人》在原教材"我是中国人"的基础上，扩充为"我是中国人。/我们都是中国人。/中华民族是一家"。新编《我爱我们的祖国》，课文由 4 幅精美的照片和相应文字组成，突出爱国主义教育、民族团结一家亲教育，为孩子"扣好人生的第一粒扣子"。

2. 延长汉语拼音教学的时间，减轻汉语拼音学习的负担。

修订本将汉语拼音由 2 个单元延展为 3 个单元，教学时间延长 1～2 周。同时，降低汉语拼音单元中儿歌韵文的教学要求，对 11 篇儿歌韵文只要求"读一读"，不要求识字、不要求理解、不要求背诵。

3. 减少了课文篇目和识字量。

修订本阅读单元课文由 14 篇减少到 10 篇，且更换了不好理解或存在争议的 3 篇课文，补充了陶行知的《两件宝》。会认字由原来的 300 个下调为 280 个；会写字维持 100 个不变。会写字的排布顺序更合理，即以 2022 年版课标《附录 4　识字、写字教学基本字表》中的独体字为主（共 89 个），"这些字构形简单，重现率高，其中的大多数能成为其他字的结构成分。先学这些字，有利于打好识字、写字的基础，有利于发展识字、写字能力，提高学习效率"；所选 11 个合体字，其中 5 个都是先认写它们的部件字（口—十—叶、子—女—好、田—力—男、女—马—妈、人—从），然后再写这些字。

4. 注重活动化、游戏化、生活化的学习设计。

一年级的小朋友刚刚结束了以游戏活动为主的生活学习，转入以学科实践为主的课堂学习，不适应是必然的。因此，教材除了要"减缓坡度、降低难度"，还要在内容和形式上设计得更"简洁些""有趣些""活泼些""好玩些"。例如，修订本整合了《语文园地》项目设计，将原教材的"我的发现""展示台"并入"字词句运用"，将"查字典"归入"识字加油站"等；设计了更丰富的"读一读，说一说""读一读，比一比""读一读，连一连""读一读，做一做"，以及在生活中识字、与同学交流等活动化的学习内容和形式。

三、更加强化语文实践

不同学科有不同的思维方法，学科学习必须遵循学科思维方法，语文学科的思维方法是语文实践。通俗地说，就是用语文的思维方法做语文的事情。语文实践包括听、说、读、写（即书面表达，还包括书写和书法）、思、视（多种媒介阅读与表达）等，2022 年版课标将其表述为"识字与写字""阅读与鉴赏""表达与交流""梳理与探究"。修订本强化了语文实践，引领语文教学回归"语文本性"——学习国家通用语言文字，促进学生核心素养的形成与发展。

1. 更名，以名正位。

修订本将目录中的"课文"更名为"阅读"，明确了课文的功能定位——用来阅读鉴赏的例子；将《语文园地》的"交流平台"更名为"梳理与交流"，明确了此栏目"梳理"知识使之结构化和"交流"学习的功能。从一年级下册开始，在一些精读课文的课后练习中编排了"拓展活动"栏目，一般设计两道题，如《怎么都快乐》："课文中的小朋友真开心，真是'怎么都快乐'！""我想到了我和小伙伴之间发生的有趣的事，我给大家讲一讲吧！"《小猴子下山》："学习了这几篇课文，我知道了养成好习惯很重要。""我还知道其他好习惯，我们一起交流一下吧！"第一道题指向梳理巩固，或针对本课（如《怎么都快乐》）或针对本单元（如《小猴子下山》；第二道题指向拓展交流，是对课文或单元的人文主题（如《小猴子下山》）或语文要素（如《怎么都快乐》）进行延伸、强化，综合性不断增强。

2. 聚焦，"以一带三"。

凝练学科核心素养，是2022年版课标的创新性举措，标志着义务教育经由"双基""三维目标"步入"核心素养"时代。课标明确学生的文化自信、思维能力、审美创造都以"语言运用为基础，并在学生个体语言经验发展中得以实现"，强调核心素养的整体性和语言运用的基础性。为了更好地将理念转化为实践，同时便于操作，避免割裂，温儒敏教授提出"以一带三"，即以语言运用"带"文化自信、思维能力和审美创造，"强调语文学科的本质属性，回归常识，纠正某些偏向"。修订本在"核心素养是一个整体"的理念下，突出语言运用这个基础，这主要表现在其练习系统中。

（1）充实课后练习。除了基础性练习（朗读、背诵、默读、说一说、讲一讲、记一记、猜一猜、找一找、比一比）外，修订本增加了"由说到写"的练习，如一年级下册《我多想去看看》："你的愿望是什么？和同学说一说。也可以把说的写下来。"二年级上册《雪孩子》："看着雪孩子变成了白云，小白兔会想些什么呢？想一想，再写下来。"

（2）增加"比一比"练习。比较，是重要的思维方法。增加"比一比"

练习，旨在强调思维方法的运用（通过对比来培养对字形的观察力、对句子的感受力），使语言运用与思维能力融为一体。修订本一年级出现了8次"比一比"，比原教材增加了1次。其中课后练习安排了2次，主要是短句和长句的比较，如《小公鸡和小鸭子》课后"读一读，比一比"比原教材增加了1次。"小公鸡跟在小鸭子后面，也下了水。/小公鸡偷偷地跟在小鸭子后面，也下了水。//小鸭子游到小公鸡身边。/小鸭子飞快地游到小公鸡身边。"这种设计旨在引导学生在比较中感受长句子增加部分所带来的不同"感觉"。《语文园地》编排了6次，有比较拼音，有比较汉字笔画，有比较词语中的形近字。

（3）读书与表达并重。温儒敏教授说"部编本语文是'专治少读书、不读书的'"。引导学生"爱读书，读好书，善读书"，是修订本的显著特征。同时，修订本还特别重视读书与表达之间的联系，体现"阅读铺路，由读到写"的编排思路。一方面，修订本保留并完善了"快乐读书吧"（全册）、"和大人一起读（我爱阅读）"（第一学段）等读书栏目以及"开故事会"（口语交际）、"推荐一本书"（习作）等练习；编排了专门的读书单元并以习近平总书记关于读书的"金句"作为人文主题，突出抓读书这件"国家大事"；增加了实用性更强的读书活动，如三年级《语文园地》的"词句段运用"设计"社区要开读书交流会，需要提前准备哪些物品？请你帮志愿者列一份清单"的练习；等等。另一方面，修订本加强读书与表达的联系，信息输入与信息加工输出并重。修订本保留并完善了习作单元，在坚持"单元所编排课文和例文是为写好这篇习作服务"理念的同时，将"习作"与"例文"顺序进行调整——将"例文"放在"习作"之后，突出"例文"的"用"的功能，即学生习作需要"例文"就读/模仿，不需要就不读/不模仿。

四、更加优化内容结构

2022年版课标首次将语文课程内容独立成章并规划了结构化的6个学习任务群，以此推动教学方式从"以教为主"向"以学为主"转变。修订本在优化内容结构方面做了较大幅度的调整和完善，使之更符合学生的认知特点和教学规律。"双线组元"结构，即从三年级开始以"宽泛的人文主题"和

"精准的语文要素"来统领单元内容，并标注在单元导读页中。

1. 优化"双线组元"结构。

第一学段虽然没有编排单元导读页，但是可以从选编的课文、《语文园地》等内容追寻其蛛丝马迹。例如，一年级上册第七单元编排了《小小的船》《影子》《两件宝》等3首儿童诗，可以提炼人文主题"阅读儿童诗，享受诗意童年"，说明语为"读儿童诗，动脑想象和思考"。从课后练习和《语文园地》的内容，可以提炼语文要素："朗读课文，初步学习寻找明显信息。初步学习介绍自己的家人。"

2. 加强单元之间的联系。

修订本加强了单元与单元之间的联系，突出内容的交错循环、能力的有序进阶，体现学习任务群。

以第一学段学习讲故事为例。一年级下册《要下雨了》编排"找一找故事里有哪些动物，再分角色读一读"，《语文园地》编排口语交际"听故事，讲故事"；二年级上册《小蝌蚪找妈妈》编排"按顺序把下面的图片连起来，再讲一讲小蝌蚪找妈妈的故事"，《玲玲的画》编排"试着用上'得意''伤心''满意'这3个词语，讲讲这个故事"，《寒号鸟》编排"根据下面的提示，说说寒号鸟和喜鹊的故事"，《纸船和风筝》编排"根据下面的提示讲讲这个故事"，《语文园地》编排口语交际"看图讲故事"；二年级下册《小马过河》编排"试着用上下文的词语，讲讲这个故事"，《蜘蛛开店》编排"根据示意图讲一讲这个故事"，《青蛙卖泥塘》编排"分角色演一演这个故事"，《小毛虫》编排"借助提示讲讲这个故事"，紧接着第八单元编排中国神话故事《羿射九日》《黄帝的传说》《大禹治水》，集中训练讲故事（包括口语交际"推荐一部动画片"）。

3. 强化单元内部的联系。

修订本在加强单元之间联系的同时，进一步强化了单元内部的联系，使学习目标更明确、学习内容更聚合、学习方式更有效。

（1）加强单元内课文之间的联系。课文与课文之间（包括文体文类、思想内容等）彼此关联、协调一致，构成一个以人文主题和语文要素为统领的整体。即使第一学段还没有明确的"双线组元"，但依然可以捕捉到相关信息。如一年级上册第五单元编排了《秋天》《江南》《雪地里的小画家》《四季》等课文（将原教材中《小小的船》与《雪地里的小画家》对调），显然是让学生通过课文来认识四季，感受大自然的美好，进而亲近大自然、热爱大自然。

（2）加强人文主题和语文要素与课文和练习等的联系，确保人文主题和语文要素在单元内"一以贯之"。以五年级上册第一单元为例：

①人文主题统领课文。本单元引用习近平总书记关于读书的"金句"，并说明"感悟读书之法，体会读书之乐"。编排了《古人谈读书》《忆读书》（课后"阅读链接"节选了秦牧的《漫谈读书经验》、老舍的《谈读书》、汪曾祺的《谈读杂书》、叶文玲的《我的"长生果"》等文章）《走遍天下书为侣》等，均与读书密切关联。

②语文要素贯穿大多数练习。本单元语文要素（阅读）为"根据需要，采用合适的方式梳理信息，把握课文的内容要点"。《古人谈读书》要求"开展一次读书活动，搜集资料，了解古今中外名人读书治学的方法。再选择一本你喜欢的书，尝试运用学到的方法读一读"。《忆读书》要求"回顾和梳理这段时间的阅读经历，把印象深刻的内容填写在我的'阅读记录卡'中"。《走遍天下书为侣》要求梳理"作者独自驾舟环绕世界旅行时，选择带一本书而不是其他物品的理由"。《语文园地》的"梳理与交流"栏目，设置"运用学到的梳理信息的方法，将你了解的名人关于读书治学的见解整理出来，举办一次'读书分享会'，交流从中受到的启发"的练习；"日积月累"栏目编排的是《观书有感（其一）》。语文要素（表达）为"根据表达的需要，分段表述，突出重点"，编排了习作《推荐一本书》；《语文园地》的"词句段运用"栏目，要求对一段论述"阅读与写作"关系的话重新排序以及以读书名言为内容制作书签；等等。

③加强课后练习之间的联系。修订本不仅加强了单元之间的相关练习的联系，而且加强了单元内部练习之间的联系，使之有序进阶，环环相扣，逐课递进，确保"用少量、优质的作业帮助学生获得典型而深刻的学习体验"，减轻教师作业设计负担。如第一课《古人谈读书》："课文介绍了古人读书治学的一些方法……尝试运用学到的方法读一读。"——这是一道综合练习题，

从课文到课外、从理解到运用、从静态到动态。第二课《忆读书》："你是否赞同下面的这种读书方法？结合阅读链接和自己的读书经历，讲述观点并说明理由。"这既是对读书方法的评价（思辨性）又是对前一课"搜集资料"和"运用读书方法"的提升——进行反思和价值判断。第三课《走遍天下书为侣》："作者说'你总能从一本书中发现新东西，不管你看过多少遍'，你认同她的观点吗？结合自己的阅读经历，和同学交流。"这是对前一课"讲述观点并说明理由"的跟进。最后，在《语文园地》的"梳理与交流"中做总结，在"读书分享会"中进行展示。

五、更加着力便学利教

教师拿到教材，就知道要"教什么""怎样教""教到什么程度"；学生拿到教材（或经教师指导），也知道要"学什么""怎么学""学到什么程度"，这是师生最期待的、也是教材最基本的功能。一句话，教材要便学利教。在便学利教方面，修订本集众智、下狠劲，坚持守正创新。以识字写字和朗读为例。

1. 完善识字写字编排，突出汉字本身的特点和学生的认知规律。

（1）汉字是表意文字，构成汉字的部件大多数可解释，学生一旦了解就能"无师自通"。修订本既编排了典型的课文，又设计了优质的练习，助力教与学。例如，《日月明》（一年级上册）及其课后练习（猜出"泪""休""歪"的意思），《小青蛙》（一年级下册）及其课后练习（说说你发现了"睛、情、晴、清、请"什么特点，再填入词语中），《语文园地》中的"识字加油站""字词句运用"等栏目编排的练习，等等。教师在教学中要把汉字的音、形、义紧密地结合起来，避免学生一遍一遍机械地认记和抄写。

（2）先认先写《识字、写字教学基本字表》中的汉字，且由易到难、由简到繁。在一年级上册编排的 100 个会写字中，"构形简单，重现率高"的独体字有 89 个。另外的 11 个合体字是"挂在嘴边、常在眼前"的字，如"叶、竹、好、男、妈、从、爸、多、比、公、你"。其中，5 个合体字"叶、好、男、妈、从"是在会认会写其部件字之后再写的。

（3）创设情境，落实"字不离词，词不离句"的识字学词规律。例如，汉语拼音单元所认73个汉字都先读词语后认字。增设《语文园地》中"识字加油站"的识字情境，如一年级上册《语文园地二》提供"第九小学""一年级（4）班""王小安"同学的拼音本（封面图片），认识"本、学、校、班、级、姓、名、王"8个汉字，写"九、王"2个汉字；二年级上册《语文园地四》利用动车票识字，增加"泡泡"提示"暑假我跟着爸爸妈妈一起回老家，认识了火车票上的一些字""生活中处处有汉字，我能在生活中识字"（原教材只有"我从火车票上也能认识很多字"）。教师教学时，不仅要"字不离词，词不离句"，还要"不离篇章，不离语用"——毕竟评价识字能力的重点是看学生在"具体语言环境中运用汉字的能力"。

2. 优化朗读编排，交错循环，逐步提高。

朗读和默读是阅读教学中最常用、最重要的训练。《全日制义务教育语文课程标准（实验稿）》在阶段目标中就提出了学段进阶要求"学习用普通话正确、流利、有感情地朗读课文"→"用普通话正确、流利、有感情地朗读课文"→"能用普通话正确、流利、有感情地朗读课文"。《义务教育语文课程标准（2011年版）》不仅将其原封不动地保留下来，而且在实施建议中特别加了一段评价说明："能用普通话正确、流利、有感情地朗读课文，是朗读评价的总要求……评价学生的朗读，可从语音、语调和语气等方面进行综合考察，评价'有感情地朗读'，要以对内容的理解与把握为基础，要防止矫情做作。"2022年版课标虽然没有在学段要求中对朗读提出具体要求，但是，在学业质量中明确了朗读的质量标准且凸显进阶性："愿意为他人朗读自己喜欢的语段；朗读时能使用普通话，注意发音；注意用语气、语调和节奏表现对文本的理解和感受；愿意和同学交流朗读体验，能简单评价他人的朗读"→"乐于参与读书交流活动，能诵读学过的优秀诗文，尝试用不同的语气、语调表达自己的理解与感受"→"重视朗读，借助语气语调、重音节奏等传递汉语声韵之美，在反复朗读中加深对文本内容的理解"。总之，正确、流利、有感情地朗读，"是理解课文的重要方法，也是必须具备的阅读能力"。

修订本落实课标精神，更加重视并精心编排朗读训练，从"正确""流利"到"有感情"，科学布点、循环往复，"长线"编排与"驿站式"训练相结合，使朗读训练落小、落实，逐步进阶。

（1）适当增加朗读训练的频次，减缓训练坡度。修订本一年级"过渡期"编排"朗读"（含练习中的"读一读""读"等，下同）47次，比原教材增加了5次，但只要求"要用普通话""借助拼音"朗读，同时减缓了朗读训练的坡度，稍稍降低了难度。从第一学段看，修订本共编排了219次朗读训练，较之原教材增加了8次，这是在比原教材少编排了6篇课文和2课识字的情况下增加的。

（2）"长线"编排从"正确"到"有感情"的朗读训练。修订本一年级上册从第2课《金木水火土》提出"朗读课文"并借助学习伙伴"泡泡"提示"朗读课文时，要用普通话"开始朗读训练，经由汉语拼音单元11课（儿歌/韵文）的"读一读"，到《秋天》"借助拼音朗读课文"并注意"一"的读音，到《江南》等12篇课文的"朗读课文"，到最后一课《雨点儿》"分角色朗读课文"且注意"不"的读音，结束朗读训练。

一年级下册重点训练读好长句子。如"注意读好词语之间的停顿"（《吃水不忘挖井人》）"读好对话"（《小公鸡和小鸭子》）"想一想哪些词语要读得重一点儿"（《树和喜鹊》）"注意读好带感叹号的句子"（《怎么都快乐》）"注意读好句中的停顿"（《夜色》）等，直到最后一篇课文《小壁虎借尾巴》要求"分角色朗读课文"。

二年级上册第一篇课文《小蝌蚪找妈妈》承接上一册"分角色朗读课文"重提之；到第5课《雷锋叔叔，你在哪里》才提出"试着有感情地朗读课文"（听老师讲雷锋的故事，再试着有感情地朗读课文，注意诗歌有问有答的特点）；三年级上册第6课《秋天的雨》方正式提出"有感情地朗读课文"。

（3）细化朗读训练点，"驿站式"集中练习。如果说从用普通话正确地朗读到有感情地朗读，是"长线"，那么，读好长句子、分角色朗读等就是"长线"中的"驿站"。以"读好长句子"为例，一年级下册第二至第四单元就集中编排分点训练，先"注意读好词语之间的停顿"（《吃水不忘挖井人》），再注意重音即"想一想哪些词语要读得重一点儿"（《树和喜鹊》），最后"注意读好句中的停顿"（《夜色》）和"注意文中的标点，读好停顿"（《端午粽》）。

通过以上梳理可以发现，修订本从"用普通话正确地朗读"到"有感情地朗读"仿佛跑了个"马拉松"，但是"一程一程"清晰明了。教学时，教师要"沉得住气",引导学生根据教材编排像"滚雪球"一样踏踏实实向前滚动、不断壮大。

总而言之,修订本不是"从头来"而是"再出发"。我们要在继续学好课标的基础上,吃透并把握修订本特点,以"用好教材是根本、是目标"(教育部教材局田立新语)为指针,扎扎实实改进课堂教学,提升学生的核心素养。

7. 新修订小学语文教材"阅读"编排特点和教学建议

2024年9月，起始年级使用的新修订小学语文教材，是在2016年版"统编统审统用"教材（以下简称原教材）基础上"微调小改"的。我们要对照2022年版课标精神，研读新修订教材，才能见"微"知著、以"小"见大，进而用好教材。尤其是对其"阅读"单元编排，更要狠下功夫琢磨，方能洞察内奥，致力于全体学生核心素养的形成与发展。

一、新修订教材将"课文"改为"阅读"的意图

新修订教材将目录中的"课文"更改为"阅读"，终结了教材自1981年版以来以"课文"来指称阅读单元的历史，旨在强化实践意识，明确课文功能，为实现"一课一得"提高课堂教学效益服务。

1. 强化语文实践意识，突出学科育人的特点。

新修订教材还将原教材的"综合性学习"更名为"专题学习活动"；《语文园地》中的"交流平台"更名为"梳理与交流"；还在第一学段部分精读课文后面增加"拓展活动"（如《怎么都快乐》）。更名的目的，一方面是对标2022年版课标的学段目标之规定；另一方面是进一步强化语文课程的实践性质，突出实践育人的学科特点。

2. 明确各单元课文的功能定位。

将"课文"改为"阅读"，进一步明确各单元课文的功能定位，更有利于教与学。以一年级上册为例。其目录编排有"我上学了""识字""汉语拼音""阅读"等单元。各单元都编排了课文，如"我上学了"单元有《我是中国人》《我爱我们的祖国》《我是小学生》《我爱学语文》等；"汉语拼音"单元

有《小白兔》等11篇儿歌、韵文；等等。

单元不同，课文的功能亦不同，定位准确了，更有利于提高课堂教学效益。如"我上学了"的课文，主要功能是进行"国家认同""民族团结""爱国主义""身份认同""学科认同"等教育，没有识字写字、背诵理解的任务。"汉语拼音"单元的，主要功能是辅助巩固汉语拼音、增强教学的趣味性等，也没有识字写字、背诵理解的任务。"识字"单元的，主要是识字写字、朗读背诵，没有阅读理解的任务。"阅读"单元的，既有识字写字、朗读背诵，又有阅读理解和表达运用的任务。"和大人一起读"的，其功能是"亲子阅读"，培养良好的"语文生活"。如此等等。

课文的功能定位准确了，教学才不至于"胡子眉毛一把抓"，导致"模模糊糊一大片"；课文的功能定位准确了，"一课一得""课课有得"才可能实现。

二、新修订教材"阅读"编排特点

语文教材是由五大系统——课文、练习、知识（以注释为主）、助学（如课文旁批、梳理与交流等）、插图——构成的有机整体，其中课文系统是核心构件。从这个意义上说，课文质量的高低决定了教材质量的高下。因此，进入教材的课文都是反复精心打磨的，必须承担起培根铸魂、育德育智的重大责任。新修订教材"阅读"选文更精、立意更高，在编排上结构化更强，在练习设计上指向更明确。

1. 选文更精、立意更高。

教材要"发挥培根铸魂、启智增慧的作用"，就要"体现正确的政治导向和价值取向，文质兼美，具有典范性，富有文化内涵和时代气息。题材、体裁、风格要丰富多样，各种类型配置适当，难易适度，适合学生学习"。

新修订教材选文贯彻《习近平新时代中国特色社会主义思想进课程教材指南》精神、落实2022年版课标《教材编写建议》要求，立意高远、精益求精。例如，"入学教育"新增课文《我是中国人》《我爱我们的祖国》；"汉语拼音"单元新增《哪座房子最漂亮》（体现"美丽乡村""绿水青山，就是金山银山"等思想）；"阅读"单元删除了比较陈旧、不易理解的课文，新增了陶行知先生的《两件宝》（体现习近平总书记"劳动四'最'"和"创新创造"思想），等等。

2. 单元内容结构化更强。

单元是一个相对完整的学习内容组织单位，每册教材一般由 8 个单元构成。原教材单元内部采取"双线组元"结构，根据"学段适应性"编排 6 个语文学习任务群，设计"识字与写字""阅读与鉴赏""表达与交流""梳理与探究"等语文实践活动。单元与单元之间紧密联系、交错往复、螺旋进阶。新修订教材在原教材的基础上进一步优化结构、强化联系，更便于教学。以一年级上册第五单元·阅读为例。

（1）课文与课文关联更紧密。课文围绕单元人文主题选择，内容关联性更紧密、形式更多样。例如，选编了《秋天》《江南》《雪地里的小画家》《四季》（将原教材《小小的船》移到第七单元）等 4 篇课文，内容都与季节有关，题材、体裁、风格丰富多样，有古诗、有散文、有儿童诗，等等。

（2）练习指向更明确、联系更明显。"阅读"单元的课文既要积累语言、识字写字、阅读理解、表达运用，又要审美熏陶、品德涵养、文化传承，是培养学生的核心素养的核心要件。这种种任务的完成，关键在练习系统的设计和落实。

"阅读"单元的练习系统包括课文练习和《语文园地》（新修订教材第一学段，将"口语交际"和"写话"等整合进来）两大块。其中，课文练习有识字写字（"会认字"含常用偏旁名称的学习，"会写字"含笔画名称和笔画顺序的掌握）、有口头练习（朗读、背诵、回答问题等）和书面练习等。这"少量、优质的"练习，是学生核心素养形成的"一日三餐"，必须保量保质、一丝不苟。

新修订教材在练习设计上指向更加明确，联系更为明显。以课后问题为例。第一课《秋天》只提"数一数，课文一共有几个自然段"，这是认识自然段，是阅读文章绕不过的新知识，因此，一进入阅读就学习。第二课汉乐府《江南》不提问题。第三课《雪地里的小画家》"雪地里来了哪些小画家？他们画了什么？青蛙为什么没参加？"是阅读理解的问题，前两问指向培养检索信息能力，后一问指向阅读理解力（由于"他在洞里睡着啦"也只是信息检索）。第四课《四季》"你喜欢哪个季节？仿照课文说一说。"前者是培养评价的能力，后者是学习语言运用——创作——的开始。这四篇课文所提问题符合"识记→理解→运用"的阅读力培养逻辑且循序渐进。同时，在《语文园地》里再进行"专项"训练、巩固拓展，如"字词句运用"第一题"读一读，说一说"——用提供的词语说自己喜欢的季节；"日积月累"积累有关季节/时间的名言警句。

三、新修订教材"阅读"教学建议

在古德莱德五层次课程理论中，教师独占两层——理解的课程和实施的课程。换言之，教师首要职责是"理解"课程（教材）然后"实施"——走进教室开展教学活动，将落实立德树人根本任务化为具体的课堂教学实践。通俗地说，就是吃透、用好教材，教书育人。基于上述对新修订教材的分析，教学建议不言自明。

（一）教学生用普通话朗读课文，熟读成诵

用普通话正确、流利地朗读课文，是阅读教学的基本手段，也是基础目标。朗读，既积累语言又理解语言，既培养语感又培养美感。因此，课后练习第一道题大抵都是"朗读课文。背诵课文"。基于此，语文课堂若没有琅琅读书声是不可原谅的。

朗读，既要教师示范又要学生练习，既要集体齐读又要个别朗读。当每一个学生都能把一篇课文读得朗朗上口，作者的语言"皆若出于吾之口"（朱熹），也就"用不着'讲'"了。反之，如果学生朗读都达不到正确、流利，怎么能学习普通话，怎么能积累书面语，怎么能运用书面语言呢？

（二）着力培养阅读理解力

培养阅读理解力，是阅读教学的首要任务。培养阅读理解力的途径多种多样，如朗读与默读（朗读见前文，不赘；默读一年级上册尚未学习，略过）、答问与发问、图文对照、联系生活、使用多种媒介，等等。

1. 回答问题与提出问题。

带着教材编者提出的问题读书，然后回答，是培养阅读理解力的"规定动作"；而学生自己在读书过程中发现问题并提出问题，是"自选动作"。"自

选动作"不仅是更重要的阅读理解,还是从"以教为主"向"以学为主"转变的显著标志,要特别引起注意。

(1)编者不问,学生不问,教师也不多问。例如,《秋天》,编者问学生答"课文有 3 个自然段"即可。《江南》,编者没有提问,老师也无须问。如果有学生"好奇"地问"《江南》有几个自然段?"——那太好了!说明学生具有强烈的学习意识。(此问题,教师可以回答也可以不回答,因为涉及古诗"行/句"等知识。)直到教学《乌鸦喝水》时,就必须复习"自然段"了。

(2)编者提问,学生回答。例如,《雪地里的小画家》,编者问了 3 个问题。教学时,让学生边朗读边圈画(可以提醒用不同的符号,如在小画家名字下画"＿＿＿",在画的画下画"＿＿＿",在青蛙没参加的原因下画"～～～"),开始培养动笔阅读思考的习惯;然后回答(可以朗读,也可以说);最后朗读/背诵。而"青蛙为什么没参加?"是否拓展了解动物冬眠的知识,视情况而定。其实这个问题要不要问,编者也摇摆不定。第一次编入此课的 1992 年版教材有此问,但 2001 年版和 2016 年版就将此问删除了(担心加重学生负担?)。

2. 注意插图与内容的联系。

语文教材的插图,是教材的有机组成部分,历来受到编者重视,如《开明国语课本》(叶圣陶编)就由丰子恺先生专门插图。语文教材的插图既是审美教育的资源,又是培养想象力的资源;既是理解课文内容的资源,又是看图说话写话发展语言的资源。尤其是一年级,图文并茂、图文互解,非用好不可。例如,《秋天》《江南》《雪地里的小画家》都用一整幅画来表现课文的内容;《四季》则用 4 幅画与 4 节诗一一对应。教学时,可以利用图文对照来帮助课文记忆、促进课文理解,而《四季》还可以更换插图来帮助学生仿照课文说一说,进行"创作"。

3. 注意阅读内容与实际生活的联系。

一年级的课文,不论是内容还是形式都与学生生活和阅读经验紧密联系,阅读教学必然要结合学生生活和阅读经验,让学生感受到阅读理解和表达好像不需要"教"似的。看,《秋天》描写的景色不就在生活中吗?《江南》的田田莲叶历历游鱼不是见过吗?《雪地里的小画家》学生(北方的、南方北部山区的）不是在雪地里"画过画"（踩脚印、按掌印、贴脸印）堆过雪人打过雪仗吗？《四季》不是一一经历着吗？教学时，通过朗读、描述、看图、回忆、想象以及播放照片、视频等方式，让学生沉浸课文内容或情境中，自然理解、深度体验。如此，教师不"讲"而学生"自明"。

（三）重视培养阅读表达力

阅读不仅要学习理解语言（包括积累语言、丰富语言），还要学习运用语言。学习语言运用，必须经历积累、理解、模仿和反复练习。概言之，要向作者学习。转益多师。一个人阅读面越广、阅读量越大、阅读品位越高，获益就越多，语言运用能力就越强。向作者学习，隐性运用是常态训练、显性运用是刻意训练。如果把一个人的语言运用能力比作"冰山"的话，显性运用只是"冰山一角"，隐性运用才是没于海面之下的"冰山底座"。没有足够厚实坚硬的底座就不可能有高光的冰山一角。

1. 隐性运用，包括朗读、默读、背诵等积累语言方式，答问、评价等运用语言方式。

（1）朗读、默读、背诵，积累语言。积累是源，表达是流，没有源头活水，哪有溪流欢歌。朗读、默读、背诵，是语言积累、语感培养最主要的方式。因此，从第一单元·识字第2课《金木水火土》开始就要求"朗读课文。背诵课文"，之后的汉语拼音单元的儿歌童诗都要求"读一读"，阅读单元的课文要么"朗读"要么"朗读"加"背诵"。

（2）答问、评价，运用语言。阅读教学中，回答问题，本来是阅读理解，如何转变为语言运用呢？

首先，回答问题，是用口头或书面来表达自己的理解，或陈述事实，或复述故事，或概括信息，或说明原因，或阐明道理，或引发疑问，或抒发情感，或描述联想想象，等等，不都是运用语言吗？一言以蔽之，用自己的话有理有据地表达观点。例如，《雪地里的小画家》"雪地里来了哪些小画家？"经由朗读圈画定位信息——小鸡、小狗、小鸭、小马——之后，一定要"说"出来。学生会有多种"说法"，如"雪地里来了小鸡、小狗、小鸭、小马等小画家"，"雪地里来的小画家有小鸡、小狗、小鸭和小马"，等等。教学时，一方面要指导学生"说完整话"并组织认真倾听；一方面要鼓励说"不同的话",有意识地训练语言运用。

其次,互相评价,是口语交际,也是语言运用。同学发言,其他同学认真倾听,听后或纠正或补充,或有"另一种说法",或评价等。评价,是基于自己的理解和倾听后的判断,逐渐地有理有据地表达自己的观点。如"我同意某同学说的,不过我有不同的表达。……"或者"我不同意某同学说的。我认为……"等。评价时,教师还要努力创造条件让评价者"看着对方的眼睛"。

2. 显性运用,包括口头或书面表达。

显性运用就是直接向作者学习书面表达,经历"积累—摘抄—模仿/改写—创作"等过程,且需要反复训练。例如,仿照说一说/写一写、想象续写、复述/转述、小练笔等。如,《四季》"你喜欢哪个季节?仿照课文说一说。"就是显性运用练习。教学时,至少经历"熟读成诵—说喜欢的季节和原因—仿照课文说(说成'诗'一样)"等过程,并且在对话中"自然"完成。以喜欢春天为例。先引导学生说。如,我喜欢春天。因为春天桃花开了(板书"桃花"),很好看/鲜艳(板书"好看""鲜艳"),还有蜜蜂/蝴蝶采蜜(板书"蜜蜂""蝴蝶"。如果老师即时简笔画更好)。然后,老师指着黑板上的"桃花""鲜艳""蜜蜂"示意学生"仿照课文说",学生很自然地说:"桃花鲜艳,/她对蜜蜂说:/'我是春天。'/"以此类推。最后,学生朗读/背诵课文,也可以朗读/背诵自己"说"的诗句。

(四)加强阅读教学与生活的联系,创造优质的"语文生活"

阅读与生活存在天然联系。阅读的内容来自且表现生活,犹如"生活万花筒"。因此,阅读教学要加强与生活的联系,要联合家长一起为学生创造美好的"语文生活"。

1. 口头作业,亲子互动,增强具身认知。

国家"双减"政策规定,一二年级不布置书面家庭作业,那么,学生在家庭怎么学习语文、过"语文生活"呢?可以布置与语文学习相关的观察、游戏、操作、体验、互动、读书等活动,寓"学"于乐。

例如,教学《秋天》前,要求学生有意识地关注秋天的变化:人们添衣裳、天黑得早、梧桐银杏叶子变黄、燕子窝空空,等等,随手拍张照片、录段视频，加深对秋天的体验。教学后，要求学生把课文背诵给家长听（有条件的可以录音频或视频），和家长一起探究：秋天到了，大雁为什么要往"南飞"还飞出不同队形？等等。（这些问题，可能是学生在课堂上提出来的。）然后，和孩子一起看看相关的图画书、动画片等。如此，全身心地投入到语文学习中，增强具身认知。

2. 关联儿歌、童话等整本书阅读。

一年级上册"快乐读书吧"，虽然没有列出具体的必读书（"你读过吗"）和选读书（"相信你可以读更多"），但是，它所提供的4幅图和提示语，无不明确告诉我们整本书阅读的那些事儿。落实"快乐读书吧"的读书任务，不是一阵子而是一辈子。换言之，要把整本书阅读贯穿到各单元教学中，使整本书阅读无时不有、无处不在。例如，本单元可以推荐与季节相关的图画书、绘本等，使单篇阅读与整本书阅读有机融合。

总而言之，我们要吃透用好新教材，用心用智教学评，努力建构素养导向的单篇与整本书贯通、书本与生活融通、备一教一学一评一用联通的教学生态，创造优质的"语文生活"，致力于全体学生核心素养的形成与发展，实现减负提质、优质均衡之目标，并全力以赴之。

8. 新修订小学语文教材"习作"编排的意图解读和教学建议

小学语文教材属于文选型，课文是其核心构件，阅读是其主要内容，听说写兼顾。尤其是写（包括书写和习作，本文侧重论述习作），不是"从属"，而是"并重"，是语文教学"独当其任的任"。这一方面缘于语文课程性质，一方面缘于读写关系。就课程性质而言，语文课程是一门"学习国家通用语言文字运用的综合性、实践性课程"，毫无疑问，习作是学习"语言文字运用"的基础性训练方式；就读写关系而言，向读学写、以写促读，读写交互，是学习书面语言运用的基本规律，毋庸置疑，也是语文教学的基本规律。因此，习作历来受到语文教材编写者们的重视，人教版教材如此，"一标多版"教材如此，"统编统审统用"教材如此，新修订教材亦如此。

新修订教材（以下简称新教材）既继承了原教材的诸多优点，又与时俱进地创新发展，体现"实用性阅读与交流""文学阅读与创意表达""思辨性阅读与表达"诸学习任务群"阅读"与"习作"高度融合的特点，亦即"不要把作文看作特殊的事项。要养成习惯，要写就写，像口头的要说就说一样"。

一、新教材习作编排变化及意图解读

新教材在习作编排上，既保留了原教材的特点又提升了品质。从特点上看，编排的"点"和"量"在不变中求变，如习作编排有小练笔、单元习作、习作单元，有在"口语交际"中、在"词句段运用"中、在"选做"中、在"专题学习活动"中编排，等等。其编排的频次有增也有减；从品质上看，将学习语言文字运用贯穿始终，较原教材更加突出习作育人，更加尊重儿童视角，更加重视习作方法，更加体现习作综合，更加强化习作有用，全面提升学生的核心素养。

（一）新教材习作编排变化举例

其变化突出表现在以下四个方面。

1. 频次有增有减。

众所周知，量变能引发质变。没有量的累积难有质的提升。习作尤其如此。新教材保持原教材的习作编排体系，即在部分精读课文后编排"小练笔"，在部分"选做""口语交际""词句段运用"中编排习作或应用文或遣词造句专项练习，在各单元后、在"专题学习活动"（原教材为"综合性学习"）中编排习作，还安排了8个习作单元（含"初试身手"）专门训练，共计154篇/次，较原教材少2篇/次（见表1）。三到六年级涉及应用文的练习计35篇/次，较原教材多9篇/次（见表2）。

表1 新教材与原教材在各栏目编排习作频次对比表

栏目	小练笔		选做		词句段运用		口语交际		单元习作		习作单元		专题学习活动		应用文	
	新	原	新	原	新	原	新	原	新	原	新	原	新	原	新	原
频次	15	19	6	6	30	38	5	4	50	50	8	8	5	5	35	26

表2 新教材与原教材的应用文编排对比表

册次	新教材	原教材
三上	日记；清单	日记；清单
三下	记录卡；通知；实验信息单；寻物启事	记录卡；通知；实验信息单；寻物启事
四上	《保护环境小建议》；观察日记；资料卡；讲解词；书信/信封/电子邮件	《保护环境小建议十条》；观察日记；书信/信封
四下	封面和目录；书签	封面和目录；书签
五上	阅读记录卡；书签；班级公约；"提高阅读速度方法清单"；思维导图；书信/电子邮件	海报；班级公约；书信

续表

册次	新教材	原教材
五下	问题清单；活动计划；读后感	读后感；问题清单；活动计划；简单的研究报告
六上	参观路线图；思维导图；倡议书；人物卡片	参观路线图；倡议书；说明书
六下	观后感；节目单；策划书；海报；书信；纪念册	策划书；节目单；书信；纪念册

2. 目标有精有泛。

目标是出发点也是归宿点还是评价点。习作目标明确，意味着要求精确，训练聚焦，方法恰当。新教材以新课标为直接依据，将新课标"总目标"（特别对应"语言运用"的第4、5条）、"学段要求"（特别对应"表达与交流"）、"内容组织与呈现方式"（特别是"3个发展型学习任务群"）和"学业质量描述"（特别对应"表达与交流"）等的目标要求具体化、可操作化、可测量化。

但是，又体现目标描述的灵活性，该精确的"精"，该模糊的"泛"，给教学留下创造空间。更"精确"的，如新教材在第二学段紧紧围绕"关注有新鲜感的词句"把内容"写清楚"这一目标编排习作，且明示以强调：如《海底世界》的"小练笔"，要求"从下面的图中选择一幅，围绕一个意思写几句话"（原教材"从下面的图中选择一幅，写几句话"），强调"围绕一个意思"；《大自然的声音》的"选做"，提出"试着用上你积累的词句，写几句话和同学交流"（原教材作为"小练笔"，只提"试着写几句话和同学交流。"），强调"用上你积累的词句"；习作《国宝大熊猫》提出"如果有内容不准确、表达不通顺、标点使用不合理等问题，试着用学过的修改符号改一改"（原教材只提"如果有不准确的内容，试着用学过的修改符号改一改。"），补充对"通顺"和"标点使用"的要求，显然更明确也更具体；等等。可"宽泛"些的，如《我的乐园》第四幅情境图没有画内容，空着让学生想象；《让生活更美好》提供的第3个情景"我想到的是微笑"（原教材"我想到的是种花"），显然，"微笑"比"种花"来得宽泛、空间大；等等。

3. 内容有收有放。

内容是习作的第一要素。学生习作常常为没有内容而犯愁。因此，好的教材总是千方百计为学生习作提供更丰富的、更贴合实际的、更有创作空间的内容，解决"无米之炊"的难题。新教材较原教材又迈出了一大步，体现在既有"收"又有"放"。

所谓"收"，就是更具体、更贴合实际。如，"写通知"编者给出的内容是"通知全班同学进行大扫除"（原教材"通知全班同学参观博物馆"），显然"进行大扫除"比"参观博物馆"更可行，因为博物馆未必各地都有；习作单元"留心观察"的"初试身手"所提供的话题"妈妈经常给我买香蕉"（原教材"表姐送给我一个芒果"），显然"妈妈买香蕉"比"表姐送芒果"更贴合实际，因为人人有妈妈未必都有表姐、香蕉更比芒果常有；等等。

所谓"放"，就是更丰富、更有余地。如，口语交际《我们与环境》要求"印成《保护环境小建议》"（原教材"印成《保护环境小建议十条》"），留有余地，避免为"十条"而凑数；《繁星》课后"小练笔"："你也看过夜晚的星空吧？试着写写你当时的所见所想。"（原教材此课未编排，但在《走月亮》一课后编排了"小练笔"："读读课文第 6 自然段，说说'我'的所见所想。你还记得月下的某个情景吗？仿照着写一写。"）"所见所想"明显比"某个情景"来得自由些；等等。

4. 难度有升有降。

与目标一样，难度必须与 2022 年版课标的规定相匹配。相对《义务教育语文课程标准（2011 年版）》而言，新课标在习作难度上作了调整，有升也有降，但总体是升。因此，新教材必须根据新课标的规定适时调整难易度，但是，不管是升还是降都应该适度，以标准为标准、以学情为法则。

提升难度的，如《我有一个想法》要求先"进行简单的调查，再写一写"，即便是"简单的调查"也不"简单"（何况是三年级）；《我想对您说》，在原教材要求"用恰当的语言表达"的基础上建议"还可以尝试写出印象深刻的细节"（对应新课标"学习联想与想象，尝试富有创意地表达""学习运用细节描写等文学表现手法，描述自己成长中的故事"等要求）；大量增加要求运用照片、插图、视频等多种媒介辅助习作；等等。

降低难度的，如将原教材部分"小练笔"降为"选做"（如三年级《铺满金色巴掌的水泥道》《大自然的声音》），"小练笔"是人人要练的，"选做"就不一定了；不要求根据"剧本开头改编课文"；将原教材五年级下册要求"写简单的研究报告"降为"作简单的研究和调查"（此存疑。因为新课标不仅明确要求第三学段要"写简单的研究报告"，而且提前到第二学段"尝试写出简单的研究报告"——不过都是针对"跨学科学习"任务群的），显然，"写简单的研究报告"要求更高，因为它必须"作简单的研究和调查"，但是"作简单的研究和调查"未必要"写简单的研究报告"；等等。

（二）新教材习作编排意图解读

通过以上梳理，新教材习作编排意图不言而喻。就是要更好地发挥教材"培根铸魂、启智增慧"的作用，通过对习作的目标、内容、情境和要求等的"守正创新"来实现。具体而言，新教材习作编排体现五个"更加"。

1. 更加突出习作育人，落实作文即做人的理念。

新教材贯彻落实《习近平新时代中国特色社会主义思想进课程教材指南》精神，全方面、全要素、全过程体现育人为本理念，为"促进德智体美劳全面发展及学生的终身发展打下基础"服务。习作本身更有其传统和优势，"文道统一""情动辞发""言为心声"等都道出习作与育人的密切关系。

新教材在原教材的基础上进一步优化提升。主要表现在：（1）突出爱国主义教育。如口语交际"演讲"，要求写演讲稿，提供的话题是"爱国""科学""家乡新貌""健康饮食"等。根据演讲的内容拟定一个题目，如"祖国，我为你自豪"（原教材："读书""科学""家乡新貌""健康饮食"等。根据演讲的内容拟定一个题目，如"读书的快乐"）等。（2）重视良好家风建设。如将《身边那些有特点的人》的情境"家有虎妈"改为"家有智多星"——正能量满满，将"鲁迅单元"的《有你，真好》改为《传承好家风》等。（3）关注家庭与关注社会并重。如《我想对您说》聚焦"和爸爸妈妈""我和妈妈一直劝爸爸戒烟……""妈妈平时工作很忙，经常早出晚归，但她还是努力挤出时间陪我和妹妹一起玩……"；将"快过节了，妈妈准备去超市买下面的东西，请你帮她整理一份购物清单"改为"社区要开读书交流会，需要提前准备哪些物品？请你帮志愿者列一份清单"；等等。

2. 更加尊重儿童视角，设计更加贴合儿童的情景且留有空间。

教材编写要遵循三大逻辑，即知识逻辑、学科逻辑和心理逻辑。其心理逻辑包括学生的年龄特征、心理特征和学习规律等。习作编排当然不例外。新教材的习作编排不管内容还是形式，也不管是情境还是要求，都"贴"着学生，给学生空间，让学生"跳一跳，摘桃子"。如习作《那次经历真难忘》提供的第2幅情景图为"一家三口在动物园看熊猫吃竹叶"（原教材"看树懒爬树"），既是学生期待的又是学生熟悉的（还具有更强的教育性），第4幅图则空着让给学生"发挥"；《我来编童话》，提供的情景词"西红柿/茄子—夏天—菜园　松鼠/孔雀—星期天—森林　铅笔/橡皮—深夜—文具盒"（原教材"国王—黄昏—厨房　啄木鸟—冬天—森林超市　玫瑰花—星期天—小河边"），既是学生亲近的、熟悉的，又具有更强的童话关联性，因此，更容易"编"出有趣的童话来；等等。

3. 更加重视习作方法，突出习作过程。

毋庸置疑，习作"必须讲求方法"，"怎样写作才可以清楚畅达，表其情意，都得让学生们心知其故"，只不过方法是拿来用而不是记的。既然是运用方法于实践，那么，方法就可以明示也可以暗示。例如，"照样子"就是一种暗示。新教材在《语文园地》的"词句段运用"的练习中大量使用"照样子"（或"仿照""仿写"）一词（多达18次，占总题数的60%），明确习作训练的"不二法"——模仿→巩固/习惯→创新，亦即习作要先"像样"再"走样"（即"有创意"）。还有"明示"，尤其是习作单元，将习作方法、过程和结果并重，构成教—学—评的基础目标。比如，"可以从事物的不同方面观察""运用方法写景物""运用方法把事物介绍清楚""运用描写人物的方法，具体地表现人物的特点""写之前，可以拟个提纲，看看选择的材料是不是能够表达中心意思，想想哪部分内容应该具体写"，等等。此种种方法既体现在习作单元的课文和例文中，还在"交流平台"中总结陈述。

新教材还特别重视学生的习作过程，包括准备过程、写作过程、评价/修改过程、展示/发表过程等。从习作是"练笔"的性质上说，过程比结果更重要。换言之，学生未必每次习作都要写"成"作文，而可以合作写"成"（如"故事新编"，每位同学"编"一个情节，小组"汇"成短篇、全班就"汇"

成长篇），也可以多次才写"成"（如多次编排写人的习作，可以每次都写同一个人，不断修改、不断添加、不断完善，持续记录且见证此人的成长过程）。这是一类"过程"。另一类过程，如《我有一个想法》要求先对发现的问题"进行简单的调查"再提出自己的想法；《学写倡议书》必须先开展"有关'公民生态环境行为'的调查活动"，再把自己的"想法和建议写成倡议书，号召大家一起行动"；等等。

4. 更加体现习作综合，突出读与写关联和文字与多媒介并重。

习作是综合的，往往能够代表语文课程培育人的核心素养水平。因此，曾有过只凭一篇文章来发现和选拔人才的考试（当然，对于大规模的考试来说，其效度和信度都有问题）。新教材在编排习作训练时进一步凸显其综合性，将听、说、读、写、思与视（多种媒介）都熔铸于习作"熔炉"中。

从听说与写方面看，增加了口语交际中的习作次数。其实，一方面，口语交际本身就是习作的优质素材，要加大挖掘的力度；另一方面，可以适当增加口语交际中的习作项目，如事先写好辩论中某辩题的文字稿等。

从读与写方面看，更加密切了读与写的关联，坚信"向读学写"的训练思路。除"词句段运用"的"照样子"遣词造句外，还通过调整单元习作内容以加强其与单元课文之间的联系，如将《有你，真好》调整到六年级下册第六单元（原教材放在六年级上册"鲁迅单元"），此单元的课文有《中国有能力解决好吃饭问题》《真理诞生于一百个问号之后》《詹天佑》《绚丽的"彩虹"》等，因此，"'你'可能是自己身边的亲友，可能是熟悉的普通劳动者，也可能是令人敬佩的科学家、工程师、宇航员等"，使习作中的"你"既可能是熟悉人，也可能是敬佩者，而将"鲁迅单元"的改为《传承好家风》等。优化习作单元的"初试身手"，如五年级下册"如果让你用一段话向别人介绍胡夫金字塔，你会怎么写呢？运用《最大的金字塔》中的图文信息，试着写一写。"——《金字塔》就是本单元的精读课文（原教材是"将《白鹭》第2—5自然段改写成一段说明性文字"——《白鹭》不在本单元）；等等。

从文字与多种媒介并重方面看，要求多种媒介介入习作全过程。此举是实现新课标规定"学会使用常用的语文工具书，运用多种媒介学习语文"目标的必然。运用多种媒介习作，如《我和_____过一天》"还可以在适当的地方插入自己绘制的图片";《中国的世界文化遗产》"可以使用图片、表格等辅助形式。……如果有条件，可以通过自媒体，运用多种媒介宣传中国的世界文化遗产";《写信》"可以通过邮局寄给对方，也可以通过电子邮件发给对方";《家乡的风俗》"也可以拍一段记录风俗的视频，并配上字幕或旁白"；还将"写观后感"列为单元习作；等等。

5. 更加强化习作有用，突出习作展才。

之所以习作，是因为习作既练语言又练思维，还"有用"，在用中全面展示才干。习作有用，是语文课程落实"做中学""用中学""创中学"的独特方式，也是提高学生习作积极性的内在动力。新教材习作编排在"用"习作上狠下功夫，是"亮点"，也是实施的"难点"。例如，（1）将习作汇编成"书"。这些书，有"中国的世界文化遗产"书，有"家乡民俗集"，有"诗集"（两本，一本是"现代诗集"，一本是"革命诗抄"），有"成长纪念册"，等等。这些"书"，如果收藏在学校图书馆，就成为师生阅读的"图书"，不断地累积成"校园文化"的有机组成部分。（2）将习作"宣传"出去。如将环境保护"简单易行的做法，印成《保护环境小建议》，在学校、社区等地方宣传"；"如果有条件，可以通过自媒体，运用多种媒介宣传中国的世界文化遗产"；"也可以拍一段记录风俗的视频，并配上字幕或旁白"；等等。

二、基于新教材习作编排变化意图的教学建议

不论是原教材还是新教材，教学都必须以新课标为直接依据，吃透教材编排意图，用好教材开展教—学—评，直至"创造性地开展语文教学，充分发挥语文学科独特的育人功能"。而由于习作本身的特点和需求，其教学尤其如此。

（一）突出习作有用，强化"读—写—改—用"一体化意识

习作教学要破除把它当作一般"作业"的狭隘观念，打通听、说、读、写、思与视之间的壁垒，突出习作有用，强化"读—写—改—用"一体化意识，进一步探索并完善与新课标和新教材相适应的习作教—学—评的实践样态。

首先，在开启新一单元教学之前，让学生浏览单元内容，熟悉语文要素，

了解习作要求，以便在阅读教与学的过程中不时地想到习作，自觉读写互动，为习作储备能量。

其次，习作指导课（如果还有这类课），让学生快速拿起笔来写（写什么、怎么写、写后怎么办等，教材的习作页写得一清二楚，学生在浏览单元时心中就有数了。如果有不明白的地方，早该提出来。当然，教师在备课时也了解，在指导课上有针对性地点一点，即可）。写出来了（没有写出来，说再多也无益），先朗读、修改（修改明显的错误，比如，不会写的字词，主动查字典词典，而不是"用拼音代替"；如果是一逗到底，总得有几个句号；如果是"一段到底"，总得分两三个自然段）；然后，同桌互读、互改；再由教师有选择地组织对标评议、修改，各自完善、誊清。

最后，教师逐一阅读、评点学生誊清的习作。（学生可能根据教师的书面批阅进行再修改、完善。）并按照教材要求，或者在班级作业栏中展示，或者指导汇编成册，或者协助"宣传"，或者推荐发表（要么在校园内，如红领巾广播、文学社团办的小报等；要么在校园外，如各种少儿报刊等）。

（二）重视信息技术，善用多种媒介呈现习作的策略

毋庸讳言，多种媒介已经"侵入"人们的生活，当然也"侵入"习作。我们必须教学生学会科学使用多种媒介，发挥多种媒介的独特作用，为学习服务、为习作添彩，而不是"被媒介"。通过多种媒介的介入，将习作的过程和结果升级为语文"跨学科学习"活动，放大习作的综合效应。

习作前，利用多种媒介积累习作素材，为习作时细致观察、精细记忆提供帮助。例如，"跨"信息科技，并取得家长的同意，利用智能手机拍照、摄像等，记录社会的、自然的、活动的、实验的过程或精彩片段，以便习作时"精彩回放"。

习作后，学习插图等美化习作、增强习作的表达效果。例如，"跨"美术和信息科技，给习作或习作集手绘插图；将文字录入电脑，插入照片、嵌套视频等，丰富习作的表现形式；朗读习作并制作成音频；等等。

（三）读书与编书结合，"阅读日记"跟进且成为常态

新教材的习作编排体现"读书—习作—编书"的思路，但不是常态化的，也难以常态化，而"阅读日记"就能使"读书—习作—编书"成为常态。

教材在三年级编排写日记，四年级编排写观察日记。本来日记要日日记，但是，能坚持日日记的学生毕竟少之又少，其原因无须赘述。如果日记与阅读"联姻"，记"阅读日记"，就能日日记了。因为，阅读日日有，内容又不愁（摘抄、提问、预测、概括、补充、缩写、改写、续写、写心得体会、写读后感等等，均可成为"阅读日记"），怎能不日日记。

总而言之，我们要领会新课标的理念精神，吃透新教材习作编排/修订意图，用好新教材习作的提示，探索构建素养导向的"读—写—评—改/用"互动一体的习作教学生态，致力于培养和提升全体学生的核心素养。

9. 落实习作新理念：构建"读—写—改—评—用"一体化的教学生态

2022年版课标一个显著的特点，是将习作与阅读、口语交际和梳理探究等语文实践活动整合，并贯串语文实践活动全过程。如将习作主要目标置于"表达与交流"实践活动领域中描述，在"识字与写字""阅读与鉴赏""梳理与探究"等领域中都有"习作"的影子。课程内容结构化的六个学习任务群，干脆就将阅读与表达融为一体——发展型3个学习任务群——"实用性阅读与交流""文学性阅读与创意表达""思辨性阅读与表达"，等等。如此规划，确立阅读与表达/交流互动一体的习作新理念，理解与践行新理念，必须构建"读—写—改—评—用"互动一体的习作教学生态。

一、新课标关于习作的"一体化"

新课标在核心素养统领下，整体性规划语文实践活动，结构化设计语文课程内容，确保"教—学—评"互动一体。就习作而言，构建了习作功能、路径、媒介三个"一体"，即习作功能"表达与交流"一体、习作路径"阅读与表达"一体、习作媒介"多种媒介"一体。

（一）习作功能：表达与交流一体

习作是语文课程培养的核心素养的综合体现，其内核是"能在具体语言情境中有效交流沟通"，是融表达与交流于一体的。就"学段要求"看，新课标将典型的语文实践活动概括为四大类型，即"识字与写字""阅读与鉴赏""表达与交流""梳理与探究"，显然强调习作的"表达与交流"功能，突出表达与交流的内在关联性（即将以往的"口语交际"与"写话/习作"整合），使之成为有机整体。

（二）习作路径：阅读与表达一体

习作是怎样"作"出来的？是从阅读转化而来的。新课标倡导读以致用，读写互动，读写贯串各学习任务群，实现阅读与表达一体化。

1. 倡导读以致用，积极向阅读借鉴并即时外化为表达。新课标在"学段要求"描述中，建立起阅读与表达的"联动"机制，强调从阅读中学习表达、有所得就表达出来。如，第一学段，"阅读浅近的童话、寓言、故事，……并乐于与他人交流""尝试阅读整本书，用自己喜欢的方式向他人介绍读过的书""在写话中乐于运用阅读和生活中学到的词语"等；第二学段，"能对课文中不理解的地方提出疑问，乐于与他人讨论交流""能复述叙事性作品的大意，……与他人交流自己的阅读感受""阅读整本书，初步理解主要内容，主动和同学分享自己的阅读感受""尝试在习作中运用自己平时积累的语言材料，特别是有新鲜感的词句"等；第三学段，"在交流和讨论中，敢于提出看法，作出自己的判断""阅读整本书，把握文本的主要内容，积极向同学推荐并说明理由"等。

2. 强化阅读与表达互动一体，同频共振。如，在课程内容中，通过结构化的学习任务群——发展型 3 个任务群，将阅读与表达整合，突出阅读与表达互动一体的实践特点。这就要求教师必须树立读写互动一体的意识，加强读写结合实践，在阅读中学习交流/表达、在交流/表达中运用阅读，锚定"语言运用"而自然聚合"文化自信""思维能力"和"审美创造"，亦即温儒敏教授所谓"以一带三"，实现学生的核心素养整体提升。

3. 将阅读与表达/交流贯串其他 3 个学习任务群，彰显语文课程"学习国家通用语言文字运用"的本质属性。如，在"语言文字积累与梳理"中明确要求"诵读优秀诗文，分主题梳理自己积累的成语典故、格言警句、对联等语言材料，并尝试运用到日常读写活动中，增强表达效果"；在"整本书阅读"中明确"梳理、反思小学阶段的阅读生活，运用口头或书面方式，与同学分享自己整本书阅读的经历、体会和阅读方法"；在"跨学科学习"中明确要求"尝试写出简单的研究报告，与同学交流""运用多种形式分享自己的经验与感受""设计参观考察活动方案，运用跨媒介形式分享研学成果"，等等。

（三）习作媒介：多种媒介一体

学会运用多种媒介习作，是"数智时代"习作的内在要求，也是达成新课标制定的总目标之"学会……运用多种媒介学习语文"的题中之义。

新课标在"梳理与探究"语文实践活动中，将"多种媒介"具体化、操作化。如，第一学段提出"结合语文学习，用口头或图文等方式整理、表达自己在活动中的见闻和想法"；第二学段提出"运用书面或口头方式，并可尝试用表格、图像、音频等多种媒介，呈现自己的观察与探究所得"；第三学段提出"感受不同媒介的表达效果，学习跨媒介阅读与运用"，等等。

二、统编教材习作编排的"一体化"

虽然，现行"统编统审统用"教材是依据《义务教育语文课程标准（2011年版）》精神并在原"人教版"的基础修订编写的（2012年启动研制、2016年开始试用、2019年"一次性"更新），但是，其"与课程方案、语文课程标准（笔者注：指2022年版）的精神理念、目标要求等并没有什么本质上的差异，只是在一些概念的提法上有所区别"。据笔者细读教材以及实施教材的经历看，确实如此。从习作编排看，其与新标准精神理念基本匹配，表现为习作亦即表达与交流，贯穿语文实践活动全过程；习作实践融"读—写—改—评—用"于一体，使之成为学生语文生活的有机组成部分。

（一）阅读教学内生习作训练

正如说话（口头语）要向说话者学习且在说话实践（口语交际）中熟练一样，习作（书面语）必须向作者学习且在作文实践（书面语交际）中熟练，别无二法。换言之，阅读与习作是一个整体，阅读教学既要培养学生阅读素养也要培养学生表达素养。阅读教学不仅要指导学生积累丰富的语言、形成敏锐的语感，还要积累缜密的思维——揣摩作者遣词造句构段成篇的思路、用意和技巧，并不断地模仿演习、迁移运用，直至"脱胎换骨"、创新创造。

在向作者学习表达方面，教材编者做了精心设计，即阅读内含习作。这就要求阅读教学内生习作训练。纵观教材编排，主要体现在四个方面：一是有意识地积累语言材料、特别是有新鲜感的语言材料（从三年级开始，以语文要素的形式出现）等；二是揣摩作者的构思、用意和技巧等，如关注文章的标题、开头与结尾，琢磨人物言行举止描写、心理描写、环境描写等的用意，探讨遣词造句（语言艺术、风格）的精妙以及表达方式（说明方法）的作用等；三是在"阅读链接"中编排对比阅读，探究同一题材或内容，不同作者的文章的同与异，开阔学生的视野；四是直接编排"小练笔"，模仿练习，读写结合，等等。质言之，学生习作绝不只是"习作课"的事。教师必须树立且影响学生树立语文生活时时习作、处处习作的理念，并化为实际行动。

（二）口语交际"植入"习作训练

口语交际是学生在真实的交际情境中进行倾听、表达与应对的实践活动，是灵活的"口头习作"，是习作的"源头活水"，也是习作的"粗胚原料"（传统经验"从说到写""怎么说就怎么写"是也）。

而教材不止于此，还在口语交际中"植入"书面表达——习作，使口头表达与书面表达相得益彰。例如，《我们与环境》要求"讨论后，可以选出十项简单易行的做法，印成《保护环境小建议十条》，张贴在学校、社区等地方的布告栏里"；《讲历史人物故事》提示"可以把重要信息写在小卡片上，帮助记忆"；《朋友相处的秘诀》要求"记录重要信息"；《制定班级公约》要求"把班级公约写下来并张贴在教室里"；《我最喜欢的人物形象》提示"交流之前，搜集并整理你最喜欢的人物形象的相关信息，照样子填写在表格里"；《走进他们的童年岁月》不仅要"列出问题清单"，还要"一边听一边作简单的记录"；《怎么表演课本剧》要求"课后，……再在班上表演"（一定涉及"课本剧"剧本写作）；《我是小小讲解员》要求"搜集相关的资料……做一些小卡片，标注要讲的关键信息"；《演讲》要求"写好演讲稿"；《即兴发言》要求"快速打个腹稿"；《同读一本书》提示"可以借助批注梳理思路"；《辩论》要求"根据观点对材料进行梳理、归纳。如果材料很多，可以把要点记在卡片上"，等等。

这些"习作"，几乎涵盖了小学生习作的全部类型，包括应用文（"实用表达"），如建议书、班级公约等；个性化习作（包括"创意表达"和"思辨表达"），如课本剧剧本、演讲稿等。再者，每一堂口语交际课，都是一次习作的绝好材料，是"量身定制"的习作生活，助力解决习作"无米之炊"的难题。

（三）《语文园地》自带习作训练

教材中的《语文园地》既是一个单元结束的标志（三年级及以上，每单元以"导读页"为始，以《语文园地》为终），也是对本单元所学/用知识、所训练能力的梳理、巩固与拓展，是语文专项/综合练习。编者当然不会忽略习作这出"重头戏"，而且整体规划、自成体系。

《语文园地》自带的习作训练，主要在"交流平台""词句段运用"（第一学段为"字词句运用"）等栏目中。"交流平台"主要是关于"怎样读/写"的程序性知识；"词句段运用"主要是"说/写"（包括扩词、造句、写一段话等）的练习。

1. "交流平台"。关于"怎样读/写"的程序性知识，关键在"用在学"。在用的过程中，提高用的效率（更会读、更会写），增强用的信心或情感或兴趣（因为用了这些知识而学得更快更好），还可能"创造"知识——属于自己的独特学习方法等。

"交流平台"的教学，既可以先了解这些知识，然后在阅读/习作中有意识地运用之；也可以先阅读/习作，再了解这些知识并运用之；还可以了解知识与实践运用交互进行最后反思学习过程。以"怎样写"为例，主要有四类：一是关于语句的，如怎样有意识地用上平时积累的语言、怎样反用贬义词来表达情感等；二是关于段落的，如怎样围绕一个意思（可以先用一句话概括，放在开头、中间或结尾）写一段话；三是关于篇章的，如怎样运用说明方法把事物"说明白"、怎样通过场景或细节描写表达思想感情、怎样运用基本方法（如运用典型事例，运用多种方法，间接写等）表现人物特点、怎样运用静态描写和动态描写呈现景物独特魅力、怎样点面结合写场面、怎样做到详略得当，等等；四是关于"动笔墨"的，如，怎样做批注、怎样做课堂笔记等。

以上关于"怎样写"的知识，都融在"怎样读"之中。教学时，要特别注意，引导学生感受或理解"这样写的好处"的同时向作者学习写——"试着这样写"——以提高表达的效果，实现读写互动共赢。这也是新课标的课程内容将阅读与交流/表达整合成"群"的旨在。

2. "词句段运用"。这是专门训练表达能力的栏目，涉及遣词造句（包括说明、描写、修改润色、学习修辞），写段落，写应用文，创作短诗等各种表达项目。仅以书面表达为例——

遣词造句，丰富多样。包括：（1）照样子写句子。如，训练"引号的用法"，训练"……得……"，训练运用拟声词，训练转述，选择词语写句子，照样子把句子补充完整，反问句与陈述句互换，根据词语的不同意思（如"温和"既可以指气候，也可以指脾气）写句子，仿照着将句子写具体，等等；（2）说明。如，学习运用对比的方法"写一个事物"，照样子写一段话表达自己的想法，分点写理由（如，竞选班级劳动委员、向妈妈请求每周三放学后踢一会儿足球等），在习作中引用名人名言，等等；（3）描写。如，照样子写一种小动物的外形特点，照样子写一写自己的"观察和思考"，用给定的词语"描绘"一个事物，"仿照例子用动作描写表现它"（指"害怕""着急"等心理），描写一幅图画，"选一种情况写一组连续的动作"，"照样子写一写其他季节"，"照样子把成语的意思用具体的情景表现出来"，照样子写一写（"无理之情"，如"这里的桂花再香，也比不上家乡院子里的桂花"），照样子写一写某种情景（如"焦急地等人"），选择一种体验写一写，照样子写出一个情景的动、静之美（如"放学后的校园"），仿照写人物对话（不用"说"来表达），写一写"人对某件事入迷的样子"，写一写自己"忐忑不安或犹豫不决时的心理活动"，等等；（4）修改润色。如，学习用修改符号修改自己的习作，修改"玩具小台灯制作说明书"，等等；（5）学习修辞。如，改写句子（学习比喻的修辞手法），发挥想象仿写句子（学习夸张修辞手法），等等。

写段落，练习各种构段式。包括："用下面的句子开头，试着说一段话"；练习围绕一个意思写一段话（如，"总述句＋有的……有的……""总述句＋具体描写"）；选择一个词语（带有褒义/贬义的成语）写一段话；写一段话表现成长中的"第一次"经历；给一段话排序然后抄写；选择一个词语（如，饱经风霜的脸、树林的深处）把想到的用一段话写下来，等等。

写应用文。如，帮妈妈"整理一份购物清单"，写通知，写寻物启事，设计元旦联欢会的海报，等等。

创作短诗。如仿照着写一写（短诗），等等。

从上述举例可知，"词句段运用"是专项表达技能训练，是单元习作的有机组成部分。特别是"描写"等训练，与"文学阅读与创意表达"学习任务群提出的"尝试用文学语言表达"，"学习联想与想象，尝试富有创意地表达"，"学习运用细节描写等文学表现手法"要求一致。

教学时，要从朗读、理解（包括必要的分析、讲解）示例（即"样子"）出发，调动联想与想象，紧密联系生活经验和情感体验，"仿照"着写、"尝试"着写，大胆写。待学生写出来后，多加鼓励，同时帮助修改润色；最后反复朗读品味（与示例对比着读），以培养良好语感，感受语言文字的丰富内涵，增强表达的自信心。

（四）习作编排"实践/查阅/读—写—改—评/用"一体

教材各单元习作编排（三年级及以上），与本单元阅读要素若即若离，但不管是"即"（与阅读要素密切关联）还是"离"（与阅读要素关联不大），都完整体现习作全过程且自成体系。即教材的习作内容页既提醒"写什么""怎么写"又明确"写到什么程度"，还提出"怎么改""怎么用"，使教材"便教利学"，"管用、好用"。根据笔者统计，教材明示"怎么写"的共 13 篇/次；明确"怎么改"的共 75 篇/次；提出"怎么用"的共 10 篇/次。

1. 教学生"怎么写"。如，《多彩的活动》明确"写清楚活动过程，把印象深刻的部分作为重点来写。写活动的场面时，既要关注整个场景，也要注意同学的表现，写一写他们的动作、语言、神态。把活动中的体会写下来"；《缩写故事》，明确"缩写的步骤：摘录、删减→概括、改写"，并提供范例，等等。学生可以根据这些提示"按部就班""依葫芦画瓢"，体现习作的"练习"性质。

2. 教学生"怎么改"，包括修改、读给同学/所写对象听（朗读是"最为方便而且有效"的修改方法，但常常被忽略）等。如，三年级上册第三单元的《语文园地》编排了学习 3 种"修改符号"并提出"试着使用这些修改符号修改自己的习作"，紧接着第四单元《续写故事》首次提出"用学过的修改符号"修改自己的习作。之后每次习作基本沿用这种要求。

3. 教学生"怎么用"。如，"生活中有很多需要改进的问题。如果我们积极表达自己的想法,提出改进建议和解决办法,就能使生活变得更加美好";"在墙报上开辟一个专栏,如'想象岛',展示大家的习作",等等。不仅如此,不少习作还要学生先参加活动获得直接经验,再查阅相关资料或访问长辈等深入了解所写内容,再动笔写,写后与同学分享,使得习作从实践中来、又到实践中去,如,《记一次游戏》《写一份简单的研究报告》《家乡的风俗》等等。

三、习作教学实践的"一体化"

教材发挥着"培根铸魂、启智增慧的作用",是课堂教学法定的、直接的、主要的凭借,是对教学起"决定性作用的因素之一"。从这个意义上说,课堂教学的实质是教师透彻理解教材后,组织、指导学生凭借教材学会学习、凭借教材得以全面发展。

凭借教材进行习作教学,就要透彻理解教材编者意图,将编者意图转化为可达成的教学目标、可实施的教学活动、可操作的教学程序和可测量的教学结果等,亦即形成习作过程"教—学—评"一体化教学生态。具体言之,习作教学要指导学生向作者学习表达、在修改和交流中提升表达、尝试运用多种媒介表达、以"阅读日记"贯通整本书阅读与表达等等,多管齐下立体交互地促进表达素养进阶提升,汇聚成学生的核心素养。

(一)向作者学习表达

毫无疑问,学生习作(书面表达)必须向作者学习。就像哑巴是因为耳聋听不见一样,习作不好是因为阅读且在阅读中学习表达的功夫不够或缺失。因此,教师指导学生习作,必须指导学生阅读并在阅读中学习表达的技巧——从积累语言材料、到遣词造句、到结构成段成篇、到突出中心意思等等。并且,这一系列的操作必须在阅读教学中完成,而不是在习作指导课上"临时抱佛脚"——向作者"取经"。教学和写作经验都告诉我们,学生在下笔之前框框越多束缚就越大,就越不敢下笔。"不敢"写还"能"写吗?

即便教材明确"写的时候,试着运用从课文中学到的方法,围绕一个意思写""可以用上这学期新学的词语"(《这儿真美》)等,也应待学生写出来之后,在修改的过程中慢慢琢磨、慢慢修补、逐步润色。如,回忆在课文

《富饶的西沙群岛》《海滨小城》《美丽的小兴安岭》中学到了哪些"围绕一个意思写"的方法、这篇习作是否围绕"这儿真美"这个意思来写——如果没有就得改一改或添一添（如，每段话围绕一个"关键句"来写、这些个"关键句"都能表现"这儿真美"这"一个意思"等）；如果有就尽快誊清、提交，完成这次习作练习。

（二）在修改和交流中提升表达

小学生习作从来不是"一气呵成"的，而是"快写慢改"出来的。"快写"，就是在明白习作要"写什么"之后（当然，如果教材编者还提示了"怎么写"，也应该"兼顾"），立即"调派"已有资源，立即动笔写出来——就好像生怕要写的东西会"飞"掉似的。写出来了，再慢慢"打磨"——就好比一个没有房子住的人得先盖起房子——再慢慢装修一样。这就是"慢改"。

如上文所述，写出来之后"怎么改"，教材编者作了非常详细、极具操作性的编排。从改的内容看，包括错字别字、不恰当的词语或句子、是否分段叙述、是否围绕一个意思写清楚、是否按顺序写、是否用上写人的方法突出人物特点、是否写具体、是否表达真情实感，说明文是否用上说明方法"说明白"，应用文的格式是否规范，等等。总之，要把习作改得"具体明确、文从字顺"。从改的方法看，包括朗读——读给自己听、读给同学听、读给所写对象听，征求同学或所写对象的意见，用规范的修改符号修改，等等。改好了就誊清，誊清了就交给老师批阅——老师可能还会提出进一步修改的意见。

总之，"文章不厌百回改"且要学生"亲自改"。当然，如果老师能当面批改，边改边说，学生得益会很大。

（三）尝试多种媒介表达

习作是有"用"的，习作是要"用"的。教材强化了习作"用中写""写后用""写一用"一体的意识，遵循了《义务教育课程方案（2022年版）》（以下简称新方案）"倡导'做中学''用中学''创中学'"的变革育人方式的基本原则。

基于"用"的习作必然是"多种媒介"参与的，如，"可以参考下面图表中提供的信息，也可以再查找资料，补充内容"（《国宝大熊猫》）；"如果能附上图画或照片就更好了"（《写观察日记》）；"拍摄一些游戏时的场景，可以帮助我们写好游戏"(《记一次游戏》);"可以通过邮局寄给对方,也可以通过电子邮件发给对方"(《写信》);"把你想发明的东西画出来,帮助自己描述"(《我的奇思妙想》);"可以配上插图,还可以用书法形式展示喜欢的诗"(《合作编小诗集》);"可以先画游览路线图,帮助自己理清思路"(《游_____》);"编完后,可以配上插图,把习作贴在教室的墙报上,大家一起分享这些有趣的故事"(《故事新编》);"办一期'我的心爱之物'习作专栏,贴上习作和图片,和同学分享"(《我的心爱之物》);"写完后,开展一次'共享美好生活'主题班会"(《_____让生活更美好》);"写完后,在班里开一个故事会,说说你最喜欢的故事"(《笔尖流出的故事》);"根据倡议的对象,将倡议书发布在合适的地方"(《学写倡议书》);"如果有可能,把这篇习作与文中的'你'分享"(《有你,真好》),等等。

教学时,要落实编者意图,积极调派各种媒介参与到习作全过程,增强习作的表达效果,提高习作的实用价值,让学生真切感受到多种媒介"写"成的习作的"与众不同"和"用"习作的别样精彩。

(四)以"阅读日记"贯通整本书阅读与表达

教材从一年级开始编排"快乐读书吧"栏目,系统安排整本书阅读,努力使整本书阅读课程化。但是,整本书阅读的现状和效果并没有达到预期。其原因是多方面的,而整本书阅读未能"物化"是主要原因。同时,教材从三年级开始学习"记日记",但是,没有哪位学生把日记坚持下来——日日记。

整本书阅读与日记"联姻",阅读日记为阅读思考存证,为精神成长留痕,几乎完美地解决了这两个问题。

阅读日记,一方面将整本书阅读(但不限于)的种类、数量等信息记录了下来,另一方面将阅读时的思考、问题(包括种种摘抄)等思维记录了下来,如实反映学生阅读整本书的全过程。不管是读书报告会、读书分享会,还是"梳理、反思小学阶段的阅读生活",阅读日记拿出来就可以用,且管用、好用。

综上,习作教学要落实新方案和新标准的精神,透彻理解教材意图并用足用好教材,构建"读—写—改—评—用"互动一体的习作生态,提升学生的核心素养。

10. 新修订教材识字与写字：把汉字当作汉字教与学

  汉字是表意文字，构成汉字的部件大多数可以解释，即汉字的形、音、义之间存在密切联系。例如，"语"，由言和吾（在这里读 yú。现汉已经不收入此音）组成，言字旁示义，表示"语"与说话等有关（由言字旁构成的字，如说、话、讲、议、评、诉等都如此）；吾示音，提示"语"的读音（由"吾"构成的字，一类读 yu，如龉、圄等；一类读 wu，如梧、悟、捂、晤、牾等）。汉字的这种规律（还包括会意，如林、众、休等；指事，如上、下、本、刃等；象形，如日、月、山、川等）一旦掌握，识字就"无师自通"了。

  语文教学历来重视汉字本身的规律在识字写字中的独特价值。因为它不仅能提高识字教学效率，更能增进文化自信，使学生在识字写字过程中真切感受到汉字智慧和文化内涵。2022 年版课标设置了"语言文字积累与梳理"学习任务群，规定此群旨归——"通过观察、分析、整理，发现汉字的构字组词特点，掌握语言文字运用规范，感受汉字的文化内涵，奠定语文基础"，并分解、细化到各学段。同时，明确各学段的学业质量要求，如"借助学过的偏旁部首推测字音字义"（第一学段），"能把具有相同或相似特征的汉字进行分类，愿意与他人交流分类的理由"（第二学段），"能根据字形推断字音字义，并借助语境和工具书验证自己的推断"（第三学段），等等。其实，1978 年版教学大纲就明确"要根据学生认识事物的规律，学习语文的规律和汉字本身的规律，教给学生识字方法，培养识字能力。在教学中要把汉字的音、形、义紧密地结合起来，着重指导学生认清字形"。一句话，把汉字当作汉字教与学。

  新修订教材在根据汉字本身的规律编排识字写字内容和进程，在引导科学识字写字上做了精心的安排，而一年级起始阶段尤其如此。其突出表现在识字单元、《语文园地》、识字写字（含常用偏旁）等的编排上。

一、有序编排识字单元，依汉字规律集中识字

新修订教材依然沿用集中识字与分散识字相结合的方式编排识字写字教学内容。集中识字以识字单元为单位（主要在第一学段。第三学段还编排了一次专题学习活动"遨游汉字王国"），对应"语言文字积累与梳理"学习任务群；分散识字主要"分散"在阅读单元和《语文园地》中，体现"语言文字积累与梳理"学习任务群的基础性及其教学的贯串性。

新修订教材一年级上册和下册各编排了两个识字单元；二年级上册和下册各编排了一个识字单元，总共24课，内容丰富、形式多样，涉及汉字构形规律、生活识字（传统节日、中国美食）、专属识字（姓氏、名物、行为）、韵文识字（对韵歌、人之初）、游戏识字（拍手歌、字谜）、故事识字（"贝"的故事），等等。特别值得点赞的是识字单元有机渗透爱国主义教育，如《升国旗》《神州谣》等，使识字不仅蕴含浓厚的中华优秀传统文化的气质，而且洋溢着强烈的爱国主义精神。

识字单元的教学，要用好教材，遵循教材编排思路和特点"照"着教；要发挥儿歌韵文的优势"生动活泼"地教；更要根据汉字构形规律"科学"地教。

根据汉字构形规律"科学"地教，就是要"把汉字当作汉字教"，充分发挥汉字形、音、义之间紧密联系和系统性的优势，不仅"教对一个，学会一串"，而且受到智慧启迪和文化浸染。例如，《日月山川》是集中识象形字，要将汉字所"画"之客观事物、最初字形与笔画化后的字形——图—形—字——联系起来，反复对照，使学生真切感受到"像"。《日月明》是集中识会意字，要在从独体到合体的意思表达上下功夫，使学生感受到字形直截了当的"会意"。《小青蛙》《猜字谜（二）》《动物儿歌》《操场上》《树之歌》《"贝"的故事》《中国美食》等都是集中识形声字，要着重在偏旁示义和声旁表音上做文章。首先，强化偏旁表示字义基本不变，但表的是意义类不是字的精准意思——这一规律的认识，如源、流、溪、江、河、湖、海、洋，都

有共同的三点水表示与水有关，但是，源是源、流是流、溪是溪、江是江，不可混为一谈。其次，注意表音部件，有完全相同的，如，青与清；有相近的，如，青与晴、情、睛、请、菁、静、婧；有完全不同的，如，青与倩；等等。因此，要养成查工具书验证的好习惯，避免读"半边字"而闹笑话。还有指事字，如本、刃、上、下等，由于数量不多，因此没有编排集中识字。

教学时，可以适当拓展，延伸学习，逐渐增强根据汉字规律识字的意识和对汉字规律性的认识，逐步转化为自主识字、自能识字的能力。如，教学《春夏秋冬》（一年级下册），及时复习《语文园地四》（一年级上册）"识字加油站"关于时间的词语，勾联《语文园地一》（一年级下册）"识字加油站"关于天气的词语和"日积月累"关于四季的词汇，等等，使静态的教材"动"起来，线性教学变得立体交互起来。

二、充实《语文园地》内容，巩固成果、拓展运用

《语文园地》是教材练习系统的重要组成部分，是听说读写能力提升的集中训练场。新修订教材对《语文园地》进行了调整、充实和优化。以第一学段为例。教材将"口语交际""写话""和大人一起读"等整合到《语文园地》中；将查字典整合到"识字加油站"中；将"我的发现""展示台"等整合到"字词句运用"中，以简化头绪、加强综合，使之更加便教利学。

尤其是"识字加油站"和"字词句运用"栏目，集中编排了识字、写字、用字练习，丰富多样，干货满满。以一年级为例——

（一）"识字加油站"根据汉字规律和识字方式，集中识字，是对识字单元的有益补充

综合起来看，"识字加油站"编排了八类识字情境，既引导学生关注汉字的构字规律，更重视生活识字，营造识字无处不在、无时不有的氛围，突出母语学习的特点。（1）韵语识字，如"一片两片三四片"；（2）情境识字，如"拼音本"；（3）生活识字，如"课程表""识字组词田字格""卫生间"；（4）专属识字，如"上午下午晚上""学校老师""爷爷奶奶""牛羊""冰棍西瓜绿豆汤"；（5）字义归类识字，如反义字/词"南北"；（6）字/词性归类识字，如数量词"一册书"、动词组"拼一拼，写一写"；（7）查字典识字；（8）构

字规律，如"有饭能吃饱"（形声字儿歌），"口＋少＝吵"；等等。

（二）"字词句运用"重在"用字"，着重训练语言运用能力

顾名思义，"字词句运用"栏目聚焦运用、练习运用、强化运用，突出基础性素养——语言运用。"字词句运用"栏目字、词、句均有涉及，灵活而扎实。以字的运用为例。（1）专设"书写提示"，有序训练按笔顺规则写字的能力；（2）字形比较，如"读一读，比一比"，观察形近字的相同与不同，避免写别字；（3）组字成词，如给"车"组词且分类，既丰富词汇又培养逻辑思维；（4）生活识字，如认识同学的名字、在路上识字、在食品包装上识字等等，强化在生活中识字、在生活中学语文用语文的意识；（5）选字组词、成句，如比较"青"与"清"，"再"与"在"（同音异形异义字），比较"午"与"牛"（形近异义字）等；（6）根据形声字的特点了解字义；等等。此类练习以"和同学交流发现"为主，引导学生"发现"木字旁、草字头、日字旁、女字旁、口字旁、提手旁、足字旁、目字旁、虫字旁、鸟字旁、反犬旁、马字旁、鱼字旁等构成的字的意思与偏旁的关系，系统掌握形声字形旁示义的规律，既提高科学识字、正确写字的能力，又增强对汉字规律的认识和文化自信。

教学时，除了吃透编者意图、用好教材，专项训练识字写字能力外，还应该边练习边梳理且补充"少量、优质的"作业，巩固拓展，以逐步提高学生用文字表达自己的见闻、想象、思考和阅读理解等能力。例如，《语文园地五》（一年级下册）"字词句运用"的同音异形字比较运用，既可以补充"同音异形字"也可以补充"音近形近字"的比较运用练习等。

三、识字写字（含常用偏旁），讲原则重学情

汉字，独体字由笔画构成，或象形、或指事；合体字由独体字"合"成（其偏旁由独体字"变形"而成），或会意、或形声。此规律一旦掌握就事半功倍、自能识字。

但是，汉字规律本身非常复杂，且在使用过程中，不断演进，例如，象形字笔画化后不"像"了；指事字，如果教师不教所"指"之"事"，学生就费周折（如，本，是木之根。这"根"就用"木"下短"一"指出来）；形声

字更复杂，有声旁不再示音的，如，免，在"勉""娩""冕"中示音，在"晚""挽"中虽然"示音"但读音不同（免，现汉只收了 miǎn 一个音）；有作记号的，如，又（像右手形），在"邓""鸡""欢"中都是记号（示音部件变成记号）；等等。这些变化是需要教的，否则，不仅会影响识字效率，而且会产生误解。当然，对于小学生来说只需入个门，对显而易见的、容易解释的、可以生长的规律，有所了解、有所感悟即可。因此，把握其"可教"与"不可教"至关重要，其关键在讲原则重学情。

（一）遵循汉字特点，科学识字

1. 遵循先认后写、多认少写、尽快阅读的原则教"会认字"。

教师要充分发挥学生"整体记忆力强"的优势，在朗读中认字；在不断复现的语境中巩固认字；在口头组词和写字（"字不离词，词不离句，句不离用"）中强化所认字。

如果"会认字"不是本课的"会写字"且不带常用偏旁名称的学习任务，一般不进行字形分析。如果"会认字"带有常用偏旁名称的学习任务，则注意"可教"与"不可教"的区别："可教"的要分析偏旁表义性质；"不可教"的只记忆偏旁名称即可。以一年级上册第五单元·阅读为例。

本单元要求"会认字"51 个（含《语文园地》），"会写字"22 个，认识禾字旁（秋）、木字旁（树）、口字旁（叶）、三点水（江）、草字头（草）、宝盖头（家）、言字旁（说）、折文（夏）、提土旁（地）、倒八（关）等 10 个偏旁名称。其中"可教"的有禾字旁、木字旁、三点水、草字头、宝盖头、言字旁和提土旁等 7 个（口字旁例外，专论）；"不可教"的有折文、倒八等 2 个。

2. "可教"的偏旁连同所例的"会认字"的教学。

既要记住偏旁名称（有些还要教它的汉字读音），又要了解偏旁的示义作用以及学过的一串字等等。例如，禾字旁的教学（程序可调整、可优化，因学而定）：第一步，会认"秋"字。还会读"秋天""晚秋""三秋""秋色"等词语。第二步，认识禾字旁。书写"禾"（学生读。复习《日月山川》中"禾"字的象形图）、再书写"禾"，强调第五笔捺改为点（读"禾字旁"），学生练习书写。第三步，想一想"秋"跟"禾"的关系（教师可出示图片和句子：秋天，禾苗/稻谷成熟了）。第四步，后续教学不断巩固、拓展。即《四季》，巩固"秋"（"我是秋天"）、关注"季""穗"都有禾字旁（注意"季"，禾在上边）；《语文园地五》"字词句运用"再次遇到"秋天"；《两件宝》认识并书写"和"（注意禾字旁在"和"字中表音）；一年级下册《春夏秋冬》《猜字谜》又遇见"秋"；直到二年级上册《彩虹》，"秋"字才要求会写。在《彩虹》一课教学书写"秋"时，就要了解"秋"字形、义关系，扩词，列举学过的由禾字旁组成的一串字，最后在田字格中正确书写。至此，"秋"字和禾字旁的教学才算完成。

另外，教学"宀"（宝盖头）时，不仅要教规范的偏旁名称（见一年级教材的《常用偏旁名称表》），还要教其汉字读音和意思。"宀"，读作 mián，表示屋。由"宀"构成的字，如字、家、安、宝、室等，与房屋等有关。这类偏旁，典型的还有勹（读作 bāo，同包）、阝（在左读作 fù，与山有关；在右读作 yì，与村庄有关）、囗（读作 wéi，同围）、彡（读作 shān，与须毛有关）、纟（读作 mì 或 sī，都与丝线有关）、灬（读作 huǒ，是火字的变形）、彳（读作 chì，慢慢走的样子），等等。这些偏旁一旦教正确了，由它们构成的汉字的意思就基本解决了，且"汉字智慧""汉字文化"自在其中。

3. "不可教"的偏旁和所例字的教学，视具体情况分步落实。

第一种情况，只要会认所例的字和记住偏旁名称即可。如《四季》一课认识折文，只要会认所例字"夏""冬"，记住"夂"叫"折文"即可。虽然，"夂"读作 suī，表示慢慢走的样子，但是，对于一年级来说，"夏"与"冬"都没有必要复杂化——分析形、义关系。因为，我们学的是母语，夏与冬无须解释（况且在此课还不要求会写）。

第二种情况，会认会写所例字和偏旁名称，且注意与易混的新偏旁进行比较。如《语文园地五》认识倒八，所例字"关"是"会认字"同时要求会写。教学"关"时，要能读准字音，能组若干词语，能正确书写；接着认识偏旁"丷"（倒八）。教学《影子》一课认识"前"时，要复习"丷"；教学《比尾巴》一课认识"公"和八字头时，要把"丷"与"八"进行比较且复习"今"，观察与人字头的不同，加深印象，以避免写错。

第三种情况，暂时"不可教"口字旁的教学。口字旁本来是"可教"的，但在《秋天》一课所例字"叶"中变得"不可教"。因为"叶"在这里指树叶，是"葉"的简化字。口字旁在"树叶""叶子""叶片"的"叶"中是记号，既不示义也不表音。"叶"读 xié 时，同协，是会意字，口字旁表示与说话声音有关。因此，在本课教学时，只要记住"叶"是口字旁即可。在《乌鸦喝水》认识"喝"时，就要复习口字旁，还要理解由口字旁构成的字大多与口有关，可以让学生举例，如喝、吃、叫、吐、吹，等等。

4. 恰当使用多种媒介助力理解。

文字毕竟是抽象符号，要将其"转化"成形象的、活动的、生活的、故事的、画面的种种，是需要一定功夫的。这"功夫"包括阅读经验、生活经历、语感、美感、色彩感等，是需要时间和刻苦训练的，如同涓涓细流逐步壮大汇成海洋一样。因此，在起步阶段，需要使用多种媒介等技术手段增强学习的趣味性和吸引力，逐步培养学生对文字的敏锐的感受力和理解力。例如，《秋天》可以通过视频或动画来强化"树叶黄了，一片片叶子从树上落下来""一群大雁往南飞，一会儿排成个'人'字，一会儿排成个'一'字"的情景（我们可以大胆地想象，如果有 3D 电影，学生看 3D 电影，体验该多真切），然后反复朗读，加深印象。印象深刻也意味着兴趣浓厚、理解深刻。

（二）尊重年龄特点，正确写字

写字与认字密切关联，但目标要求都比认字高，因此，教学方法也不同。由于学生的手指骨骼和肌肉发育等因素影响，写字教学要多为学生着想、因"学"施教，切忌急于求成。

1. 把握准"会写字"的目标。

"会写字"不仅要能读准字音、认清字形（典型的、常用的形声字要了解其形、音、义的联系）、了解意思、正确书写，最关键的是向着培养学生"在具体语言环境中运用汉字的能力"的目标下功夫。

2. 具体分析、区别对待。

一般地，课文中"会认字"与"会写字"存在三种关系。以《秋天》为例。第一种，要求会认的不要求会写，如"秋"等 9 个字（此类字教学见上文。不赘）。第二种，要求会认的同时要求会写，如"了"。此类字的教学，一般要经历"分析字形（可选择）→口头组词（可选择）→观察在田字格中的位置→教新笔画（可选择）→示范书写/书空→描红→观察→书写→比对/评改（可选择）"等程序。第三种，要求会写的是以前学过的，如"子""大""人"。此类字教学，先复习；然后按"分析字形（可选择）→观察在田字格中的位置→教新笔画（可选择）→示范书写/书空→描红→观察→书写→比对/评改（可选择）"等程序进行。

"会写字"教学既可以分散进行，也可以集中进行。分散进行，又至少有两种情况。从时间上说，可以分散在课堂教学的前、中、后时间段；从内容上说，某个字的音、形、义、用、写等也可以分散进行，"因'字'施教"，灵活掌握。如本课的"了""子""大""人"以集中书写为好（因为其字形、字义都不需要额外"理解"）。

3. 写字练习要宽严相济，不宜下笔就成"印刷体/书法家"。

写字是件复杂的、精细的技能，低年级学生的年龄和身心发展都难以胜任如此精细的活。因此，对于把字写得"美观/好看"的要求要慎之又慎。一要对照课程标准的要求，聚焦"正确书写"；二要养成"观察—描红—对照—书写"的好习惯，先慢后快；三要在写字姿势（坐姿、执笔、运笔等）上严格要求，对写得"好看不好看/美观不美观"等可宽容些。毕竟写字的终极目的是为了用字、为了交际，即在具体语言环境中运用汉字。

总之，识字与写字是阅读和写作的基础，是第一学段的教学重点，也是贯串整个义务教育阶段的重要教学内容。识字与写字教学，遵循规律、科学起步，又是"教学重点"的重点。根据新修订教材的编排特点，把汉字当作汉字教与学，才能真正提高识字与写字教学效率，培语文之根本、识汉字之智慧、增文化之自信。

11. 整本书读思达：学理、价值和实施路径

这里的"整本书"，是相对教科书而言的"课外的书"。重视阅读"课外的书"，是历来如此的。鲁迅先生说"爱看书的青年，大可以看看本分以外的书，即课外的书，不要只将课内的书抱住"。也不仅仅是读课外的书，还要将所读的书内化为生活经验，进而丰富人生。正如叶圣陶先生所言，"生活经验不是随便谈谈随便听听就可以取得的。必须把外界的一切融化在我们的生命里，使我们的生命丰富而有所作为，才算真个取得了生活经验"。《义务教育课程方案（2022年版）》所"倡导'做中学''用中学''创中学'"是"真个取得了生活经验"最恰当的注释和获取路径。

整本书阅读也不是随便翻翻随便看看，而是要"入脑""笃行"。"入脑"，就是要思考——深加工——"如同我们对于食物一样，必须经过自己的口腔咀嚼和胃肠运动，送进唾液胃液肠液，把它分解为精华和糟粕两部分，然后排泄其糟粕，吸收其精华，才能对我们的身体有益"。（毛泽东《新民主主义论》）"笃行"，就语文而言是口头和书面表达——说出来或写出来；就人生而言是为人处世——成为"有理想、有本领、有担当"的社会主义建设者和接班人。质言之，整本书"阅读—思考—表达"，简称"整本书读思达"。

一、整本书读思达的学理：有"标"有"本"有"法"可依

整本书读思达，是国家大事，是落实2022年版新课标精神、实践新修订统编教材（以下简称"新教材"）意图、培育学生的核心素养的必然，符合"'读思达'教学法"。

（一）"爱读书、读好书、善读书"是国家大事

2023年全国教育大会提出，要把"爱读书、读好书、善读书"作为国家

大事来抓，建设书香社会。"爱读书、读好书、善读书"相互作用、彼此关联，其核心是"善读书"。"善读书"就是喜爱读书、擅长读书，就是会读书。它内在包含了"爱读书"（越会读书就越爱读书）和"读好书"（越会读书就越能甄别书的质量，越读高品位的书就越会读）。

"善读书"就是整本书读思达；整本书读思达就是"善读书"。整本书读思达之"读"，是爱读书、常读书、读好书；之"思"，是探索发现、提出疑问、训练思维；之"达"，是将"思"之所得用口头或书面表达出来，与人（同学、老师、家长，甚至作者、编者等）分享、与人探讨、与人切磋，等等。如此循环往复、循序渐进地成长、成熟起来。因此，整本书读思达，就是在落实、在做好"爱读书、读好书、善读书"这件国家大事。

（二）新课标更加倡导整本书读思达

新中国成立以来颁布的语文课程领域的历部"纲领性文件"都倡导整本书读思达，而新课标与时俱进、更上一层，将鼓励"自主阅读、自由表达"、倡导"少做题、多读书、好读书、读好书、读整本书"提升到课程理念（在《课程理念》第4条）的高度，起到"统领"作用，并专设"整本书阅读"学习任务群以训练之。

1963年制定的"教学大纲"明确提出教学中应该注意"加强课外阅读指导，让学生广泛地阅读"；1978年进一步对教师指导提出具体要求，"在指导课外阅读时，要选择适合学生阅读的有益读物，开拓学生的眼界，要提示阅读的方法，组织读书活动，检查阅读效果，培养学生阅读的兴趣和认真读书的习惯"；1986年原封不动沿用此语；1992年新增《课外活动》一章，并将课外阅读纳入其中，且用了两个"最"来强调——"课外阅读是最经常最重要的语文课外活动"。当然，对于课外阅读具有里程碑意义的是2000年颁布"试用修订版"教学大纲，第一次规定了课外阅读总量"五年制不少于100万字，六年制不少于150万字"且将其归入"语文实践活动"（第一次提出此概念），明确要求"积极创造条件，指导学生多读书，并采取多种形式交流读书心得"，可谓"量""质"并重。只不过这是一部过渡性教学大纲，仅隔一年零四个月，新中国历史上第一部"课程标准"（且九年一贯）诞生了。《全日制义务教育语文课程标准（实验稿）》不仅稳固了课外阅读的量与质，而且提高了课外阅读的地位,将其升级到《总目标》中,即"九年课外阅读总量应在 400 万字以上"(小学阶段是 145 万字以上),在《实施建议》中提出"培养学生广泛的阅读兴趣,扩大阅读面,增加阅读量,提倡少做题,多读书、好读书、读好书、读整本的书"。(第一次出现"整本的书")——2011 年版和 2022 年版基本沿用此言,且补充"提高阅读品位"等。

综上,整本书读思达既符合历部"纲领性文件"的精神,又与新课标理念要求不谋而合,因此,它是实践新课标精神的重要举措和必然要求。

(三)新修订教材优化整本书读思达

新修订统编教材落实《习近平新时代中国特色社会主义思想进课程教材指南》精神,以新课标为"直接依据",对"统编统审统用"教材(以下简称"原教材")进行"微调小改",体现"稳中求进""守正创新"的发展性。

尤其在整本书阅读的编排和要求上,细化了新课标关于整本书的教材编写建议——"要把整本书阅读作为教材的重要有机组成部分,精选兼具思想性、艺术性和学段适应性的典范作品,以整本书阅读兴趣、阅读习惯的培养为基础,让学生逐渐建构不同类型整本书阅读经验;……其他学习任务群阅读材料的选择也要适当兼顾整本书",较原教材更重视、更优化,具体表现在以下三个方面。

一是增加内容比重。尤其是在"阅读链接""资料袋"等栏目中,大量增加了国内外著名作家和作品的推荐,让学生"耳濡目染"尽是"好书"。如,"资料袋"由原教材的 4 次增至 16 次,提到的作家有司马迁、鲁迅、老舍、巴金、泰戈尔等 12 位(其中外国 4 位),作品达 44 部/篇(其中外国 14 部/篇),比原教材多 31 部/篇。

二是优化单元结构。例如,五年级上册第一单元,以习近平总书记关于读书的金句——"多读书、读好书,从书本中汲取智慧和营养"为人文主题语,并以"感悟读书之法,体会读书之乐"来说明人文主题的内涵,以"根据需要,采用合适的方法梳理信息,把握课文的内容要点"为语文要素,编排了《古人谈读书》《忆读书》《走遍天下书为侣》等 3 篇精读课文,"阅读链接"中节选了秦牧、老舍、汪曾祺、叶文玲等谈读书经验的文章。练习则紧扣读书进行设计,如课后练习"开展读书活动/做阅读记录卡"、习作"推荐一本书"、《语文园地》"举办'读书分享会'"和"做阅读书签"等等,可谓全要素、全过程、全方位开展整本书读思达。

三是创新训练方式。除了开展读书报告会、读书分享会、好读推荐会,还鼓励学生"编辑"自己的书(在原教材编辑两本诗集和一本纪念册的基础上,增加编辑"中国的世界文化遗产"和"家乡的民俗"两本作品集),尝试构建"读书—习作—编书"贯通一体的训练体系,以增强学生主动读书意识——由被动地读"别人的"书到主动地读"自己的/同学的"书转变,促进学生成为积极的阅读者和创作者。

这些内容不正是整本书读思达的价值追求和表现形式吗?换言之,整本书读思达,是吃透、用好新修订教材的必由之路、必用之法和必达之境。

(四)"'读思达'教学法"中的整本书读思达

余文森教授经过长期的实践和理论探索,提出并论证了"读思达"使之成为"教学法"——"'读思达'教学法",给中国乃至世界"教学法"大家庭注入了新鲜血液、增添了新生力量。

正如余教授所言,"'读思达'教学法",是"面向所有学科、所有学段的一般教学法、基本教学法",是适用于所有学科、所有学段的"通法"。整本书读思达当然不例外。因此,整本书读思达是整本书阅读——不论是语文还是其他学科——的"通法"。

整本书读思达,阅读是基础、是过程;思考是加工、是核心;表达是经由思考的阅读成果。"阅读—思考—表达"相互作用,形成循环往复的封闭又开放的有机体。"阅读—思考—表达"相互作用时,"思考"是内在的,似乎看不见、摸不着——有人称之为"暗箱"。其实不尽然。因为,只要听听/看看"阅读"和"表达"的量和质就明了了。什么样的"阅读"决定了什么样的"表达",什么样的"表达"取决于什么样的"阅读",其内在联系的关节就是"思考"。没有大量的高品位的阅读"输入",如何进行思考"加工"(巧妇难为无米之炊)?没有深度的精细的合逻辑的思考"加工",哪有丰富的高品质的表达"输出"?当然,这并不排斥思考本身的方法和过程——联想想象、分析比较、归纳判断、质疑问难等。"学而不思则罔,思而不学则殆""博览精思"等教学法——古人早已想透了、说白了、做成了——只待我们躬耕实践。

因此，整本书读思达，是"'读思达'教学法"的有机组成部分。从这个意义上说，整本书读思达，是整本书阅读教学法，即"整本书'读思达'教学法"。

二、整本书读思达的价值："近可提分，远可提质"

也许校长、教师和家长会问：整本书读思达能不能提高学生的考试分数？能！整本书读思达不仅能提高学生的考试分数，还能提高学生的素养——"近可提分，远可提质"！整本书读思达"近可提分，远可提质"既有"外因"也有"内因"。其内因是整本书的独特性和整本书阅读的独特性。

（一）整本书及其阅读自身的独特性

相对单篇课文而言，整本书更复杂、更丰富、更深刻，也更值得玩味（审美体验更深广而持久）。这似乎是不需要论证的。《红楼春趣》与《红楼梦》，《好的故事》与《野草》，《卖火柴的小女孩》与《安徒生童话集》，等等，谁更复杂、更丰富、更深刻、更值得玩味？不言自明。众所周知，教育教学总是由浅入深、由易到难、由简至繁，循序渐进地促进受教育者"成人""成才"的。因此，需要不断地接触复杂的、丰富的、深刻的、更值得玩味的东西，以促成智力发展、人格健全。因此，整本书自然大有用武之地、大可建其丰功。

整本书阅读，更复杂、更丰富、更深刻，也更具挑战性。单篇阅读与整本书阅读，如同短跑与马拉松。短跑虽容易抵达终点但缺乏"沿途风景"；马拉松虽难以抵达终点但"沿途风景"迷人。毫无疑问，人生既需要"短跑"也需要"马拉松"。阅读当然不例外。

整本书还是"跨学科"的，因此，整本书读思达，是"跨学科学习"的一种方式——是最经常最便捷最长效的"跨学科学习"。

整本书读思达，不仅不排斥单篇，而且基于单篇、发展单篇。学生阅读单篇而窥得整本书之一斑，进而产生阅读整本书——哪怕只是"看看"——的欲望，便是单篇的最大成功。

因此，单篇阅读教学，要"奔着"整本书读思达去，要为单篇阅读与整本书读思达的"双向奔赴"搭桥铺路，最终，学会的是整本书读思达。

（二）整本书读思达"近可提分，远可提质"

事实上，对读书有兴趣，喜欢读书，有较宽阅读面的学生，思维比较活跃，语文素养比较高，考试的成绩也不会差。

1. 整本书读思达"近可提分"。

"分"，就是考试分数。整本书读思达是如何提高考试分数的呢？一是直接提分；二是间接提分。

整本书读思达能直接提高学生的考试分数。因为，不管是小学三到六年级的期末考试卷，还是各省的中考卷、全国的高考卷，都有直接考查整本书的题目。如福建省2022年、2023年、2024年中考卷，都有一道题涉及整本书阅读，权重6分、占4%。例如：

初次阅读整本书名著，会遇到一些疑难，有的同学没有耐心读下去。请你以阅读某部名著为例写一段简要的话，分享你化解某个疑难的成功经验与获益，启发他们读下去、读完它。（2024年）

在名著阅读活动中，请你结合对下面这句话的理解，按要求写一段心得体会，参与交流。**读经典作品，有利于让自己的思想与大师们联同接轨。**（《义务教育教科书　语文　七年级上册》）要求：（1）要有整本书初读与再读的经历与体验；（2）要有某一部中国名著中你印象深的内容；（3）要体现大师思想对你成长的积极影响。（2023年）

试想，你不读整本书，没有整本书读思达经历和体验，如何拿到这6分？

整本书读思达能间接提高学生的考试分数。因为，考试卷的篇幅越来越长、篇目越来越多且复杂，没有相应的阅读速度、阅读策略、阅读理解力和表达力的考生，是难以从容应对的。而整本书读思达是提升阅读速度、阅读策略、阅读理解力和表达力的"不二法"，是必由之路，甚至是"捷径"。你不持续整本书读思达，如何获得更高的考试分数？

2. 整本书读思达"远可提质"。

如果说，整本书读思达"提分"只是权宜之计，那么，整本书读思达"提质"就是终极追求。"质"，就是本质，包括气质/颜质、品质、学质、心质和体质。"腹有诗书气自华"，说的是提升气质/颜质；"作家的目的应该是高尔基的那句话：'使人变得更好。'"（巴金语）说的是提升提升品质；阅读给予你"智慧和营养"，增强学习力，这是提升学质；阅读还可"成为砍向我们内心冰封大海的斧头"，治愈我们的心病，使心理健康；阅读既让我们动——动脑、动手（摘抄、笔记）、动口（如朗读），又让我们静——安静地、沉浸地、耐心地享受文字带来的乐趣和启迪，这一动一静增强我们的体质；等等。

综合起来，整本书读思达就是合力提升学生的核心素养，让每个人过上好的"语文生活"，进而过上"好的生活"。因为真正"好的生活是由爱激发和由知识引导的生活"（罗素语）。

3. 整本书读思达"提分"与"提质"的关系。

"提分"与"提质"相互渗透、相互作用、相互促进。但是，"提分"是表，"提质"是里；"提分"是末，"提质"是本；"提分"是术，"提质"是道；"提分"是一阵子，"提质"才是一辈子。整本书读思达，是向着"一辈子"来攻"一阵子"。这样的"一阵子"会自然流淌成幸福的"一辈子"。

三、整本书读思达的实施路径：多措并举、多方合力

整本书读思达，需要课程建设、课堂教学、学业评价等多措并举；需要学校、家庭、社区/社会以及教师、家长等多方合力，且持之以恒，方可见效。

（一）整本书读思达进课堂

整本书读思达进了新课标，必然进新教材；进了新教材，必然进课堂。整本书读思达进课堂，从此，语文教学多了一类课型——整本书读思达指导课。

整本书读思达指导课，要基于学生整本书阅读实践、在学生整本书阅读过程中给予必要的指导、点拨、示范，使学生更爱读、更善读、更有收获。质言之，整本书读思达指导课，要指导学生怎么阅读（使阅读更得法）、怎么思考（使阅读更深刻）、怎么表达（使阅读更具影响力）。"阅读—思考—表达"合力，提升学生的核心素养。

具体实施上，整本书读思达指导课，至少可以分三种课型——启动课、

跟进课、分享课。启动课，就是在学生还没有读过这本书的时候，启动阅读；跟进课，就是在学生读了一段时间后检查阅读效果再推进阅读；分享课，就是在学生已经读完了，组织交流、分享阅读经验和成果。

当然，启动课、跟进课、分享课，不是截然分开，既可以是同一节课也可以多节课。例如，启动课，教师快速地让学生拿起书来阅读，读了一会儿后检查阅读情况——分享，再指导继续阅读——跟进，如此，"启动—跟进—分享"，循环往复、渐次深入。整本书读思达指导课，即便有阅读策略或读书方法的传授，也必须有充足的时间让学生安静地阅读（一二年级更多的是朗读）——有方法地读。如此，"得法于课内、得益于课外"。

（二）整本书读思达进评价

评价是指挥棒，它指向哪、指到哪、怎么指，"教—学—研"就向那、就如是到那。整本书读思达亦如此。

具体而言，整本书读思达，需要过程评价，让学生的阅读、思考和表达都在教师的"眼皮子底下"。教师在日常的教学中，注意"看"学生读书、与学生"聊"书，并给予"三言两语"的指导。整本书读思达，需要结果评价，让学生在期末考试中真正品尝到读整本书的"甜头"，以褒奖读书者和警醒不读书者。当然，结果评价之于整本书阅读，要特别谨慎，防止出现"不考就不读，一考就死读"的尴尬局面。整本书读思达，需要增值评价，考查学生的进步幅度和了解其影响因素。阅读日记是增值评价的主要手段——"读"什么、怎么"思"、"达"得如何——阅读日记为之"代言"。整本书读思达，需要综合评价，读书报告会、"新书"（包括个人或集体创编的书）分享会、好书推荐会、读书反思会、故事会、阅读日记展示会、"读书节"，等等，都是综合评价的规定议题。

如此评价，才能把书的内容或思想与社会生活和实践结合起来，"使所读的书活起来"（鲁迅语）。

（三）整本书读思达·阅读日记承载

整本书读思达，需要被听见，更要被看见。记阅读日记，就是"被看见"了的整本书读思达，是养成了"自觉有所得，随手写简要的笔记"的良好习惯的明证，也是学生精神成长的物证。

阅读日记，日日阅读日日记。阅读日记，是自由的、率性的、丰富的。从载体上看，可以是专门的阅读日记本，可以是随手记在所读书页上（顺手注明日期）；从篇幅上看，可以长，可以短；从内容上看，可以摘抄、提问、预测、批判、质疑，可以写感受、写心得体会，可以查证、补充，可以写信给作者也可以写信给编辑，等等，只要你愿意，下笔皆成阅读日记。

当然，正如不是所有的阅读都要"思考"、也不是所有的思考都要"表达"一样，不是所有的表达都要"日记"。阅读日记，只是整本书读思达的"冰山一角"，正如"思考"与"表达"，也不过是整本书阅读的"冰山一角"一样。但这"一角"足可成为你的"阅读史"，足以照亮你的"精神史"。

综上所述，整本书读思达，是落实课程领域"纲领性文件"的必然，也是用好新修订教材的必然；整本书读思达，是"'读思达'教学法"的有机组成部分（手段），也是学生的核心素养的有机组成部分（目的）；整本书读思达，是过去的，也是现在的，还是未来的。它必将为落实立德树人根本任务、构建素养导向的高质量"教—学—评"互动一体的"教—学—研"生态贡献智慧和力量。

12. 如何提升学生整本书的阅读力

一、整本书的阅读范围

这里所说的"整本书",主要指教科书所涉及的和课程标准"关于课外读物的建议"中推荐阅读的书,有以下四种情况。

(一)教科书在"快乐读书吧"中提到的书。一年级主要是"和大人一起读"的童谣和儿歌;二年级阅读童话,有《孤独的小螃蟹》《小鲤鱼跳龙门》《一只想飞的猫》《"歪脑袋"木头桩》《小狗的小房子》《神笔马良》《七色花》《大头儿子和小头爸爸》《愿望的实现》《一起长大的玩具》,等等;三年级阅读童话和寓言,有《安徒生童话》《稻草人》《格林童话》《中国古代寓言》《伊索寓言》《克雷洛夫寓言》,等等;四年级阅读神话和科普读物,有《中国古代神话》《希腊神话故事》《世界神话传说》《十万个为什么》《看看我们的地球》《灰尘的旅行》《人类起源的演化过程》,等等;五年级阅读民间故事和中国古典四大名著,有《中国民间故事》《列那狐的故事》《非洲民间故事》《欧洲民间故事》《西游记》《三国演义》《水浒传》《红楼梦》,等等;六年级阅读儿童小说和外国名著,有《童年》《爱的教育》《小英雄雨来》《鲁滨逊漂流记》《骑鹅旅行记》《汤姆·索亚历险记》《爱丽丝漫游奇境》,等等。

(二)单篇课文选自的那本书。有长篇著作,如《呼兰河传》(节选了《火烧云》《祖父的园子》)、《骆驼祥子》(节选了《他像一棵挺脱的树》)、《可爱的中国》(节选了《清贫》),等等;有作品集或系列故事集,如,宗介华同名散文集《带刺的朋友》(节选了《带刺的朋友》)、鲁迅的散文集《野草》(选了《好的故事》)、冯骥才的短篇小说集《俗世奇人》(选了《刷子李》)、铁凝的短篇小说集《夜路》(节选了《盼》),等等;有单篇小说,如鲁迅的中篇小说《故乡》(节选了《少年闰土》),等等。

(三)课后"阅读链接""资料袋"等栏目提到的书。如《穷人》课后"资料袋"中提到列夫·托尔斯泰的《战争与和平》《安娜·卡列尼娜》《复活》、奥地利作家茨威格的传记作品《三作家》;《好的故事》课后"阅读链接"中提到冯雪峰的《论〈野草〉》、李何林的《鲁迅〈野草〉注解》,等等。

(四)课程标准"附录2"推荐(未被教科书提及)的书目。如《朝花夕拾》《革命烈士诗抄》,儒勒·凡尔纳的系列科幻小说,成语故事,各类历史、文化读物及传记,以及介绍自然科学与社会科学常识的普及性读物等。

以上书目,虽然只有"快乐读书吧"中以"你读过吗"为要求的书,是必读书(本文所论三课一评主要针对"必读书"而言),其他均为"相信你可以读更多"的书,是选读书,但是,这个阅读量已经远远超过课程标准规定的小学阶段"课外阅读总量不少于145万字"的下限。如果小学生都读过(把中学生必读的书也读了)当然好,符合"下要保底,上不封顶"的原则。

但是,不能只求量的"多",须求质的"精"——会读——才是明智之举,也是阅读教学之追求。"从古到今,文章不知有多少,读也读不尽这许多。取少数的文章来精读,学得文章学上的一切,这才是经济的办法。你读一篇文章的时候,除内容的领受以外,有许多形式上的项目应当留意;对于各项目能够逐一留意到,结果就会得到文章学的各部门的知识。"换言之,要将阅读一篇篇文章获得的"文章学的各部门的知识"用于整本书的阅读,或者,在教学生精读少数整本书的过程中,留意这些"形式上的项目",才能事半功倍。

二、整本书导读"三课一评"

如上文所述,许多单篇都来自整本书,那么,将单篇置于整本书中就应该成为阅读教学的常态,即由单篇而窥整本、从整本而瞰单篇,引导阅读穿梭于整本与单篇之间(实为整体与部分之间)。这样在整本书与单篇之间穿梭,既能引发学生阅读整本书的兴趣,又能提升单篇阅读的品质,一举多得。这方面,教科书编者已经做了精心设计,主要反映在精读课文的"阅读链接"

中，如《花的学校》链接了泰戈尔多部著作,《祖父的园子》链接了《呼兰河传》的结尾,《草船借箭》链接了《三国演义》的原文（段落），等等。

（一）上好导读"三课"

既然教科书有"快乐读书吧"，课堂教学就有"上'快乐读书吧'课"这一课型，用以指导学生阅读"快乐读书吧"中的书。其目的是通过整本书的阅读教学，使学生爱读会读深读整本书，进而提升语文核心素养。整本书的阅读教学，至少包括启动课、跟进课和分享课三种样态。这些课，既可以在教室，也可以在图书室；既可以班级授课，也可以个别"小灶"；既可以在规定时间里，也可以不确定时间；既可以由老师来上，也可以由学生来上，还可以由图书馆员和学生家长或作者来上，等等。总而言之，只要能激发阅读兴趣、促进阅读思考，实现有分享、有方法、有思考的阅读即可。

1. 启动课。即启发、开启阅读。整本书启动课，教课者将以最短的时间、最少的语言、最简的方式，烘焙阅读气氛，挑起阅读兴趣，学生恨不得马上拿起书，兴致勃勃地翻开，静静地享受阅读，"浸渍"其中。如此整个身心沉浸在阅读之中，文化的感觉有了，语言的感觉也有了。

启动课的"启"，大致包括：（1）用心创作并演讲一段导语；（2）绘声绘色地讲一个故事（既可以是书中的精彩片段，也可以是自己或名人阅读此书的经历）；（3）精心设计的一串问题；（4）制造一个悬念；（5）阅读策略或技巧传授，如寻读（是那种快速找到特定问题的答案的阅读技巧），跳读（不理解的或不感兴趣的内容先跳过去），猜读（预测情节发展或猜猜大致意思），等等。比如，启动五年级学生阅读《红楼梦》的导语：

也许，你正在为"写一件难忘的事"而发愁，为"记一个印象深刻的人"而发呆，为"状一次春游/秋游"而发傻……那么，请你翻开《红楼梦》吧！领略一下伟大文学家——曹雪芹的生花妙笔吧！琢磨曹雪芹怎样写一家老小初见一位千金小姐（第三回），一帮顽劣孩童大闹学堂（第九回），一群青春少年放飞风筝（第七十回）……你一定不再"发愁""发呆""发傻"了！

如果你听了，应该会翻开《红楼梦》，找到这几回来读吧。这一读，你可能就喜欢上《红楼梦》了。

2. 跟进课。整本书阅读，就像跑马拉松，需要不断补充能量、不断加油助威；又像丛林探险，需要不断改进方案、调整方向。这便是整本书阅读的跟进课了。

跟进课，有如下基本样式：（1）讲授（温习）新的阅读方法，如做批注、写读后感、缩写（写梗概），等等；（2）补充专门的文学鉴赏小常识，如人物形象塑造、环境描写烘托、情节曲折设置、结尾出人意料、孕育言外之意，等等；（3）命制若干道思考题促进思维向纵深处延展；（4）与其他艺术表现形式（如由同名作品改编的影视片段、话剧片段）进行比对；（5）与自己的生活对接；（6）解答疑惑解决问题；（7）知识竞赛（主要针对阅读科普读物）等等。

总而言之，整本书阅读跟进课，是学生阅读旅途上的一个智慧驿站——或补充能量或更新方法或增强期待，目的是更好地整装再出发。

3. 分享课。有效的阅读，读者是"用大脑阅读，不是用眼睛"，是要不断连接自己的生活经验，"建构他们自己的意义"。每一个读者都如此不同，建构的意义自然不同。"读同一篇文章的两个读者永远不会建构出相同的意义。任何一位读者的意义都不会与作者的完全一致。"这就是分享的必要性。正如萧伯纳所言"如果你有一种思想，我有一种思想，彼此交换，我们每个人就有了两种思想，甚至多于两种思想"。

分享课，就是把个人的阅读收获——所建构的意义——变成集体的丰富多彩的阅读智慧。主要有三种样态：（1）以口头形式呈现（与口语交际课整合），如推荐一本好书、讲一个书里的故事（或我与书里的故事）、就书中的观点即兴发言或展开辩论、讲"亲子共读"故事，等等。（2）以书面形式呈现，如专项展览（如批注、读后感、缩写/梗概、简单的研究报告等）、综合展览（如手抄报、海报等）。尤其是以书面形式呈现的阅读成果，要倍加珍视，比如，每一次展览完，都将作品收集起来，并指导学生撰写"序言"（一次新的写作练习），装订成册，陈列在学校的图书馆，成为优质"图书"资源。这些"图书"，既可供学弟学妹们阅读，以增强学生的成就感；更为重要的是，久而久之，它将沉淀为"学校文化"——成为学校文化的核心内容，以增强学生的归属感。（3）以综合活动的形式呈现。比如，校园/班级阅读节（或读书节）、课本剧（"我们都来演一演"），等等。《大头儿子和小头爸爸》

的作者郑春华在"儿童文学与小学语文教学"主题研讨会上，介绍她到某小学发现英语教学非常生动，英语老师布置学生阅读作品，完成选择性"作业"——在"读书节"中：（1）你当小记者采访书中的人物；（2）改编一下故事情节；（3）向同学或家长推荐这本书；（4）给书重新配插图；（5）如果你什么也不想做，就打扮成书中的一个人物来参加读书节活动吧。这个英语作业同样适合语文。

（二）做好阅读考评

即将整本书阅读纳入考试评价范围。考试评价尤其是考试命题是"临门一脚"。课堂教学改革，如果没有考试评价的改革，终将功亏一篑。因此，《教育部关于加强和改进新时代基础教育教研工作的意见》明确要"形成在课程目标引领下的备—教—学—评一体化的教学格局"，要"加强考试评价改革研究，提高考试命题质量"。考试评价要坚决防止"去年怎么出题，今年也怎么出题"的惯性思维，走上"科学、公平、导向"的专业道路，"以具体的情境为载体，以典型的任务为主要内容"，达到"为了促进学生学习，改善教师教学"的根本目的。整本书阅读的考试评价也不例外。一是要强化过程性评价，二是要改进考试命题。这一评与三课形成合力，促成学生"爱读会读"的目标实现。

过程性评价。过程性评价的第一责任人是任课教师，肩负全程指导、全程跟踪、全程伴读（师生共读一本书）的重担。其次是家长。家长最主要作用是伴读（亲子共读一本书）。再次是同学。同学之间互相提醒、互相督促、互相帮扶，比如，组建若干个"整本书阅读共同体"。过程性评价的内容，主要包括：（1）阅读兴趣；（2）阅读习惯（时间、地点、方式等）；（3）"分享"课中的表现（参与度、成果质量），等等。

考试。考试是一把"双刃剑"，关键在试题。试题好，则促进思考提升品质；反之，则"毁了'整本书'"也"毁了'整本书阅读'"。小学生整本书阅读的试题怎么命制，是一个长期的复杂的专业研究过程，也有多种"可能"，但是，它一定有别于单篇阅读能力考查（至少试卷怎么也容纳不下整本书的内容）。可以命制考查"有没有读过"（避免考查记忆力的"回忆"层级）的题；重点命制指向"有没有读懂"和"有没有想法"的题，并把握好度

——不超课标。比如，五年级的学生阅读古典四大名著，可以命制客观题（如判断题、匹配题、选择题）考查"有没有读过"。如把（1）书中的人物（最好不是主要人物）、（2）节选（最好不要出现主要人物的情节）、（3）重要事件发生地、（4）典型风俗名物，等等，与相应的书名联系起来；也可以命制主观题（如简答题）考查"有没有读懂"（一点点），"有没有想法"（一些些），如"刘备为什么要三顾茅庐""唐僧、悟空、八戒、沙僧，你最喜欢谁？说明理由""有读者认为贾宝玉只喜欢玩闹不喜欢读书。你同意这种观点吗？请举书中的例子支持自己的观点"等等。

整本书导读三课一评，是"广泛开展多种形式的读书活动"的核心内容，通过有目标有方法的指导和有组织的交流以及专业的考评，促进整本书阅读的持续进行、深度思考和丰富体验（包括多样成果）。

当然，三课也好、一评也好，终究只是手段，目的是要学生拿起书来读，真正读进去——讲点方法、有点思考、多点趣味和收获。

总而言之，读整本书，老师要"教"，更要"不教"。"不教"，即自己读——和学生一起读，和学生读同一本，和学生分享读书的方法、乐趣和收获。如此"不教"胜于"教"。正如温儒敏教授断言"语文教师自己先要养成读书的良性生活方式，成为'读书种子'。这样，你的学生自然也会喜欢读书"。

13. 阅读日记：为阅读思考存证，为精神成长留痕

2022年版课标将"倡导少做题、多读书、好读书、读好书、读整本书，注重阅读引导，培养读书兴趣，提高读书品位"提升到课程理念的高度，并在课程内容中专设"整本书阅读"学习任务群。同时，2022年版课标还提出"采用读书笔记、读书报告会、读书分享会等方式引导学生高质量完成整本书的阅读"的阶段性评价建议，逐步建立整本书阅读的"教—学—评"一体化体系。这是对语文课程内容及实践规律的清醒认识和本质回归。

整本书体量大、篇幅长、内容复杂，不论是"精耕细作"还是"囫囵吞枣"，不可能完全在教师眼皮底下完成，需要课外阅读的支持。那么，教师如何跟踪、指导、促进学生课外阅读，有效提高学生课外阅读的量与质，就成了"整本书阅读"学习任务群实施的关键问题。解决的方法可能有许多种，但我认为"阅读日记"是最经济、最有效的方法之一。阅读日记，将阅读与日记有机结合，既解决了日记难以"日日记"的问题，又解决了阅读不留痕迹和阅读思考无证据的问题。《福建省教育厅关于印发义务教育阶段学科课堂教学基本要求的通知》在附件针对"整本书阅读指导"明确提出了"倡导写'阅读日记'，倡导编作文集、诗歌集，运用现代媒体技术等展示阅读过程和阅读成果"。这就启发我们可以以阅读日记的方式推进整本书阅读指导。

一、保持记录：凸显日常性和持续性

虽然《义务教育语文课程标准（2011年版）》中未提及日记的相关要求，但是统编小学语文教科书三年级上册第二单元就编排有习作《写日记》，并要求"准备一个日记本"，"坚持写下去"，四年级上册第三单元又编排了习作

《写观察日记》。如此对日记进行跟进教学，不仅体现了教学要求和习作能力的进阶，而且是对"观察周围世界，能不拘形式地写下自己的见闻、感受和想象"以及"加强平时练笔指导，改进作文命题方式，提倡学生自主选题"等课标要求的积极回应，呈现了我国传统习作教学的成功经验，明晰了提高学生习作的重要举措和有效途径。这应该是2022年版课标将"日记"纳入目标要求的初衷。

学生难以坚持写日记，一大原因是没有内容可写。可是，一天之中总有各种事情发生，日记应当是最可能有内容的，长短皆可。比如，鲁迅先生在1931年9月撰写的日记中，30篇里就有6篇写着"无事"，而他从31岁（1912年5月5日）开始记日记，一直持续到逝世前一天（1936年10月18日）。显然，日记的关键在养成坚持记录的习惯，但对于教师和学生而言，写日记并不完全是这样的，它是有一定"教学性"的活动：一是要养成观察的习惯，二是要养成记录的习惯，三是为其他习作积累素材。这就引出了另一个难以坚持的原因"没用处"，即教师鲜少引导学生从日记中取材或将日记扩展为习作。长此以往，学生对于"写日记"的认知就更加模糊了。

阅读日记，恰恰可以解决上述难题。一则，无论是整本书阅读，还是单篇阅读，抑或其他形式的阅读，都是学生每天必做的功课；二则，既然有了阅读，可以记录的内容就绝对不会少。可谓读书不止，阅读日记不息，日积月累，自然就有了坚持阅读思考和精神成长的"字证"。

二、分门别类：思考存证，易于运用

和其他文体的写作一样，日记也有基本的格式，一般先将记日记的时间和天气情况等信息独立放在首行，并居中，再分段记录当日所做、所见、所闻、所感、所思、所念。以此类推，阅读日记的第一行可以遵循日记格式，第二行记录所读书籍的基本信息，如书名、作者/译者、出版社和出版时间等信息。由于这些信息直到读完这本书、进入下一本书的阅读时才会更新，因而同一本书后续的阅读日记就无须再标注此类信息，只要写上与所记内容相关的书本页码即可。以下是我撰写的一篇阅读日记：

12月18日　星期日　晴

《月亮和六便士》［英］毛姆著　傅惟慈译

上海译文出版社2006年版

翻开书读到译本序，便发现了一个惊人的秘密，大开眼界！现原文照抄如下：

"月亮"和"六便士"究竟有什么含义？一般人的解释（我过去也一直这样认为）是：六便士是英国价值最低的银币，代表现实与卑微；而月亮则象征了崇高。两者都是圆形的，都闪闪发光，但本质却完全不同，或许它们就象征着理想与现实吧！但笔者的一位海外好友——也是一位毛姆的研究者——有一次写信来却提出一个鲜为人知的解释。他在信中说："据毛姆说，这本小说的书名带有开玩笑的意味。有一个评论家曾说《人性的枷锁》的主人公（菲力普·嘉里）像很多青年人一样，终日仰慕月亮，却没有看到脚下的六便士银币。毛姆喜欢这个说法，就用《月亮和六便士》，作为下一本小说的书名。"可惜我这位朋友没有告诉我这段文字的出处，我想大概是记载在国外无数毛姆评价中的某一本书吧。

——《译本序》第3页

这就是将"阅读"与"日记"结合的最基本的方式。阅读日记的内容可以是"抄书"（摘抄），可以是"批书"（批注），可以是"改书"（改变情节，改变体裁等），可以是"问书"（提问题），可以是"议书"（议论书中的人物、事件、观点等），可以是"悟书"（联系生活体验或阅读经验，体悟书中的道理，类似读后感一类），可以是"续书"（续写），可以是"反思书"（反思自己读书的方法、态度、习惯等）。

1. 摘抄类——丰富语料积累。

无论是生活日记还是阅读日记，充实、丰富自己的语料库都是其基本功用。统编小学语文教科书从三年级开始就系统编排了多次积累新鲜语料的训练，如三年级上册第一单元的语文要素，也是整套教科书的第一个语文要素"阅读时，关注有新鲜感的词语和句子"；同册第七单元"交流平台"引导学生对摘抄进行整体性规划，以"我"的口吻，分别提出四类摘抄，即"读书时，我会画出写得好的语句，记录在摘抄本上"的常态摘抄，"我喜欢归类摘抄,把描写同类事物的语句分门别类地写下来,经常翻看,对我的习作很有帮助"的分类摘抄,"摘抄时,遇到写得生动的语句,我会在旁边写写感受,特别喜欢的我还会背下来"的感受式摘抄,"我会在合适的地方给摘抄的内容注明出处"的学术式摘抄。与之相应的阅读日记则有摘抄新鲜词句(包括新观点)、分类摘抄、摘抄并添加个人感受等。

由于阅读日记的格式规范已经要求学生在写作时记录准确的版权信息和相关内容的页码,当学生日后要完成相关主题的"简单研究报告",或者要参考或引用某本书的内容时,只需翻一翻阅读日记,就心中有数了,而且能够轻松解决"注明出处"的问题。

2. 笔记类——记录阅读思维。

笔记类阅读日记一般是记录我们在阅读中产生的思想碎片、思维火花,可以分为"一般性笔记"和"文学阅读笔记"两种类型。一般性笔记多指阅读过程中产生的思想碎片,如产生的疑问、受到的启发、激发的感受、触动的思绪、引发的联想与想象、形成的观点等,此外还包括遇到问题时,查阅资料或请教别人时获得的新知,以及反思阅读的过程等。文学阅读笔记,特指在阅读文学作品过程中产生的兴发感动。对学生而言,包括但不仅限于画一画小说人物关系图、预测情节发展(将预测的情节简单写出来)、猜一猜文中物件的作用、发表对内容的见解,以及为所读之书写一写推荐语等。

3. 创作类——促进创意表达。

创作类的阅读日记主要指为了学习作者的表达,特别是文学类作品中的联想与想象,而进行的"有创意地表达"。比如,在此类阅读日记中,学生可以尝试与小说中的人物对话,包括向人物提问、揣测人物心理等,可以向作者或小说人物倾吐心声,可以填补书中的"空白",可以适当改编情节,等等。前文提到的文学性阅读笔记和创作类阅读日记,都可以作为单元习作的素材甚至是初稿。教师可引导学生在此类阅读日记的基础上稍加修改、充实、润色,既降低习作难度,又发挥日记作用。

三、构建体系:实现整本书阅读"教—学—评"一体化

2022 年版课标为整本书阅读构建起从理念到实施的完整的课程体系,使

整本书阅读教学有了更明晰的依据。而阅读日记恰恰提供了更细致的支架，既能帮助教师有效指导、评价，又能帮助学生及时积累，并从输入转为输出。可以说，阅读日记是实现整本书阅读"教—学—评"一体化的重要途径。

对于"教"而言，阅读日记是阅读任务的驱动器。教师可以通过不同类别的阅读日记，逐步建立整本书阅读与教科书的联动机制。比如，教材要求完成摘抄，教师便以摘抄类阅读日记为主展开指导；教材要求学习预测策略、提问策略，教师便以笔记类阅读日记为主展开指导；遇到文学作品单元时，教师便以创作类阅读日记为主展开指导；等等。这样就可以破解日记难坚持、阅读无痕迹的问题。

对于"学"而言，阅读日记既是学生阅读任务完成的典型表现，又是学生核心素养的综合表现；既是阅读过程的记录，又是阅读成果的呈现；既是思维的过程，又是思维的结果；既是积累语言知识，又是创新语言表达。学生借助阅读日记，可以相对轻松地解决整本书阅读思考无证据而致浅表化的问题。

对于"评"而言，阅读日记可以作为评估学生整本书阅读的"量"与"质"的计量器。2022年版课标明确建议学生"采用读书笔记、读书报告会、读书分享会等方式引导学生高质量完成整本书的阅读"。阅读日记，是日常的丰富多彩的读书笔记，是读书报告会、读书分享会的重要内容和主要形式，教师可借此及时诊断、随时指导和反馈。应当说，阅读日记既是伴随读书过程开展评价的工具，又是评价读书效果的证据。长此以往，我们的课堂就能构建起整本书阅读"教—学—评"一体化的体系，既促进学生良好阅读习惯的养成，又提高学生的阅读能力和认知能力。

14. 不超标　分类别　少而精　亲力为

——小学语文作业设计研究

作业，自古就是教学的重要组成部分，是提高学习质量的重要保障。但是，把作业上升到国家高度，还是第一次。中共中央办公厅、国务院办公厅文件明确要"发挥作业诊断、巩固、学情分析等功能，将作业设计纳入教研体系，系统设计符合年龄特点和学习规律，体现素质教育导向的基础性作业"。那么，如何提高作业设计质量，进而实现减轻学生作业负担又提高学业质量的目标？

一、不超标

严格按照课程标准的要求，制定教学目标、选择教学内容、设计教学活动、实施教学并评估教学效果，是提高教学质量的基本要求。

而课程标准的要求又直接反映在教材中。因此，严格按照教材的要求，制定教学目标、选择教学内容、设计教学活动、实施教学并评估教学效果，是提高教学质量的基本要求。教学如此，作业也不例外。

然而，我们在"五项管理规定"专项调研以及平时下校听课中发现，老师拔高要求、超标超教科书教学和设计作业的现象相当普遍。例如，一年级汉语拼音单元的教学，课时作业就要求"我能看图，用拼音写句子""看图，把句子补充完整"。（一上教材直到《语文园地八》才安排了一次"新年快到了，给家人或朋友写一句祝福的话吧！"更何况，汉语拼音教学，不要求"给汉字注音"，不要求"用拼音代替不会写的字"。）比如，二年级老师就在课堂上讲"本体""喻体""比喻词"之类，并布置相应的作业，直接把七年级的要求"下沉"到二年级。（原来，二上《语文园地四》"字词句运用"编排

"下面的事物像什么？看谁想得妙，说得多"。)

如此超标超教科书的作业，给学生带来的只有紧张、压力、茫然和校外补习。因此，严格按照课程标准和教材要求设计作业，杜绝揠苗助长，是减负增效的基本要求、保底要求。

二、分类别

分类别，即作业设计方式、作业内容和作业形式等，都分类处理。

(一) 设计方式，分为"拿来"作业、"改造"作业和"原创"作业

不管怎样设计，都应该以教材和《教师教学用书》为基本原材料，对其进行加工、改造、拓展。这样既简便易行，又不至于超标拔高。

1. "拿来"作业。

就是将教材中的练习题、《教师教学用书》中的练习题以及正规出版物中的练习题，直接拿来给学生做。例如《语文园地》中"词句段运用"，便可直接拿来当作业。如四年级下册第七单元"仿照下面的句子，选一种情况写一组连续的动作"等。此类练习，课堂中练习了，课后还可以补充情境加以巩固。

2. "改造"作业。

同样，将上述材料中的练习加以改造，变成适合学生的作业，尤其是课文后面的练习。在课堂教学过程中，课后练习一般以口头表达的形式嵌入其中，部分重点训练的题目，不妨再以书面作业的形式巩固之。如《父爱之舟》课后练习："课文为什么以'父爱之舟'为题？从课文中找出相关内容说说你的理解。"在课堂教学中只"说说"自己的理解，在课后作业便可"写写"自己的理解，等等。

3. "原创"作业。

就是教师根据教学实际独立设计的作业。例如，将《语文园地》的"日积月累"设计成书面作业。统编教材此栏目主要承载中华优秀传统文化的"传承与理解"任务。如何将"传承与理解"做得活泼有效，而不陷于死记硬背、照搬照抄呢？如四年级下册第七单元"日积月累"，在课堂教学中，要朗读背诵，大致了解意思。课后设计两项作业："1. 制作书签。选择自己最喜

欢的一句，制作横排和竖排书签各一张。""2. 填空。真正的强者是战胜自我、超越自我，正如《_____》所言'_____'。"第一题将"摘抄"与自己的喜好（知道自己的喜好是深层次理解）和"书写提示"整合，使看似简单的摘抄变得更综合更具审美意味。第二题为学生创设一定的语境，既是理解又含运用，提醒学生要让经典在言语实践中"活"起来。如，《小英雄雨来（节选）》要求以小标题的形式概括情节（这是第二次出现，第一次在《西门豹治邺》一课），在学生完成二到六个情节的概括之后，设计一道作业："填空。第一个情节'游泳本领高'，又由四个小情节构成，即'家住还乡河→（　　）→（　　）→潜水溜走了'。"还有专门训练学生阅读能力的作业，可以用"阅读链接"中的文章作为情境材料，设计三五个问题，训练学生的检索、理解、运用、评鉴、质疑、创新等阅读能力。

（二）作业内容，分为基础性作业、个性化作业

国家"双减"意见明确要求，要"系统设计符合年龄特点和学习规律、体现素质教育导向的基础性作业。鼓励布置分层、弹性和个性化作业"。这告诉我们"基础性作业"是"规定动作"，必须设计、布置和完成；而"分层、弹性和个性化作业"是"自选动作"，教有余力者去设计，学有余力者去选择，充分体现因材施教原则。

那么，什么是"基础性作业"呢？简而言之，教科书中编排的"文后练习"和"单元训练"。一是口头作业。如朗读、背诵（有些课文或片段）、复述（有些课文要复述），对课后问题的回答（说一说、讲一讲），等等，这些口头作业，主要是融入课堂教学过程中，尽可能在课内完成。二是笔头作业。如每课"会写的字"的书写和组词造句等等（总体达到会认、会意、会写、会用）、课后练习中"写一写""填空""小练笔"、口语交际中的动笔练习（如四年级上册第一次口语交际《保护环境小建议十条》，六年级上册第一次口语交际"首先要写好演讲稿"）、写话/习作（含应用文和综合性学习中的写作练习、日记）、各《语文园地》中的练习（如"书写提示"中的书写、"字/词句段运用"中的练习），等等。这些笔头作业（包括适当增加的）既可以融入课堂教学过程中，也可以在课后完成。三是整本书阅读作业。即"和大人一起读"和"快乐读书吧"中"你读过吗"的书。这些作业必须课课都

有，人人须做且做得正确。

什么是"个性化作业"？既然是"个性化作业"，必然带有"分层、弹性"的性质，对于老师不一定人人都设计（可以由教研组提供），对于学生不一定人人都做。教材中的"选做"就属于此类作业，如四年级上册《西门豹治邺》课后"选做"："试着根据'阅读链接'中的剧本开头改编课文，并演一演这个故事。"这显然不是人人都要完成的。

（三）作业形式，分为口头作业、书面作业和电子作业

如前文所述，口头作业，如朗读、复述、背诵、回答问题、口语交际（特别是讲笑话、说新闻、即兴发言、演讲、好书推荐）等等，一般渗透到教学过程中，是教与学互动的基本内容。当然，也有专门的口头作业，例如，预习作业中的朗读课文，家庭作业中的（向家长）背诵、复述、访谈（搜集资料），等等。书面作业，如生字词抄写、组词造句、阅读练习题、日记/周记、阅读批注（读书笔记）、手抄报等等。如果有条件的，可以组建"班级学习微信群"，将朗读、日记等上传到班级学习微信群里展示；还有一些个性化的作业，可以给老师发电子邮件。

三、少而精

减轻学生作业负担，首先是从量上减下来，让学生从作业堆里解放出来，做做家务、看看风景、锻炼锻炼身体、好好睡觉。留下来的适量作业，必须高品质，即"少而精"，才能确保"减负不减质"。

（一）"少"是量上要求，要"按'时'设计"，"因'能'而异"

1. 按"时"设计。

"双减"文件再次明确"学校要确保小学一、二年级不布置家庭书面作业""小学三至六年级书面作业平均完成时间不超过 60 分钟"。这个时间是硬指标，布置书面作业要按照这个时间规定倒推着定量定难度。例如，如果当天只有语文和数学两个学科要布置家庭书面作业，就对半分——语数各 30 分钟。那么，老师就要思考 30 分钟能完成多少作业、完成哪些作业，并就此设计和布置作业。再看三至六年级的学生一分钟大概能写多少个字，以此来确定你设计的作业——阅读的时间、思考的时间和书写的时间，合起来不要超

过半小时。另外，书面作业当然不只是抄抄写写，还有阅读、思考、查阅资料等等。如此精确计算时间并布置家庭书面作业，才是落实文件精神。

2. 因"能"而异。

作业布置要根据学生的能力、要适合学生的能力，才能助长学生的能力。老师布置的作业要让学生"跳一跳摘到果子"，不要学生"跳三跳""跳五跳"还摘不到"果子"。

因"能"而异地布置作业，其可行性，有两个前提条件。一是观念更新。即确立所有学生都是"最优秀的"也是"待进步的"观念。最优秀的，是因为完成了力所能及的作业；待进步的，是因为学无止境都得向前进。只有这样，学生才敢于"选择"适合自己的作业，"放弃"不适合自己的作业；老师才有必要布置个性化作业。二是精心设计。老师精心设计出"基础性＋个性化"的作业供学生选择。"基础性"作业天天有、人人做，就像一日三餐定时、定量、定营养；"个性化"作业常常有，个别做，就像"啃骨头"。你完成了基础性作业，有时间、有兴趣、有精力，不妨挑战一下"啃啃硬骨头"；没时间、没兴趣、没精力，绝不勉强。

（二）"精"是质上要求，要用处更大一些的

从一个人的成长来看，喜欢阅读、乐于动笔、正确而流利地书写，显然是用处更大的——不管是在校学习还是在职工作。这些作业，同时也是思维含量更高一些的、综合性更强一些的。

1. 整本书阅读作业。

整本书阅读，到三年级就要阅读与动笔结合。例如，三年级边阅读边摘抄（注意"摘抄"不是简单的抄抄写写，而是或分类摘抄、或摘抄并写感受，还要注明出处）；四年级及以上边阅读边批注（注意批注不是随便圈圈写写，而是分角度地批注，或写得好的地方，或有疑问的地方，或有启发的地方，等等）；五、六年级还要每学期写一两篇读后感。

2. 练笔作业。

三年级学习记"日记"了，四年级学习记"观察日记"了，那么"日记""观察日记"可以天天有。"记"什么？记所见、记所闻、记所读、记所想、记所疑、记所摘抄、记所笔记。日记内容可长可短、可详可简、可文字可图

文结合。记日记，关键是养成勤练笔的好习惯。

3. 练字作业。

正确而流利地书写，是学生最重要的"功夫"（没有之一），因为所有纸笔考试的成绩都必须通过留存在答题卡上的文字符号来评判。如果学生的字迹潦草、错字率高、书写速度慢，所有"素养"都可能化为泡影。正确流利地书写：一靠规范的执笔、坐姿；二靠正确理解汉字"因义构形"的特点，尤其是难写易错易混字；三靠课课练习、天天坚持。

四、亲力为

学生的作业，老师必须亲力亲为，即亲自设计、亲自做过、亲自批阅。不管是口头作业还是书面作业，老师都先做过且做得正确，质量才不会低，效果才不会差。笔者还在师范学校念书的时候，就听宁志芳老师介绍她的备课经验——"对着镜子朗读课文数遍，直到自己满意为止"。后来又听于永正老师介绍他的备课经验——"课后的生字，要读一遍、写一遍、查一遍（字典）"。朗读、生字词都如此，其他自不必说。

15. 对标扣本命题　等级评定成绩

——加强考试管理背景下毕业班考试和成绩评定实践研究

教育部办公厅《关于加强义务教育学校考试管理的通知》明确指出：义务教育学校考试"主要发挥诊断学情教情、改进加强教学、评价教学质量等方面功能"，小学三到六年级由学校每学期组织一次期末考试，这些考试都"不具有甄别、选拔功能"。要发挥期末考试正确的功能和科学的价值，关键在于命题和成绩评定，即要"严格规范考试内容，合理控制考试难度，不得超越国家课程标准"，并严格"实行等级评价"。小学毕业班也不例外。

一、对标扣本命题

命题是减负增效的一把总钥匙，也是指挥棒。命题要对标课程标准的目标要求，将适合纸笔考试的目标要求转化为考试题目；要紧扣教材的"文章（课文）""文后练习""单元训练"系统，考查其所获得的知识和所培养的能力迁移运用到新情境的程度。换言之，命题要体现能力立意、素养导向，与教、学、评良性互动、合力育人。

（一）精选内容，考所当考

语文课程五个方面内容，即识字与写字、阅读、习作、口语交际和综合性学习，有的内容是不适合纸笔考试的，如口语交际、综合性学习。有的内容适合纸笔考试，如识字与写字、阅读和习作，但是，能考到的也只是少部分，只有选对了内容，考所当考，才可能考出所考。这三大内容，反映到考试卷中，分别归入"积累与运用""阅读与欣赏""表达与交流"等领域中。

适合纸笔考试的内容，还必须精心筛选、精心设题，才能考出所考。即便如此，所考出的也只是所当考的极少极小部分。盲目放大考试作用，是以偏概全；提前"消费"考试的"甄别、选拔"功能，是学生、教师负担重、压力大的根源。

（二）设置具体情境和典型任务

不论是"积累与运用"还是"阅读与欣赏""表达与交流"，其考试题目都"应以具体的情境为载体，以典型任务为主要内容"①，考查学生所学知识、具有能力迁移运用到"具体的情境"中的程度。如此命题，才能促进教、学、考有机衔接，形成育人合力。

1. 积累与运用。

主要考查学生在具体情境中正确识字写字、遣词造句、文学（包括语言）常识、古诗词句和经典名言警句的积累运用，背诵或默写的课文内容，等等。其情境，主要是模拟语境或任务。但是，模拟语境或任务要尽可能真实、真切，如"下列是小明同学摘抄的好词好句，有错别字的是哪一组？""小明同学给语文老师写了一则'毕业赠言'，引用了一句诗。下列诗句哪一句最为合适？"

［例］下列是小明同学对他阅读过的世界名著内容的判断，有错误的是哪一项？（ ）

A.《鲁滨逊漂流记》有着鲜明的"新时代"烙印。

B.《骑鹅旅行记》字里行间流露出"怀乡之情"。

C.《汤姆·索亚历险记》含着对自由的向往和对社会的讽刺。

D.《爱丽丝漫游奇境》在奇异的情节背后隐藏着严密的逻辑。

"积累与运用"主要以客观题（单项选择题、填空题等）为主，其目的是减少书写量、减轻记忆负担，以避免死记硬背、机械训练。

2. 阅读与欣赏。

"阅读与欣赏"领域，主要考查学生在真实阅读（文学类文本、信息类文本、非连续性文本等）中反映出来的阅读能力。命题要考出阅读能力，有赖于两个基本前提：一是阅读情境必须是真实的、陌生的、适合该年级学生阅读的；一是所设的题必须指向阅读能力（如检索、理解、运用、评鉴、质疑

---

① 中华人民共和国教育部. 普通高中语文课程标准（2017年版2020年修订版）[S]. 北京：人民教育出版社，2020.

创新）。

真实的，即必须是正式出版物（或官网、专业网页）中的文章或材料，且必须相对完整，同时注明作者和版权信息。陌生的，即学生没有阅读过的，"适合该年级学生阅读的"，即学生能够读得懂的、通俗的文章，而且文章不宜过长，以中年级 800～1000 字、高年级 1000～1200 字为宜。当然，由于语文本身的"模糊性"，制约了"适合该年级学生阅读的"精确性，给命题者选文带来一定的困难。如果平时没有积累，临时抱佛脚，想找到这样的阅读材料是很困难的。

3. 表达与交流。

"表达与交流"的情境，是模拟的情境，它包含习作情境和习作要求。习作情境尽可能真实、有趣、亲和。

真实，是指好像真的发生在学生身上或身边，真的存在于学生的生活世界或情感世界。有趣，是指情境有意思或好玩，能激发学生的习作兴趣。亲和，是指情境似曾相识，要求恰如其分，既符合课程标准的学段目标要求，又与教材的习作要求若即若离。

［例］在阅读世界名著中，我们认识了鲁滨逊、尼尔斯、汤姆·索亚、爱丽丝、阿廖沙、孙悟空、诸葛亮、薛宝钗、吴用等。如果他们能和你一起过一天，你打算邀请谁？怎样度过一天的时光？

要求：展开想象编一个故事，做到内容具体、语句通顺、感受真实，题目自拟。

（三）精心设题，考出所考

在适合纸笔考试的三大领域中，"阅读与欣赏"的命题难度最大，除了要精选阅读情境材料外，还要精心设题，方能考出阅读能力。比如，在阅读能力考查中，出现"词语解释""句式转换""选词造句"等类型的题，就不是考查阅读能力，因为离开所给阅读材料就能作答的都不属于阅读能力。

［例］阅读下文，按要求作答。

废塑料瓶可变身昂贵香草香精

英国《卫报》网站 6 月 15 日报道，科学家利用基因改造细菌将塑料瓶转化为香草香精，这是首次用废塑料制造出一种有价值的化学物质。

将塑料瓶升级转化成更有利可图的材料可以使回收过程变得更诱人、更高效。目前，在仅仅使用一次后，塑料作为一种材料的价值就会下降约95%。鼓励更好地收集和利用这种废物是解决全球塑料污染问题的关键。

研究人员此前已研究出突变酶，将用于制造饮料瓶的聚对苯二甲酸乙二醇酯聚合物分解成其基本单位对苯二甲酸。现在，科学家又用细菌将对苯二甲酸转化成香兰素。

香兰素广泛用于食品和化妆品行业，是生产药品、清洁用品和除草剂的重要大宗化学品。全球对香兰素的需求量正在增加，2018年为3.7万吨，远超天然香荚兰豆的供应量。目前，约85%的香兰素是用从化石燃料中提取的化学物质合成的。

开展这项新研究的英国爱丁堡大学的乔安娜·萨德勒说："这是第一例利用生物系统将废塑料升级转化为一种有价值的工业化学品，它对循环经济有着非常振奋人心的影响。"

同样来自爱丁堡大学的斯蒂芬·华莱士说："我们的研究挑战了塑料是一种棘手废品的观点，展示了塑料作为一种新的碳资源的用途，表明它能用于制造出高价值产品。"

全世界每分钟大约卖出100万个塑料瓶，只有14%的塑料瓶得到回收利用。目前，即便是那些回收利用的瓶子也只能被制成不透明的纤维，用于制造服装或地毯。

发表在《绿色化学》杂志上的这项研究利用基因改造大肠杆菌将对苯二甲酸转化为香兰素。华莱士说，科学家让细菌培养基在一整天时间内保持37摄氏度，与酿造啤酒条件相同。这使79%的对苯二甲酸转化为香兰素。

他说，接下来科学家将进一步改造细菌，以提高转化率。华莱士说："我们认为很快就能做到这一点。我们这里有一个令人惊叹的自动化脱氧核糖核酸组装设施。"他们还将努力扩大规模，以转化更多塑料。对苯二甲酸还可以转化为其他有价值的分子，比如一些用于生产香水的分子。

英国皇家化学学会的埃利斯·克劳福德说："这是一种非常有趣的利用微生物科学提高可持续性的方式。利用微生物把对环境有害的废塑料变成一种重要商品，是绿色化学的一次美妙展示。"

最近有研究显示，塑料瓶是仅次于塑料袋的海洋中第二常见的塑料污染物。2018年，科学家意外造出一种能分解塑料瓶的突变酶，随后的研究产生了一种能更快吞噬塑料瓶的超级酶。

（摘自2021年6月18日《参考消息》，有删改）

[注]①聚对苯二甲酸乙二醇酯聚合物：简称PET，是热塑性聚酯中最主要的品种，俗称涤纶树脂。②对苯二甲酸：一种有机化合物，是生产聚酯尤其是PET的原料。

1. 只使用一次后，塑料作为一种材料的价值就会下降约多少？（　　）

A. 14%　　　　B. 79%　　　　C. 85%　　　　D. 95%

2. 根据文本提供的信息，概括"将塑料瓶转化为香草香精"的过程，完成下列示意图。

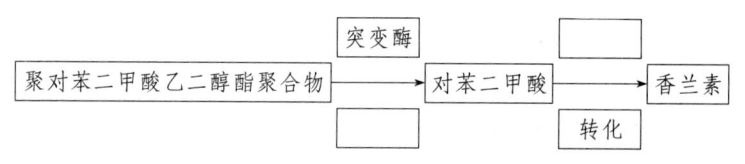

```
                    突变酶            ☐
聚对苯二甲酸乙二醇酯聚合物 ──→ 对苯二甲酸 ──→ 香兰素
                     ☐             转化
```

3. 邻居张大妈准备把收集的大量塑料瓶当作普通的塑料垃圾贱卖掉。请你写一段话劝劝张大妈吧。注意所写内容必须以此文本为依据。

4. 作者在文本中多次引用他人说的话，你认为这样写有什么好处？请根据文本写下你的看法。

5. 文本中说的这种突变酶可以分解塑料瓶，能不能分解塑料袋呢？

题旨说明：题1是考查对显性信息的检索能力，当然也是文本提供的重要信息，要能够快速提取并"记住"它。题2是考查对重要信息的概括能力，这种填空式、封闭性概括，主要是纸笔考试的特征。若平时教学，应该经历"定位信息→口头讲述→简要概括"的训练过程。题3是考查运用，运用文本信息解决现实生活中的简单问题的能力。这是信息类文本阅读的基本目的——获取知识（开拓视野）、运用知识（解决问题）。题4是考查评鉴能力，评价文本的表达方式的适切性或逻辑的自洽性，是"思维的创造与提升"训练。题5具有挑战性和探索性（不一定有确定的答案，重在引导学生发现问题），主要是考查学生的质疑创新能力（也是对四年级"提问策略"的检验）：一方面考查学生发现问题、提出问题的能力；另一方面引导学生提问，促进学生质疑，并将学生阅读的触角引向更广阔的文本外——到知识的海洋中游弋。

二、等级评定成绩

《关于加强义务教育学校考试管理的通知》明确要求：学校期末考试"实行等级评价，一般分4至5个等级"。这是时隔21年后，教育部再次通过文件的形式明确"实行等级评价"。首次出现，是在2000年教育部《关于在小学减轻学生过重负担的紧急通知》（教基〔2000〕1号）中，其表述为"小学生学业成绩评定实行等级制，取消百分制"。

然而，21年过去，分数依然大行其道。从今以后，分数——至少在小学阶段——是不是应该也必须进入历史博物馆了呢？

等级如何评定？笔者曾于2000年发表文章《"等级"怎么评定》。拙文提出四点建议：一要解放思想，转变观念；二要相对宽松，鼓励为主；三要综合评定，注重过程；四要相信直觉，担负责任。这四条至今依然可用。

更具体一点说，语文学业成绩"等级评价"应该包含两大方面：一是过程表现，以平时作业完成情况为主；二是结果表现，以期末考试情况为主。二者综合得出学业成绩等级。

过程表现，包括完成作业的态度和质量。按时完成作业、认真完成作业、及时订正作业，这种积极的态度是非常重要的学习品质。有了这样的态度，作业的质量也不会差到哪里去。过程表现按"4至5个等级"确定，如优秀、良好、达标、待进步。由于过程表现是过程性的，是日积月累的，是动态变化的，要以鼓励为主，要让学生看到自己的进步，因此，绝大多数学生应该获得"达标"及以上的等级。过程表现，要严格控制"待进步"的比例（如果"待进步"比例偏大，首先是教师的教育、辅导不力）。

结果表现，是期末考试的成绩。怎么做？第一，考试卷上直接采用"等级制"。第二，为方便操作，阅卷时用"比例制"，如"积累与运用""阅读与欣赏""表达与交流"分学段确定比例（建议第二学段为3∶5∶2，第三学段为2∶5∶3）。第三，将分数转化成等级，如优秀（85—100）、良好（70—84）、达标（50—69）、待进步（49分及以下）。

学业成绩等级,是将过程表现(相对主观)和结果表现(相对客观)综合起来评定的。综合时遵守就高不就低原则,让绝大多数学生得到"达标"及以上等级评价。比如,假若某生的结果表现为"达标",过程表现为"良好",其学业成绩的等级就是"良好"。以此类推。如此,才能真正实现小学生学业成绩评定的"诊断学情教情、改进加强教学、评价教学质量等方面功能",营造相对宽松的、从容的成长环境,最大限度地减轻压力和负担,使每一位学生都有信心、有动力地轻装前进、茁壮成长。

16. 聚焦写话/习作命题设计，促进书面表达能力健康发展

改进作业与考试命题设计一直以来都是教研工作的基本内容，但实际情况是，不论是一线教师还是教研员，对作业与考试命题设计及其研究都很有限，导致作业与考试命题设计的质量普遍不高，极大地消解了课程评价"促进学生学习，改善教师教学"的目的和功能，割裂了"教、学、考"之间的互动联系，无法促成"教、学、考有机衔接，形成育人合力"，无法形成"在课程目标引领下的备、教、学、评一体化的教学格局"。

2019年7月，中共中央、国务院印发的《关于深化教育教学改革全面提高义务教育质量的意见》规定，"考试内容要符合课程标准、联系学生生活实际"，要不断提高教师作业与考试命题设计的能力。同时，《教育部关于加强和改进新时代基础教育教研工作的意见》也明确要求"加强作业设计研究""提高考试命题质量"，并将其列为教研的"关键环节"。这一系列文件让改进作业与考试命题设计再度回归我们的视野。

考虑到在作业与考试命题设计中，"写话/习作"作业与考试命题设计既是重点，又是痛点，因此，本文聚焦"写话/习作"作业与考试命题设计，结合实例示范修改，尝试探讨促进书面表达能力健康发展的路径。

案例一：某校二年级下册第一单元练习作业的"写话"题

简单介绍一下你的一位家人吧！可以写一写他（她）是谁，他（她）长什么样子，他（她）有什么爱好，你们常常在一起做的事情……注意要写出他（她）与众不同的地方，语句要通顺，不会写的字可以用拼音代替。

对于二年级的学生来说，这个写话可不简单。从内容上看，需要写明人物的"样子""爱好"，需要写"一起做的事情"，等等，已经不简单了，还要

写出人物"与众不同的地方",更是加大难度。从课标要求和教材编排来看,写出"与众不同的地方",即"独特之处",是第三学段甚至是第四学段的习作要求,比如,统编教科书七年级上册第三单元的习作《写人要抓住特点》就提出"注意不要泛泛地叙述和描写,要抓住人物区别于他人的独特之处来写"的要求,二年级的学生要达到这样的目标自然是比较难的。从形式上看,要"分段叙述"(因为至少要写三个方面的内容),但"分段叙述"是五年级的习作要求,五年级上册第四单元习作《二十年后的家乡》才提出"分段叙述,把重点部分写具体",还要"语句通顺"(涉及句意完整、句间联系紧密)等,对于二年级学生而言也是不易达成的。

案例二:某校三年级上册第一单元练习作业中的习作题

说一说,写一写。

你的学校是什么样的?同学们在学校里做些什么?选择一个场景说一说。(教室里、操场上、花坛边、图书馆里、庭院里、凤凰树下)

我们的校园生活丰富多彩。_____

这道题主要有三个方面的问题:①非原创。翻阅统编教科书便会发现,这道题抄袭了本单元第一篇课文《大青树下的小学》课后习题的第三题,只是将"教学楼前""大树下"改为"庭院里""凤凰树下",因而是一项重复作业,而且是重复课后作业。②不规范。单元练习作业主要是纸笔练习,这道题名义上是"习作",题干却是"说一说,写一写",并要求学生"选择一个场景说一说",那么,学生到底是"说一说"还是"写一写"呢?③自相矛盾。如前所述,明明是习作,却选择一个场景"说一说",此为第一重矛盾;情境材料提示:"你的学校是什么样的?同学们在学校里做些什么?"提供的习作开头是"我们的校园生活丰富多彩",据此开头,学生只能紧接着某个"场景"中的"校园生活",就无法总括地描写学校是什么样的,此为第二重矛盾。

可见,"写话/习作"作业与考试命题设计,稍有不慎,或拔高要求,或模糊任务,势必会给学生顺利完成学习任务带来困扰,甚至对学生书面表达能力的发展造成不良影响。针对上述问题,我们可以从如下两个方面对"写话/习作"作业与考试命题进行修改。

一方面，依据课程标准。比如，在设计低年级写话作业与考试命题时，应关注课标对第一学段的"写话"提出的三个目标要求：①"对写话有兴趣，留心周围事物，写自己想说的话，写想象中的事物。"这是对写话的"情感、态度"和"内容"方面的要求。②"在写话中乐于运用阅读和生活中学到的词语。"这是对写话的"习惯"和"词汇"的要求。③"根据表达的需要，学习使用逗号、句号、问号、感叹号。"这是对句子的要求，即要求学生形成"句子"的概念。显然，"语句要通顺"不仅要求"句子完整"，还要求"句子之间联系紧密"。

另一方面，参照教科书。统编教科书从二年级第三单元开始，正式编排写话训练，并以情境的形式提出写话要求，如，"每个人都有自己喜爱的玩具。你最喜爱的玩具是什么？它是什么样子的？它好玩在哪里？先和同学交流，再写下来。""我会写在方格上""我知道标点符号也要占一格"（此为"泡泡"提示）。而在此之前，写话的训练只在《语文园地》的"字词句运用"栏目中出现，如一年级上册第八单元的"字词句运用"的第二题是"新年快到了，给家人或朋友写一句祝福的话吧"；一年级下册第八单元的"字词句运用"中提出"你有过下面的心情吗？说一说，写一写"（教材提供四个"表情包"图片，并附注"高兴""生气""害怕""难过"等词语）。这样的编排是符合课程标准要求的，同时也符合低年级学生识字、写字量尚有不足的学习实际。据此，我们可以这样修改案例一：

你有几位家人？你最喜欢谁？他（她）有什么爱好？你常常和他（她）做什么？先想一想，再写下来。注意标点符号要占格。

一般而言，单元练习作业中的习作要与教科书中的小练笔或习作形成一种若即若离或大同小异的关系，既是巩固，又是提升。因此，同样是参照教科书的编排设计和课标要求，"案例二"的习作的修改又有所不同。

比如，三年级上册第一单元的习作编排了"猜猜他是谁"的游戏：选择一个同学，用几句话或一段话写一写他；不能在文中出现他的名字，但是要让别人读了你写的内容就能猜出你写的是谁。之所以要将习作借助游戏的形式展开，是因为这是小学生第一次习作，关键要让学生感受到习作并不难，而且很好玩。当学生对习作不害怕，甚至还感觉到有趣，习作训练其实就成功一半了。所以，我们在设计这一单元的习作练习作业时，应该准确把握本单元的习作编排思路，再结合课标对于这一阶段习作的要求进行考虑。比如，案例二可以修改为：

你家里有哪些人？选择一个人，用几句话或一段话写一写他（她）。不能在文中出现他（她）的名字，但是要让家人读了你写的内容（或你读给家人听）就能猜出你写的是谁。

写的时候，先想好写谁、他（她）有哪些特别的地方，选择一两点写下来，注意开头空两格。

毫无疑问，作业设计也好，考试命题也罢，我们始终要以课程标准为导向，以教科书的编排意图为依据，在文字表述上要规范严谨，做到字斟句酌，在内容选择上要有的放矢，做到练有所成，从而确保练习或是考试的结果能够真实反映学生学习的成效，实现"教—学—评"良性互动。这样，既能促进学生学习，又能改善教师教学，久而久之，自然就能推动学生书面表达能力的健康发展。

17. 小学语文"跨学科综合性作业"设计的要领和原则

《义务教育课程方案（2022年版）》规定"原则上，各门课程用不少于10%的课时设计跨学科主题学习"。接着，教育部颁布《基础教育课程教学改革深化行动方案》明确将"跨学科主题学习""作业设计"等列为"实施教学改革重难点攻坚"项目，并要求引导教师"探索设计跨学科综合性作业"，以加快2022年版《义务教育课程方案》和各学科课程标准确定的"跨学科主题学习"落地的进程，提高实施的效果。教育部基础教育教学指导委员会和跨学科教学指导专业委员会还印发《关于开展第二届跨学科主题学习典型案例征集的通知》，以便在根据新课程方案和课程标准修订的教科书未发行之前，为广大一线教师提供"一批具有典型示范意义的教学案例，指导教师落实新课程改革要求"等等。这一系列举措，足见国家对"跨学科主题学习"的高度重视。"跨学科综合性作业"是"跨学科主题学习"（对应语文"跨学科学习"任务群）的主要内容和重要支撑。

那么，小学语文"跨学科综合性作业"怎么设计？我们先看一道"跨学科综合性作业"：撰写《关于〈爬山虎的脚〉的简单研究报告》（从课文《爬山虎的脚》衍生），涉及学科包括语文、美术、信息科技、劳动、科学和数学等。（时间跨度为一个学年，适合四至六年级）（见表1）

表1　撰写《关于〈爬山虎的脚〉的简单研究报告》跨学科综合性作业

语文	美术/信息科技	劳动	科学	数学
◇朗读（描写爬山虎的脚的内容） ◇口头介绍爬山虎	◇简笔画画出爬山虎的脚 ◇连续每天固定一	◇种植、养护爬山虎	◇搜集爬山虎的资料 ◇多种媒介观察、	◇测量并记录爬山虎的生长

续表

语文	美术/信息科技	劳动	科学	数学
的脚 ◇写观察日记 ◇撰写简单研究报告等 ◇办研究成果展	个时间（一周）拍摄爬山虎的脚照片或小视频		记录爬山虎的生长 ◇比较黄瓜、南瓜、冬瓜、西瓜、丝瓜、豌豆等爬藤植物的"脚"的同与异 ◇登录学习强国APP，向科学家提问：能不能利用爬山虎治沙防沙？	◇测量爬山虎的脚的受力情况

其中，仅"办研究成果展"一项，就是"跨学科综合性作业"。它至少包括：①策划一次《关于〈爬山虎的脚〉的简单研究报告》的成果展示活动，拟定成果展的计划（语文）；②拟定并发布征集参展作品的通知，设计海报（语文、美术）；③布展，包括选择展室、设计展区、安排展品等（美术、劳动、综合实践活动等）；④招聘讲解员，包括设计招聘广告、撰写讲解稿、拟定评选标准、组织评审等（语文、信息科技、综合实践活动等）；⑤总结、反思活动过程，包括写总结、报道稿等（语文）。

一、"跨学科综合性作业"设计的要领

从上述作业中，我们可以提炼出设计语文"跨学科综合性作业"的要领，即以语文课程标准为直接依据，以语文教材为主要资源。

（一）以语文课程标准为直接依据

作业评价是过程性评价的重要组成部分，作业设计是作业评价的关键。不管是基础性作业还是综合性、探究性和开放性作业（包括"跨学科综合性作业"）设计，都必须以2022年版课标为直接依据，确保实现教—学—评与新课标一致。

2022年版课标设置"跨学科学习"任务群，"旨在引导学生在语文实践活动中，联结课堂内外、学校内外，拓宽语文学习和运用领域；围绕学科学习、

社会生活中有意义的话题，开展阅读、梳理、探究、交流等活动，在综合运用多学科知识发现问题、分析问题、解决问题的过程中，提高语言文字运用能力"。"跨学科综合性作业"属于"跨学科学习"任务群，其设计不仅要符合"跨学科学习"任务群的宗旨，而且要把握不同学段作业形式和质量的"典型表现"（见表2），并注意"以观察、记录、参观、体验为主"。

表2　"跨学科学习"学业/作业质量（第一至第三学段）典型表现

学段	学业/作业质量标准
一	有好奇心和求知欲，喜欢观察、提问，能用自己喜欢的方式呈现学习所得。
二	乐于观察、提问、交流，能参与简单的活动策划、组织工作； 能根据不同学习活动主题搜集、整理信息和资料，提出自己感兴趣的问题； 能用照片、图表、视频、文字等展示学习成果，尝试写出简单的研究报告并与他人分享。
三	能利用多种信息渠道获取资料，在简单的调查、访谈等活动中记录真实生活； 能根据活动需要，结合自己的知识积累和生活经验提出要探究、解决的主要问题； 能借助跨学科知识和相关材料，与同学合作探索解决问题的具体方法，运用相关知识解释自己的想法，记录探究的过程及结论，写简单的研究报告； 能组织讨论和专题演讲，发表自己的观点，在交流反思中辨别是非、善恶和美丑； 能根据校园、社会活动的需要，自己或与同学合作撰写活动计划、实施方案或活动总结。

以2022年版课标为直接依据还意味着"跨学科综合性作业"设计，必然以"语文"为主要资源，用"语文"来"跨"其他学科。因此，必须"坚守语文学科本位""聚焦提高学生的语言文字运用能力"。

（二）以语文教材为主要资源

不管是根据2022年版课标修订的教材，还是现行统编教材，"跨学科综合性作业"设计都应该以教材为主要资源、为引线，自然"跨"其他学科。

就现行统编教材而言，"跨学科学习"集中体现在"综合性学习"单元（新修订教材将更名为"专题学习活动"）。具体为《中华传统节日》（三年级下册），《轻叩诗歌大门》（四年级下册）——这两个"综合性学习"是贯穿在普通单元中；《综合性学习：遨游汉字王国》（五年级下册）、《综合性学习：奋斗的历程》和《综合性学习：难忘小学生活》（六年级下册）——这三个是独立的"综合性学习"单元。这些单元可视同"跨学科学习"任务群，也是"跨学科综合性作业"。

此外，还分散在一些练习题中，如《西门豹治邺》课后练习题（选做题）的"创作剧本和表演课本剧"；习作《我做了一项小实验》《写观察日记》以及将习作编辑成"书"（现行教材有 3 本，其中 2 本诗集和 1 本纪念册；新修订教材还将增加 2 本，其中 1 本《中国的世界遗产》和 1 本《家乡的民俗》），等等。这些学习任务具有很强的综合性，"跨"了科学、数学、劳动、音乐、美术、信息科技等学科。

第三类，是以课文阅读为引线，"牵"出其他学科，共同完成的"综合性作业"。如《关于〈爬山虎的脚〉的简单研究报告》就是从课文《爬山虎的脚》阅读教学自然延伸出来的，由阅读理解作者观察描写的"爬山虎的脚"所长的位置、形状、爬行、受力等内容，到画画、种植、记录、实验、比较、撰写简单的研究报告、展示研究成果等，跨了美术等多门学科，有效"联结课堂内外、学校内外，拓宽语文学习和运用领域"，学生在比较长时间的实践活动中"综合运用多学科知识发现问题、分析问题、解决问题"，提高语言文字运用能力。

二、"跨学科综合性作业"设计的原则

"跨学科综合性作业"，首先是综合的，由于综合必然是开放的，综合的、开放的必然增加操作的挑战性。如果难以操作甚至不可操作，作业只是"画饼"，是不能"充饥"的。因此，"跨学科综合性作业"设计必须以综合、开放和可操作为原则。

（一）遵循跨学科综合性作业的"综合性"原则

提高语文教学的综合性，是语文课程实施的一贯追求，并且不断地丰富、充实，直到新课标将"跨学科学习"任务群纳入语文课程内容。

新中国成立后的第一部小学语文教学"纲领性文件"，就提出"协助组织一些读书活动""帮助学生编壁报或级刊"；1978 年"试行草案"进一步提出"让学生从小接触社会，热爱劳动，丰富语文教学的活动"；到 1986 年教学大纲就明确"要处理好课内和课外的关系。……还要有计划地引导学生参加一

些活动，让学生从小接触社会，热爱劳动，丰富知识，开阔眼界，有效地提高语文教学质量"。

1992年的教学大纲，在语文教学综合性方面有了突破性进展：一是增加一章"课外活动"，用5个自然段416字的篇幅阐述"课外活动是语文教学的有机组成部分"，明确"小学语文的课外活动包括课外阅读、兴趣小组活动和其他语文课外活动"并"注意和其他学科活动的协调配合"；二是强调语文教学"要重视听说读写之间的联系，使口头语言和书面语言相互促进。要注意课内和课外的联系。还要注意语文和其他学科的联系，做到相互配合、协调发展"。这一版教学大纲是实施素质教育的标志性、纲领性文件。

2000年试用修订版大纲，将"课外活动"升级为"语文实践活动"并首次提出"利用广播、电视、网络等媒体，拓展语文学习的渠道"，明确建议"要充分利用现实生活中的语文教育资源，优化语文学习环境，努力构建课内外联系、校内外沟通、学科间融合的语文教育体系。开展丰富多彩的语文实践活动，拓宽语文学习的内容、形式与渠道，使学生在广阔的空间里学语文、用语文，丰富知识，提高能力"。这一试用修订版教学大纲也是新中国第八次课程改革的前奏。

直到2001年，课程教学纲领性文件将"教学大纲"改为"课程标准"且九年一贯设计。2001年课程标准（实验稿）首次提出"综合性学习"，即"课程标准还提出了'综合性学习'的要求，以加强语文课程与其他课程以及与生活的联系，促进学生语文素养的整体推进和协调发展"。在课程目标的"总目标"中明确"学会使用常用的语文工具书。初步具备搜集和处理信息的能力"并分学段提出"阶段目标"。同时在"关于综合性学习"的教学建议中明确综合性学习的旨归，包括实施途径"要体现语文知识的综合运用、听说读写能力的整体发展、语文课程与其他课程的沟通、书本学习与实践活动的紧密结合"，还强调"合作精神，注意培养学生策划、组织、协调和实施的能力"，突出"学生的自主性，重视学生主动积极的参与精神，主要由学生自行设计和组织活动，特别注意探索和研究的过程"等。首次提出"提倡跨领域学习，与其他课程相结合"等理念。

2011年版课程标准基本延续了2001年实验稿的精神，但有新的发展，表现在：（一）明确语文课程的"课程性质"，即"语文课程是一门学习语言文字运用的综合性、实践性课程"；（二）在"总体目标与内容"增加"……积极尝试运用新技术和多种媒体学习语文"；（三）第一次出现"跨学科学习"，即在教学建议中明确"综合性学习的设计应开放、多元，提倡与其他课程相结合，开展跨领域学习。跨学科学习，也应以提高学生语文素养为目的"，等等。

2022年版课标迭代更新，不仅首次明确并独立设置"课程内容"，而且分三个层面设置了6个学习任务群，"跨学科学习"成为6个学习任务群之一。新课标从目标、内容、学业质量到实施建议等，形成完整的闭合的课程体系。

综上，"综合性"是"跨学科综合性作业"的第一属性、本质属性。

（二）遵循跨学科综合性作业的"开放性"原则

综合必然带来开放也必须开放；开放必然带来综合也必然促成综合。遵循跨学科综合作业的"开放性"原则，是设计和实践跨学科综合作业的必然要求。具体而言，"开放性"包含时空开放、心智（能力）开放和评价开放等三个层面。其中时空开放和评价开放，是外在条件；心智（能力）开放，是内在本质。外在条件为了内在本质、向着内在本质，内在本质因为外在条件、促进外在条件改变，二者互相依赖、互相促进、互相成就。

1. 时空开放。就时间而言，跨学科综合性作业需要更充裕的时间，课内加课外，主要在课外完成。课内时间极其有限，只可能用于布置或生成作业，规划或指导完成作业，展示或研讨作业。套用俗话，跨学科综合性作业，"时间不是万能，但没有时间万万不能"。就空间而言，跨学科综合性作业需要更广阔、更自由的空间。这个空间既需要现实的空间，如家庭、班级、校园、社区、社会、大自然；也需要虚拟的空间，如书本描绘的广阔天地和想象世界，网络营造的丰富的无限可能的虚拟世界，等等。有且能够利用虚拟空间，才能突破时间和现实空间的束缚，有效完成跨学科综合性作业，发展学生的核心素养。因此，必须树立"关注数字时代语言生活的新发展，体现学习资源的新变化""充分发挥现代信息技术的支持作用，拓展语文学习空间"等课程理念，才可能达成跨学科综合性作业的目标。

2. 心智（能力）开放。每一个孩子都如此不同。跨学科综合性作业不仅尊重每一个孩子的选择更发展每一个孩子的心智,"下要保底,上不封顶"。跨学科综合性作业不是闭门造车,也不是单打独斗,而是抱团取暖,践行整体大于部分之和的理念,体现并且发展多元智力。在跨学科综合性作业完成过程中,每一个学生都朝着既定目标分工合作、彼此互补,共同促成目标实现。小到养护一种绿植或者小动物,开个朗诵会、故事会,设计人工智能时代的未来生活,大到办戏剧节,起校园文化社团,组织"运用跨媒介形式分享研学成果"等跨学科综合性作业,都不是某个人能包揽能通吃得下的,必须发挥团队力量,利用团队资源,分工协作,彼此成就。在人人积极参与的过程中,长善展才,异彩纷呈。

3. 评价开放。时空开放和心智(能力)开放,必然带来评价开放,也必然需要评价开放。"一把尺子""一刀切""一碗水端平"完全不适合跨学科综合性作业评价。评价开放,一是内容开放。不要求每个学生都要完成所有作业,而是有选择地"各美其美"。二是结果开放。既重视评价过程也重视评价结果,"以学生在各类探究活动中的表现,以及活动过程中完成的方案、海报、调研报告、视频资料等学习成果为依据"。三是主体开放。对于跨学科综合性作业的评价,更加注重评价主体的多元与互动,即教师、家长、同学、志愿者,甚至于自己,都是评价者,更是参与者和加油者,备—教—学—评合力完成各项任务、达成目标。四是手段开放。既要充分利用传统的评价方式,如观察记录、成果展示、档案保存等;也要充分利用现代信息技术,如音频、视频、经教育部审核备案的专业小程序、经教育行政部门审批的表演或竞赛,等等。

(三)遵循跨学科综合性作业的"操作性"原则

跨学科综合性作业的综合与开放,必然给落实带来巨大挑战。如果作业设计得天花乱坠却难以落实甚至不可操作,如水中月镜中花怎么行?画个大饼充不了饥,徒耗时间和精力,还不如不要。

遵循跨学科综合性作业的"操作性"原则,就是要用教材、少而精、可选择、能共享。

1. 用教材。现行"统编统审统用"教材从三年级下册开始编排"综合性学习"单元(具体见前文)。这些内容大致需要2周教学时间,正好符合"用不少于10%的课时设计跨学科主题学习"的原则规定时长。换言之，三至六年级下册，只要好好完成教材中编排的相关内容就行，无须再设计跨学科综合性作业了。

一、二年级和三至六年级上册，就需要教师下工夫设计了。设计时，必须以课程标准为直接依据，以教材为蓝本自然衍生，比如，扩展"选做"题、做实"口语交际"（辩论、演讲、先调查再发表看法等）、编好几本"书"（教材要求将有些习作汇编成册——设计封面、插图、编排目录、撰写序言和后记、宣传"推销"等）。例如，一年级上册《语文园地八》"写一句祝福的话"设计为跨学科综合性作业——祝福新年快乐。强化小朋友的"亲子"关系和情感，培养动手能力、口头和书面表达能力、运用信息科技的能力以及团结协作能力等（见表3）。

表3　一年级上册跨学科主题学习作业——祝福新年快乐

语文	艺术	信息科技
◇听讲、介绍新年/春节的习俗 ◇模拟说祝福语 ◇写一句祝福的话	◇用彩纸制作祝福卡并折成鹤、船形 ◇在彩纸上插图	◇传递祝福：和家人配合录制祝福的音频或视频，在班级群分享

用足用好教材设计跨学科主题学习作业，使之成为课内与课外、书本内与书本外、语文与其他学科连接的纽带，既能确保语言文字运用为主线又经济便捷。

2. 少而精。虽然，数量少不一定质量就精，但是，质量精必须数量少。"贪多嚼不烂"，何况是只有10%左右的时间进行的跨学科综合性作业。其实，不管是基础性作业还是跨学科综合性作业，都应该"用少量、优质的作业帮助学生获得典型而深刻的学习体验"。如前所述，三至五年级下册只要教材中的一个单元、六年级下册两个单元足矣。以此类推，各年级每学期一到两次就差不多了。确定了量，便要做足"精"字文章，锚定语文课程性质，以训练和提高语言文字运用能力为旨归，融合其他学科实践。如四年级上册课文《陀螺》（还有六年级上册《竹节人》）——组织举办抽陀螺健身赛，包含制作陀螺（包括写制作说明，涉及语文、劳动、数学、综合实践活动等学科）、策划抽陀螺比赛（包括通知、制定规则、海报、邀请评委等，涉及体育与健康、语文等学科）、报道比赛（包括现场解说/播报、撰写报道稿、计划、总结、拍摄等，涉及语文、信息科技等学科）等等。

3. 可选择。俗话说"十个手指有长短"，智力各有所长，必须保护学生选择的权利。允许学生选择：一是在同一项跨学科综合性作业中的选择。一般地，跨学科综合性作业是团队——不同的学生在团队中扮演不同且擅长的角色——协作完成的，如抽陀螺健身赛，制作陀螺、现场播报、拍照摄影、邀请评委等，未必人人参加。二是设计至少两个项目供学生选择。如与《陀螺》同在一个单元的《一只窝囊的大老虎》，可以设计"课本剧表演"的跨学科综合性作业。即根据课文提供的线索创作《兄妹遇险记》（包括且不只"遇虎脱险"的情节）且改编成剧本（涉及语文学科）；排练表演《兄妹遇险记》课本剧（包括选演员、配音乐、通知、海报、搭舞台、设计服装、制作道具、拍照摄影、邀请观摩、宣传报道，等等，涉及语文、艺术、劳动、信息科技等）。那么，"抽陀螺健身赛"与"《兄妹遇险记》课本剧表演"就可供学生选择了。

4. 能共享。正如学生是团队协作完成跨学科综合性作业一样，教师也应该以团队协作来设计并协助学生完成跨学科综合性作业。首先，不同学科的教师可以集体备课，共同寻找学科之间的"跨"点，然后，以"点"带"面"设计出作业。其次，同一项作业可以让不同学科"共享"——只需要稍稍突出自己学科的特点即可。这样"放大"一项作业的效益，既减轻教师负担也减轻学生负担，实现"减负提质"目标。第三，要将读整本书（人文社科类、文学类、科普类、艺术类、科幻类等）、记阅读日记，作为所有学科最基础、最经济、最长效的跨学科综合性作业，把"爱读书、读好书、善读书"这件"国家大事"办好。

18. 改进综合性学习评价　培养学生综合能力

综合性学习，是为"加强语文课程内部诸多方面的联系，加强与其他课程以及与生活的联系，促进学生语文素养全面协调地发展"而设计的，它"主要体现为语文知识的综合运用、听说读写能力的整体发展、语文课程与其他课程的沟通、书本学习与生活实践的紧密结合"，是语文课程最具挑战的内容，也是落实最不到位的内容。统编教材大大减少了综合性学习的编排，使其更具综合性、操作性。从三年级开始编排综合性学习，每个年级一次，都在下册。三年级的《中华传统节日》与四年级的《轻叩诗歌大门》融合在阅读单元中，五年级的《遨游汉字王国》与六年级的《难忘小学生活》各是一个独立的单元。

综合性学习的评价应与其教与学相匹配，互动并进，即应着重考察学生的语文综合能力、探究精神与合作态度，主要着眼于学生在综合性学习过程中的各种表现。综合性学习的评价，既是"改进结果评价，强化过程性评价"研究的范围，又是"探索增值评价，健全综合评价"的题中应有之义。那么，如何通过科学的评价，督促和引导综合性学习呢？

一、明确综合性学习的目标任务

综合性学习需要口语交际，但远比口语交际课上的口语交际更真实、更复杂，因为要完成综合性学习任务必须走出教室，走进社区，走向社会。综合性学习需要阅读，但远比阅读课上的阅读更广泛、更驳杂，因为既要阅读静态的资料，还要"阅读"动态的生活。综合性学习需要习作，但远比习作课上的写作更多样、更实用，因为写出来的东西是经过调查研究、能够直接拿来用的。在综合性学习过程中，可能承受直接打击，比如，你去采访，别人不理不睬甚至教训你，怎么办？因此，你要有充分的心理准备。当然，强大的心理承受力，正是在受挫折的实践中锤炼出来的。

四次综合性学习的目标任务依次归纳如下。

三下《中华传统节日》：①分小组开展活动，了解我国传统节日的文化内涵和独特习俗，并用合适的方式记录下来。②整理收集到的资料，在小组内交流、补充，并商量怎样展示活动成果。③写一写自己家过节的过程，或者写节日中发生的印象深刻的故事。④评一评哪个小组的活动开展得好。

四下《轻叩诗歌大门》：①搜集自己喜欢的现代诗，写在摘抄本上，注明作者和出处。②试着写写诗，和同学交流创作的诗作和摘抄的诗作。③合作编小诗集。内容方面，可以是搜集的诗和自己写的诗，也可以是与诗有关的故事或资料；形式方面，是诗集册子（包括诗集名、封面、目录、插图等）；发表方面，在班里展示。④举办诗歌朗诵会，包括选诗、朗诵形式（个人或集体）、朗诵场所、推选主持人（写主持词）、安排节目顺序等。

五下《遨游汉字王国》：①自由组成小组，讨论可以从哪些方面了解汉字。②制订活动计划，根据计划开展活动。③搜集字谜，开展猜字谜活动。④搜集体现汉字特点的古诗、歇后语、对联、故事等资料，办一次趣味汉字交流会。⑤写一份简单的研究报告：可以是汉字历史、汉字书法或其他感兴趣的与汉字有关的内容，也可以是生活中用字不规范的情况。

六下《难忘小学生活》：①表达感激之情，分享难忘回忆。②制作成长纪念册。搜集、筛选成长资料；根据需要，给收集的资料分类；编排制作成长纪念册（命名、设计封面与扉页、撰写正文）。③举办毕业联欢会。写一份策划书，办一台联欢会（筛选节目、推选主持人、排节目单、写海报、表演等）。④写作。写一封信，选择倾诉对象、写信、寄信；写毕业赠言。

二、改进综合性学习的评价方式

综合性学习的评价方式必须与综合性学习活动相适应，教师可通过听取口头汇报、评估计划实施、举办作品展览，全方位地评价综合性学习的过程和成果。

1. 听取口头汇报。

综合性学习活动，其场所不都在教室里，其时间不都在课堂几十分钟里，其活动不都在教师眼前，其组织者也不都是教师，如《中华传统节日》要求"分小组开展活动，了解我国传统节日的文化内涵和独特习俗"，其场所就在社区或家庭，其时间主要是课余时间，其组织者是小组长。

评价活动开展的成效，不能只看结果，还要监控活动的过程，并即时指导或帮助解决问题。这样，教师需要不时地听取小组长的汇报，当然也要有选择性地听取组员的汇报。听取汇报，既是对小组活动成效的考查，也是对汇报者口语交际能力、组织能力、问题解决能力的考查。

四次综合性学习活动，听取口头汇报的评价方式无处不在，有些活动的成功与否正取决于这种评价方式，如举办诗歌朗诵会（《轻叩诗歌大门》），根据计划开展活动（《遨游汉字王国》），办一台联欢会（《难忘小学生活》）。因此，教师必须把听取口头汇报的时间节点、听取汇报的对象和内容等都写在教学设计中，以备活动过程中落实。

2. 评估计划实施。

制订计划、落实计划、总结经验教训，是综合性学习的重要内容。那么，评估计划的可行性、落实情况和经验教训，就是评价综合性学习的重要内容。虽然编者只在《遨游汉字王国》和《难忘小学生活》分别明确要求"制订活动计划，根据计划开展活动""写一份策划书"，但其他两次活动也必然离不开计划，没有计划的活动不是教学活动，必然陷入"有活动，无成长"的困境。如何评估计划实施呢？

一是要评价计划（或策划书）的规范性和可行性。计划是行动以前预先拟定的具体内容和步骤。活动前要想好具体内容和步骤，然后将其写下来，这属于应用文写作。策划是筹划、谋划，比计划还要高一筹。比如，举办毕业联欢会，要先筹先谋，此后再制订计划。学生写的计划或策划书是不是规范的应用文，具体内容和步骤是否可以落实，教师需要予以指导与评价。

二是要评价计划的落实情况。计划不能停留在纸上，关键是落实在行动上。个人或小组制订的计划落实了没有，落实得怎样，教师要紧紧盯住，或听取汇报，或查阅记录，及时跟进并指导。

三是要评价经验教训的总结情况。从拟写计划到完成计划，有哪些成功的经验、失败的教训，如何改进，教师都要引导学生认真梳理、反思、总结，并记录在案。这个过程，就是学生心智成长成熟的过程。唯有亲力亲为，才能实现，无法偷工减料，更不能绕过去。当然，学生撰写经验教训也需要学习、指导，贵在态度认真、心意恳切，不在篇幅长短。

3. 举办作品展览。

综合性学习，既重过程，又重结果，相对而言，结果更吸引眼球。结果有一篇篇习作，如经调查访问和查阅资料而写出的家乡传统节日、关于汉字或某姓氏的简单研究报告，有策划书、海报、现代诗、书信、毕业赠言，也有一本本作品集，如合作编的小诗集、家乡节日风俗手抄报、成长纪念册，还有一场场"会"，如现代诗歌朗诵会、趣味汉字交流会、毕业联欢会。

对结果的评价，更多地采取举办作品展览的形式，凸显其社会价值。家乡传统节日风俗可能填补乡志甚至县志的空白，诗集里可能有诗人的"种子"，毕业联欢会可能极大地提升学校的影响力。对这些成果的评价，不仅要"评"，还要"荐"（向社会或专业人士举荐），更要"藏"——将学生作品收藏在学校图书室（馆）或校史室（馆），使其成为学校图书（校史）的一部分，慢慢沉淀为校园文化，这其实就是增值了。

教材解读与教学建议篇

19. 基于程序性知识，提高阅读策略单元教学效益

2022年版课标明确提出"语文课程是一门学习国家通用语言文字运用的综合性、实践性课程"。高晶、王荣生等在《过程技能与"大概念"——以语文学科为背景》中提出，学习语言文字运用内在包含相互联系的三个方面：学习语言，学习有关语言的知识，通过语言开展学习。其中，"学习有关语言的知识，是语文学科中不可或缺的内容，并制约、影响着学习语言和通过语言开展学习"。更确切地说，教会学生学习语言的方法以及"阅读各种不同类型文章的方法"是语文课程的独当之任。然而，以往因为担心把概念作为考试内容，容易违背"语文知识的学习重在运用"的原则，所以语文课程有意淡化学习有关语言的知识。同时，教科书作为语文课程最直接的载体，更突出实践性，强调"多读多写"，自然对"学习有关语言的知识"有所忽视，这也是情理之中的。但是，诚如王俊鸣老先生在《唐宋诗词难点解读》中所说："'多'字经表面热闹，最后很可能使人丧失读书的乐趣与欲望，甚至使人变呆、变蠢。"倘若一味地关注"用得多"，而忽视知识本身，有可能造成语文教学的高耗低效。

为此，统编小学语文教科书加强了"学习有关语言的知识"，尤其是有关方法策略等程序性知识的学习，突出表现在三个方面：一是在低年级的课后练习、《语文园地》中提示识字方法，这是有关识字的程序性知识；二是从三年级开始，在每个《语文园地》中编排"交流平台"，梳理出如何学习语文的系列方法，这是有关阅读的程序性知识；三是从三年级开始编排阅读策略单元，重点训练如何"预测"（三年级）、"提问"（四年级）、"提高阅读速度"（五年级）、"有目的地阅读"，同样是有关阅读的程序性知识。基于教材编排

意图，本文以阅读策略单元为重点，进一步阐述如何基于程序性知识的内涵，提高阅读策略单元的教学效益。

一、了解阅读策略单元的编排意图

与普通单元的编排不同，阅读策略单元不仅把阅读策略的运用贯穿单元学习始终，而且加强了单元内部以及单元之间的联系，使之"结构化"。

从单元内部结构看，单元导读页是总提示，起统领作用；课文是实践场，一般都前有导语、旁有批注、后有解析，便学利教；"交流平台"是方法策略的梳理回顾。这样把阅读策略"是什么""怎么用""有什么用"清楚明白地写出来，让人读得懂、教得来。

从单元之间的联系看，教科书的编排体现了前有铺垫、后有跟进的交错互动循环往复的特点。比如，教材从三年级开始渗透"提速"策略。让学生"借助关键语句"理解或概括一段话的意思，"交流平台"又提示"默读的时候不要发出声音，也尽量不要用手指着读，否则会影响阅读速度"，这显然是提高阅读速度的基础训练。进入四年级，教材陆续提出"了解故事的起因、经过、结果"以及"关注主要人物和事件"等语文要素，既是把握主要内容的方法，也是提高阅读速度的方法，类似"为什么说雨来是小英雄？带着这个问题，尝试用较快的速度默读课文"(《小英雄雨来（节选）》)，"尝试用较快的速度默读课文。结合课文中的小标题，说说为什么称这个孩子为'男子汉'"(《我们家的男子汉》)，就是五年级提高阅读策略单元要学习的内容。紧跟在五年级"提高阅读速度"策略单元之后的《牛郎织女（二）》，要求"用上一单元学到的阅读方法，尽可能快地默读课文，了解牛郎织女故事的结局"，第八单元要求"用较快的速度默读课文"(《忆读书》《我的"长生果"》)，以及五年级下册古典名著单元提示学生"遇到不明白的语句，可以猜猜大致意思，然后继续往下读"或"能大致读懂就可以"，都是对提高阅读速度的补充和跟进。在六年级，教材不仅四次提出"用较快的速度默读课文"的要求（《灯光》《我的伯父鲁迅先生》《金色的鱼钩》《他们那时候多有趣啊》），而且编排了"有目的地阅读"策略，如"读文章时，与阅读目的关联性不强的内容，不需要逐字逐句地读，这样可以提高阅读速度"等，这显然是对提高阅读速度的巩固和提升。

由此可见，阅读策略是一根长长的线索和训练链条，贯穿整套教科书。教学设计和实施必须把握教科书的编排和用意，兼顾阶段性与连续性。

二、把握阅读策略单元的教学要点

在"布卢姆教育目标分类学"的知识类别中，策略属于"程序性知识"，是"关于如何做某事的知识"，它能加速促成从"不会做"到"会做"到"自动化地做"（即专家水平）。换句话说，阅读策略，就是关于如何阅读的知识，它能加速促成读者从"不会阅读"到"会阅读"到"自动化地阅读"。

程序性知识的教学，最有效的方式是引导学生拿来用且持续用，直至熟练用。之所以能拿来用，是因为读者只要对它有所了解（既了解它是什么，又了解它怎么用以及用了有什么好处），即可用，无须"探究"。因此，教师通过示范，让学生练习并锤炼技能，同时基于反馈，不断地在更加复杂、新颖的环境下，让学生持续练习，直至实现技能的自动化。在用的过程中，学生可以感到"有用"，即增强效能；学生可以感到"好用"，即加强体验。当然，学生也可能对其进行改进，甚至创造新的策略（知识），推动知识更新发展（如图1）。

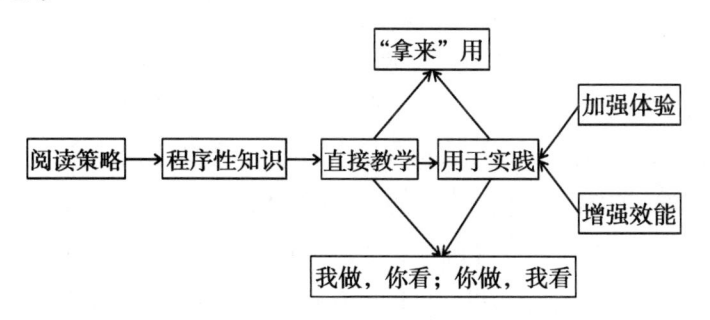

图1 阅读策略教学过程示意图

可见，阅读策略的学习不是离开阅读实践去记忆的，而是运用于阅读实践并为提升阅读理解力服务的。如果学生知道很多策略但从来不用，或只停留在记忆层面，那么，策略就是"死"的、是无用的。学生只有在运用实践中验证了这些策略是有用的、好用的，才能真正提升阅读的效能，增强阅读的获得感，从而更主动、更自觉地运用，形成阅读的良性循环。

1. 以"拿来用"为目的，优化策略教学。

(1) 了解策略。教师可以让学生独立默读教材相关提示，了解策略是什么、怎么用、用了有什么好处等。这是优化策略教学的基本要求。阅读教学的目的应当也必须引导学生走向自主独立阅读之路，在学生独立阅读的过程中，教师给予必要的指导。只是指导的比重因年级的不同而有所区别，总体上遵循一个从"扶"到"半扶半放"再到"放"的渐进过程。

以三年级的预测单元为例，单元导语页提出"猜测与推想，使我们的阅读之旅充满了乐趣"，这是告诉我们猜测与推想的意义；"一边读一边预测，顺着故事情节去猜想"，这是告诉我们预测的方法；"学习预测的一些基本方法"，这是告诉我们本单元的基本任务。课文《总也倒不了的老屋》共有7处旁批，提示学生可以根据题目预测、根据插图预测、联系生活经验预测、顺着故事情节去猜想等，课后以四名同学的对话进一步说明预测的方法和对预测的看法。此外，"交流平台"借助三名同学的对话，从不同侧面提示预测的意义和作用。这些都是关于怎么预测的程序性知识，教师可以让学生先自己读、自己琢磨，尝试记在心上。

(2) 尝试运用。课文是程序性知识的实践场，在这个实践场中，教师要着重引导学生运用并验证阅读策略的有效性，即让学生尝试用策略去阅读，教师组织和反馈，并相机点拨等。同样以《总也倒不了的老屋》为例，学生在读到课文题目和旁批"老屋总也倒不了，是被施了魔法吗"时，自然会产生往下读的愿望，以验证疑问（也是猜测）。这是教科书的示范。教师在课堂上还要了解学生的真实反应，看看学生还有没有其他猜测，如"为什么'总也倒不了'呢""'老屋'到底有多'老'了""'老屋'会遇到哪些人/事"等，以此作为预测学习的契机，可以更有效地让学生体验"用"。

又如，四年级上册的提问策略主要训练学生掌握提问的角度，学会判断问题质量，比如《一个豆荚里的五粒豆》课后引导学生从"针对课文的一部分内容"和"针对全文"两个角度提问；《夜间飞行的秘密》课后提示学生从"针对内容""针对写法"和"联系生活经验"三个角度提问；《呼风唤雨的世纪》和《蝴蝶的家》则引导学生练习筛选问题（暂时丢开"不影响对课文内容的理解"的问题）和解决问题（"选出你认为最值得思考的几个问题，并尝试解决"）的能力。这样的过程就是学生独立尝试用、同学互助用和老师指点用的过程，由此，学生既了解了程序知识，又可以运用程序知识，从而培养和提高理解课文的能力。

（3）迁移运用。尝试用了，有点感觉了，就应当到新的、陌生的情境中实践，加以检验、巩固。当学生运用这些程序性知识阅读课文，阅读效益有所提高时，教师就可以带着学生从课文迁移到陌生情境中，由一篇到一类、由一个单元到一整本书，让学生继续运用与体会。而这些"陌生情境"以及设计的阅读任务都应该与所学课文有所关联，以便学习迁移。例如，林应功老师在执教《什么比猎豹的速度更快》时，让学生运用"借助关键词句"提高了阅读速度，并发现"关键词句"大多在段首的特点，而后让学生在《还有什么比象龟更老》的阅读中实践，不仅帮助学生加快了阅读的速度，还让学生发现此类文章大多有将"关键词句安排在段首"的特点，提高了"这一类"的阅读效能。最后，林老师鼓励学生将"借助关键词句"阅读策略运用到《妙想科学》整本书阅读中，实现了阅读策略的"真用"。

2. 以"持续用"为追求，促进策略转化。

任何策略要转化为能力都必须经过持续的训练。"持续用"应遵循三条原则：①照着用，即按照教科书的编排，一个策略一个策略教得扎实，一步一个脚印渐进练习。②自觉用，即在学习完策略单元后，教师要加强督促。比如，学习了预测策略后，阅读故事类课文或整本书时，可以试试边读边预测；学习了"提高阅读速度"的策略后，可以观察学生是否可以"连词成句地读""跳读""带着问题读"，并且是否已经养成习惯等。③综合用。任何一个阅读策略都不是孤立的，而是融通的，要综合运用的。比如，"有目的地阅读"就要学生根据不同目的或任务选择相应内容，会运用提速策略，选定了内容后还要运用提问策略、预测策略等。如此，方能促进策略转化为学生真实的学习能力。

三、探索阅读策略的评价实施

虽然 2022 年版课标明确评价要"有利于促进学生学习，改进教师教学"，但是评价并不是跳出学生学习和教师教学之外的，而应融于学与教中，尤其要"注重伴随教学过程开展评价"。新时代改进教学工作就是要"形成在课程目标引领下的备、教、学、评一体化的教学格局",构建素养导向的教、学、评(考)良性互动的教学生态。但是,阅读策略的评价有其独特性,必须以"是否用"为原则,突出"有效用"为归宿,坚决杜绝死记硬背的现象。因此,过程评价更为适合阅读策略的学习,结果评价亦可有所尝试。

  阅读策略的过程评价主要体现在三个方面:一是在阅读策略单元的教学中嵌入评价,考察学生即时运用的能力;二是在阅读策略单元之后的教学中随时评价,考察学生持续运用的能力;三是在课外阅读中随机评价,考察学生运用的自觉性和成效,并及时跟进指导。阅读策略的结果评价则可通过创设情境、提供文本,要求学生完成指定任务,从而评价策略运用的成效。比如,评价预测策略时,教师可以提供故事的部分情节,要求补写或续写,并说明预测的依据,还可以尝试综合评价,即将学生所写与原情节对照,进行感受;评价提问策略时,教师可以提供文本,让学生按要求提问,既可以是自由提问题,考察其"按不同角度提问"的意识和能力,也可以是按角度提问,考察其在指定角度中所提问题的质量等;评价有目的地阅读时,教师应当意识到,其实所有的阅读能力测试都是典型的"有目的地阅读",或者说是运用有目的地阅读策略更快、更好地完成测试任务,因而教师可以进行"逆向"运作,让学生看问题明确阅读任务、阅读情境材料检索信息、整合信息解答问题,从而考察其相关能力。

20. 巧用策略　提高效能

——六上"有目的地阅读"策略单元教学建议

统编教材"针对很多学生在阅读中不能自发形成有效的阅读策略，阅读效率低下的问题"，"借鉴国外阅读教学研究理论成果，从中年级开始编排了阅读策略单元，以引导学生获得必要的学习阅读的策略，使他们成为积极的阅读者"。[1] 六上第三单元就是以学习"有目的地阅读"策略为主线组织单元内容的阅读策略单元。

因为是以阅读策略为主线组织单元内容，所以单元内容和形式都与普通单元有所不同，它兼顾了阅读策略的学习与阅读内容的理解，使之相辅相成。教学时，既要考虑学习阅读策略，更要考虑运用阅读策略以提高阅读效能。作为小学阶段最后一个策略单元，教学时，可以借助表格（见下表）和学生一起回顾学过的阅读策略，以旧带新，前后贯通。

小学阶段阅读策略单元一览表

策略	册别	课文	重点训练项目
预测	三（上）	《总也倒不了的老屋》《胡萝卜先生的长胡子》《小狗学叫》	学习根据文章的题目、插图、文章内容里的一些线索、生活常识等等，边读边预测，并及时修正自己的想法
提问	四（上）	《一个豆荚里的五粒豆》《蝙蝠和雷达》《呼风唤雨的世纪》《蝴蝶的家》	阅读时尝试从不同角度去思考，提出自己的问题，并筛选最值得思考的问题，尝试解决问题

---

[1] 陈先云. 课程观引领下统编小学语文教科书能力体系的构建 [J]. 课程・教材・教法，2019 (3)：86.

续表

策略	册别	课文	重点训练项目
阅读要有一定的速度	五（上）	《搭石》《将相和》《什么比猎豹的速度更快》《冀中的地道战》	运用"不回读""连词成句地读""借助关键词句""带着问题"等方法，提高阅读的速度
有目的地阅读	六（上）	《竹节人》《宇宙生命之谜》《故宫博物院》	要完成不同的任务或想探究不同的问题，就要选择不同的内容、采用不同的方法

通过表格梳理，我们不难发现"有目的地阅读"涵盖了前三个策略，它能够有效地提高阅读速度，它需要想清楚"问题"，它还可以通过所给的任务或问题预测文章或材料的内容，等等。换言之，"有目的地阅读"，"策略"是新的，"任务"是旧的；"选择"是新的，"方法"是旧的。这样，可以有效消解学生的畏难心理，保有良好的学习状态。

要顺利完成策略单元的教学任务，有效达到教学目标，就必须吃透教材编排特点和编者意图，明确单元内容结构，了解阅读策略内涵，运用阅读策略于阅读实践，合力提高阅读效能，促进深度理解。

一、明确内容结构，设计简约的教学步骤

与普通阅读单元不同的是，阅读策略单元中的课文联系紧密，作为一个整体呈现，突出训练目标的递进性和发展性。[①] 明确了内容结构，就有利于设计简约的教学步骤。

1. 明确内容结构。

单元内容主要包括课文内容和能力发展两方面。从内容编排上看，本单元文体多种，形式多样，篇幅都长，对学生来说都比较陌生，但都是训练"有目的地阅读"的好材料。第一篇《竹节人》，是记叙文，记叙的是"我"小时候做竹节人、玩竹节人的故事。故事并不复杂，但语言极具个性。不过，它是阅读策略单元的课文，"语言的个性"不是教与学的重点。第二篇《宇宙

---

① 陈先云. 课程观引领下统编小学语文教科书能力体系的构建[J]. 课程·教材·教法，2019(3)：86.

生命之谜》，是科普文，全文围绕"宇宙中，除了地球外，其他星球上是否也有生命存在"这个问题，层层推导。逻辑性极强，对六年级的学生来说难度不小。第三篇《故宫博物院》，是一篇"非连续性文本"材料（这是第二次出现此类文本。第一次在五年级《金字塔》），共四个材料，分别从不同侧面展现故宫，材料新颖，篇幅超长。

从能力发展上看，聚焦"根据阅读目的，选用恰当的阅读方法"进行阅读，总体呈发展态势，但又有所侧重。《竹节人》，重点训练因任务不同关注的内容和采用的阅读方法也有所不同，侧重"选择"能力训练；《宇宙生命之谜》，重点训练因自己想探究的问题的不同，关注的内容和采用的阅读方法也有所不同，侧重主动思考的"问题解决"能力训练；《故宫博物院》，重点训练取舍材料完成现实任务，侧重"学以致用"能力训练。它们都体现阅读理解是主动建构的过程的理念，即"阅读是一个选择与辨别的过程，绝非全盘吸收"[1]，所以，"读同一篇文章的两个读者永远不会建构出相同的意义。任何一位读者的意义都不会与作者的完全一致"[2]。

2. 设计简约的教学步骤。

教学时，要化繁为简，增强整体意识，遵循"整体着眼—局部深入—拓展运用"的教学思路，循序渐进地学策略、用策略，努力提高阅读效能。比如，首先让学生浏览整个单元的内容，在单元导读页的提示、课前导语（策略单元，不管是精读课文还是略读课文，都有课前导语）、旁批、课后练习题等地方作必要的批注（如记下要点、疑点、特殊点等），以帮助学生建立单元内容和结构的整体感；然后各篇击破、逐课教学；最后强化策略意识，拓展实践（如限期阅读百科全书，或带着不同任务或不带任务阅读，再检查效果——有没有用上、用好阅读策略）。如此持续训练，直至形成能力。

二、了解"有目的地阅读"策略内涵，知而用之

"学习策略包括两个方面，一是对有效阅读策略的知晓程度，称为阅读元

---

[1] ［美］科林·曼尔斯. 高效速读法［M］. 胡雪梅，李志强，译. 陕西人民出版社，1989：38.
[2] Ken Goodman. 谈阅读［M］. 洪月女，译. 心理出版社，1998：3.

认知策略。……二是对学习策略的运用"[1]，"研究发现，那些在学习中能借助恰当的策略的学生，比其他学生更有效，并且学习成绩也更好"[2]。因此，了解"有目的地阅读"策略的内涵，是阅读策略单元教学的逻辑起点。如果学生不知道什么是"有目的地阅读"策略，就谈不上运用此策略去阅读。只不过，对于小学生而言，不能从概念入手，更不能简单地背定义。

教学时，把"根据阅读目的，选用恰当的阅读方法"这句话，与三篇课文的课前导语和课后练习等联系起来，从具体内容入手，便不难理解"阅读目的"了。原来，阅读目的就是任务（或问题），任务（问题）不同，关注的内容自然不同；关注的内容不同，采用的阅读方法也会有所不同。三者之间环环相扣，层层递进。综合起来，就是"根据阅读目的，选用恰当的阅读方法"——"有目的地阅读"策略。你看，《竹节人》的课前导语："同一篇文章，阅读的目的不同，关注的内容、采用的阅读方法也会有所不同。如果给你以下任务，你会怎么读《竹节人》这篇文章？"课后练习题："为完成三个不同的任务，你是怎样读这篇文章的？和同学交流。"——以三个小伙伴分享经验的形式道出所关注的内容和所采用的方法。《宇宙生命之谜》则以旁批和课后泡泡明示之。最后，教材在《语文园地》的"交流平台"中，对此作集中梳理、提炼。综合课前导语、课后练习题、旁批、"交流平台"，不难发现阅读方法包括速读、浏览、跳读、细读、梳理、圈画（或批注）、批判性阅读、查阅资料、先想后读等九种阅读方法。这九种阅读方法都是学过的。这九种阅读方法就像一套"组合拳"，先针对特定任务分练习，然后组合起来综合用，就可以胜任解决阅读问题，完成阅读任务了。

理解是运用的基础，运用又能促进理解。阅读策略单元的教学，应该先了解策略内涵，再运用于课文阅读，并在运用中反思策略，加深理解，最后养成自觉，成为能力。

三、运用"有目的地阅读"策略阅读，用而有效

了解阅读策略相当于"纸上谈兵"，运用阅读策略才是"真枪实弹"。将

---

[1] 陆璟. PISA测评的理论和实践 [M]. 华东师范大学出版社，2013：86.
[2] 陆璟. PISA测评的理论和实践 [M]. 华东师范大学出版社，2013：101.

阅读策略付诸实践且不断地提高阅读理解力，才是编排阅读策略单元的真正目的。因为，"不论是为消遣而阅读，还是为需要而阅读，我们读书的目的始终是求得理解"①。

1. 运用策略，整体把握。

关注课文外的信息，快速把握文章主要内容。阅读时，关注课文外的信息，如注释、旁批、导语、课后练习题，以及《语文园地》中"交流平台""词句段运用"等栏目提供的信息，以帮助对课文的理解，是重要的阅读策略。这一阅读策略不仅适用于课文阅读，也适用于一般阅读和测试，一旦会用则终身受益。如《竹节人》，关注导语和课后练习题的提示，再快速浏览课文，便能轻松地把握课文内容（由"做竹节人""玩竹节人""被老师没收"三个部分构成），迅速把长文读短。《宇宙生命之谜》，关注导语、旁批和课后练习题的提示，再快速浏览课文，围绕"宇宙中，除了地球外，其他星球上是否也有生命存在"这个问题，分析作者研究（行文）的思路（理论上存在→生命存在的条件→太阳系除地球外尚不存在、有待进一步研究→从陨石上发现存在有机分子、说明太空可能存在→人类一直在探索）轻松地化难为易。《故宫博物院》，关注导语、小标题和"资料来源"等提示，同样能快速把握四个材料的主要内容（材料一是故宫博物院的建筑介绍，材料二是太和门失火的故事，材料三是官方网站的一张网页，材料四是故宫平面示意图），轻松地化繁为简。

2. 任务驱动，分组学习。

在整体把握了课文的主要内容之后，便让学生自由（或由老师指定）领取任务，并将相同任务的组成学习小组，根据不同任务（或问题），选择相关内容，采用相应方法阅读，完成任务。例如，《竹节人》，领取"写玩具制作指南，并教别人玩这种玩具"任务的小组，就细读第一部分（1～19自然段），动笔写"玩具制作指南"［教学时，可以回顾五（上）第五单元的习作例文《风向袋的制作》］、组内互相"教别人玩这种玩具"（相当于复述）。领取"体会传统玩具给人们带来的乐趣"任务的小组，就精读第二部分（这一部分比较复杂，与第一部分、第三部分都有交叉，如做玩具、玩法、偷看老师玩

---

① ［美］科林·曼尔斯. 高效速读法［M］. 胡雪梅，李志强，译. 陕西人民出版社，1989：11.

等,都是"乐趣"的重要组成部分。教学时要适当点拨。但主要部分是玩法、下课玩、上课玩,即8—21自然段,认真琢磨哪些方面具体表现出"竹节人"之"趣"和"我们"做(玩)之"乐"的。(阅读时,批注、想象、朗读,这些方法大派用场;概括、举例、论证,这些能力须得训练。)领取"讲一个有关老师的故事"任务的小组,就好好读第三部分(第20自然段到结尾),重点梳理故事的起因(上课玩、被没收)、经过(下课找、未扔出)、结果(趴窗偷看、玩得入迷),体会老师玩竹节人的"乐趣"(既写出老师的童心,又衬托竹节人的魅力,还表现"我们"的可爱),然后讲故事(相当于创造性复述)。

《宇宙生命之谜》,想探究"科学家是怎么判断其他星球有没有生命的呢"这个问题的同学,细读2~9自然段,借助旁批,把握科学家判断的方法、推导的过程,并能讲述(相当于简要复述)出来。想探究"人类是否有可能移居火星"问题的同学,细读有关火星的内容(5~8自然段),讨论移居的可能性(教学时,引导学生先根据文本提供的线索列出"可能"与"不太可能",然后借助课前查阅的资料,依据文本提供的信息,学习课文第3自然段的表达方式——分点列条地、有理有据地陈述——现学现用,这也是《语文园地》"词句段运用"的练习)。

《故宫博物院》,领取"为家人计划故宫一日游,画一张故宫参观路线图"任务的同学,重点阅读材料一、材料三和材料四,然后画路线图(教学时,要求学生在重点参观的景点下批注出景物或建筑特色)。领取"选择一两个景点,游故宫的时候为家人作讲解"任务的同学,重点阅读材料一和材料二(教学时,提醒学生注意:一是选择印象最深的景点;二是注意讲解时多讲点故事),并回顾四(上)习作《推荐一个好地方》和五(下)口语交际《我是小小讲解员》,以旧带新。

3. 交流分享,互补共赢。

各小组完成任务之后,组织全班分享活动,各组汇报学习所得,其他小组认真倾听,必要时也可以提出疑问让其补充说明或教师讲解,互补共赢。这个教学活动非常关键,其效果一方面依赖教师的教学组织能力,另一方面需要教学观念更新。相对而言,教学观念更新更为重要,若教师还是习惯地采取从头教到尾的"线性解读"[①]式推进教学,平均用力,每位学生每项任务都要完成,置"选择"于不顾,这就是既没有领悟教科书编者意图,也没有明白语文教材与教学内容之间的关系。从编者意图上看,运用"有目的地阅读"策略,就不需要每项任务都完成。教材编者明示"读文章时,与阅读目的关联性不强的内容,不需要逐字逐句地读,这样可以提高阅读速度。如,带着'写玩具制作指南,并教别人玩这种玩具'这一任务读《竹节人》,有关玩竹节人的有趣经历这部分内容,浏览一下就可以了"。从语文教材与教学内容关系上看,"语文教材不等于教学内容。从教学的角度来说,教学内容是为实现语文教学目标,对教材内容进行二度开发,既包括对现有教材内容的直接选用,也包括对教材内容进行处理加工和改造"[②]。——这是非常重要的教学观念。如果教师不转变观念,还是普通单元怎么教特殊单元(如策略单元、习作单元)也怎么教,昨天怎么教今天还怎么教,千"课"一面,千篇一律,那么,普通单元也教(学)不好,特殊单元也教(学)不好,阅读策略学不了,阅读理解也做不好,两败俱伤。

总之,"有目的地阅读"策略单元的教学,要整体把握教学内容及其结构,引导学生了解策略内涵,主动用于阅读实践,努力提高阅读效能,促进深度理解。

---

① 王俊鸣. 唐宋诗词难点解读 [M]. 学苑出版社,2019:284.
② 陈先云. 语文教学应当轻装前行——统编教科书使用中应注意的几个问题 [J]. 小学语文,2020(3):8.

21. 整体观照，边写边读，优化习作单元教学

统编小学语文教科书编排的习作（从写话开始）是一个发展着的整体。8个习作单元、60余次的单元习作（含写话）、近百次"字词句段运用"，以及"小练笔""综合性学习"中的写作练习等，共同构成了这一整体。因此，我们在解读与教学习作单元时，必须把握这一整体，在精读课文与习作例文中找准习作的"支点"与"生长点"，有效解决学生习作中真实存在的问题，在反复的"写—读—改"训练中渐进提高学生的写作与交流能力。

一、把握学习任务群这个"整体"

从横向看，可以将习作单元视为某种写作技巧训练的具体操作系列。单元导读页的"习作要素"贯穿于本单元各阅读材料和训练项目：①两篇精读课文意在丰富感性认识，是习作要素的具体化，聚焦"向作者学表达"（尤其是课后练习，是习作要素的实践"支点"）。②"交流平台"意在引导理性思考，是从精读课文中提炼出的有关"怎样写'这篇'"的方法。③有了感性认识又有理性思考，就可以初试身手。④随后两篇习作例文（附有旁批），则是感性与理性的进一步结合。它们从不同角度为学生示范"习作"，并提供"直接用"的材料。同时，教材给出的旁批又起到强化感性与理性的联结作用。⑤最后的单元习作意在直接检验习作要素的落实效果。由于教科书的呈现方式只能是"线性"的，笔者以六年级上册习作单元为例具体说明。

本单元习作要素是"围绕中心意思写"，两篇精读课文《夏天里的成长》和《盼》，前者的重点是理解作者"选取不同的事例"来表达"中心意思（夏天里的成长）"，后者的重点是理解作者"从不同方面"来表达"中心意思

（盼）"，且通过"重要部分写详细些、具体些"突出中心意思，增强表达效果。"交流平台"提炼出"从不同的方面或者选取不同的事例来写""将重要部分写得详细些、具体些"等方法。"初试身手"重点训练学生围绕中心意思选择材料的能力，是点对点的小练习。两篇习作例文更贴近学生生活和习作实际，如《爸爸的计划》以不同的事例写出爸爸"爱订计划"的特点，《小站》从不同方面表现小站的"小"，但二者在写作技巧上略有不同，前者在众多事例中详写"订暑假计划"（有详有略），后者"最后两段没有再写小站的'小'"，别有深意。最后的习作"围绕中心意思写"则要求学生将所学内容转化为习作实践，以便检验。如此，教材便将阅读与习作相融，进而完成对"围绕中心意思写"的深化。

从纵向看，可以将统编教科书的习作单元视为整个训练的发展渐进系列。从最初的学习观察和大胆想象（三年级），到学习写清楚和按顺序写（四年级），再到学习将事物说明白和将人物特点写具体（五年级），以及学习围绕中心意思写和写出真情实感（六年级），这显然是一个循序渐进、循环往复的能力系列。当然，这个系列不是孤立的、线性的，而是相互联通的，是涓涓细流汇聚的"流程"。

因此，在整体观的观照下，在"写一篇习作"的任务驱动下，习作单元的精读课文和习作例文与普通单元的精读课文和略读课文的教学必然有所不同。前者"在理解内容、积累语言方面不作更多要求，而是注重引导学生体会课文在表达上的特点，学习课文的表达方法"，后者因其"贴近儿童的生活，便于学生仿写"，是仿写的模子，也是"这篇"习作的"样子"。

二、找准精读课文与习作例文的"支点"

8个习作单元，是8个循序渐进的、关于怎样"写一篇习作"的支点和生长点。这个支点主要体现在精读课文和习作例文中，即"课文在表达上的特点"和"课文的表达方法"。教师在教学中，都要找准习作支点，聚焦习作支点，用好习作支点，精选教学内容，精心设计和组织教学活动，完成向作者学习写一篇习作的任务。这个支点之外的内容，教师或可作简略处理，或可暂时跳过去。

那么，支点在哪里？我认为应当是在精读课文的课后练习、习作例文的旁批和思考题中，当然也会在单元导语页和"交流平台""初试身手"和习作的提示中。教学时，教师要通读这些栏目的提示，这里的通读不仅是指教师的独立通读，而且是指教师须陪着学生通读——读出三者之间的关联，然后聚成一"点"。比如，四年级的学生虽然写过不少记事的习作，但在"把一件事情写清楚"方面仍存在困难，需要向作者学习这一能力。结合四年级上册习作单元提出的"语文要素"是"了解作者是怎样把事情写清楚的""写一件事情，把事情写清楚"，我们可以将这两点归纳为：把一件事写清楚。

同时，这一单元精读课文《麻雀》的课后练习是"说说课文围绕麻雀写了一件什么事，这件事的起因、经过和结果是怎样的"，《爬天都峰》的课后练习是"这篇课文写了一件什么事？是按照什么顺序写的？课文是怎么把'我'爬山的过程写清楚的"，可见都是为了让学生在阅读文本的过程中了解"把事情写清楚"的基本方法。屠格涅夫在《麻雀》中将事情的起因（猎狗路遇从巢里掉下来的小麻雀，准备吃掉它）、经过（老麻雀从树上飞下来，用身躯掩护着小麻雀）、结果（"我"唤回愣住了的猎狗）交代得清楚。黄亦波在《爬天都峰》中按照爬山的顺序把这件事情写得清清楚楚，还把"开始不敢爬—遇到老爷爷—和老爷爷一起爬—爬上天都峰顶的鲫鱼背"的过程刻画到位。

此后的"交流平台"通过四名学生的阅读心得进行方法提炼，提高学生对"怎样把事情写清楚"这一程序性知识的理性认识：一是要按照一定的顺序写，二是要把事情的起因、经过、结果（包括时间、地点、人物）写清楚，三是要把看到的、听到的、想到的都写下来。那么，进入具体的写作中，是不是这么回事呢？"习作例文"给出了回答。虽然这篇文章也是名家作品，但写法更贴近学生的习作实际，因此更适合学生模仿、迁移。比如，《我家的杏熟了》附带四处旁批，其中，第二处旁批"交代了事情的起因"，第三处旁批"奶奶'打杏''分杏'的动作、语言写得很清楚"，第四处旁批"结尾交代了奶奶'分杏'这件事对'我'的影响"，分别点明作者是怎样把事情的起因、经过、结果写清楚的，同时第三处旁批还点出要把"看到的（动作）、听到的（语言）、想到的都写下来"。《小木船》亦如是。有了这样的感性积累和理性认识，学生完成最后的习作"选一件你印象深的事，按一定的顺序把这件事情写清楚"应该就不怎么困难了。教师只需要引导学生在写的过程中,不时地回想从课文或习作例文中获得的经验,不时地反思从"交流平台"和旁批中获得的方法即可。

其实,不管是寻找支点、聚焦支点还是用支点,我们都遵循从感性到理性再到感性的原则,即在课文和习作例文的阅读中获得充分的感性认识,再结合"交流平台"和旁批的提示增强理性认识,最后在"初试身手"和习作及其修改中实践,完成理性与感性的有机融合。这个过程不是接力棒式的线性解读,而是滚雪球式的交错回环,即学生在阅读课文和习作例文时、在"初试身手"和习作及其修改时,始终伴有理性认识以及融入理性色彩的感性认识。而在阅读"交流平台"和旁批的提示时获得的理性认识,又是建立在丰富的感性认识基础上的。如此,感性与理性、阅读与表达方能互联互通、相辅相成。

三、解决学生习作中真实存在的问题

习作单元的教学,要努力解决"怎样写出符合'这篇'要求的习作"这个问题,除了要以整体观进行观照,还要精准把握学生在写作方面的学情,基于学生习作中真实存在的问题,反向思考教学活动设计。因此,"先习作(也已经写过的同类习作),后阅读"是一种有效的解决途径。

一方面,"先习作,后阅读"利于学生主动学习,当学生在习作中遇到了真实的困难、处于愤悱之状时,往往更能产生主动寻求帮助、希望解决的强烈愿望,进而学会向作者学习,即在精读课文和习作例文的阅读中获得启发,最终解决问题;另一方面,"先习作,后阅读"便于教师从学生习作中发现问题,进而采取有针对性的指导,提高教学效率。比如,"写身边的事物"这篇习作的难点可能是观察不够细致,也可能是不善于把"观察事物"放在故事中。那么,在阅读本单元的《搭船的鸟》《金色的草地》时,我们就会注意作者是如何将"观察"置于故事中的。比如,《搭船的鸟》的作者是在"和母亲坐着小船,到乡下外祖父家里去"这个故事中观察翠鸟;《金色的草地》的作者是在"和弟弟常常在草地上玩耍"这个故事中发现草地会变化颜色。因此,如果难点在于"观察不够细致",教师就可以侧重让学生向作者学习怎样观

察；如果难点是不知道怎样呈现观察所得，教师就可以引导学生像作者那样把"观察"放在故事中，从而将观察写清楚、写具体。

其他习作单元亦可作如是观。如三年级下册习作单元要求想象故事，难点是学生想象不够大胆；四年级上册习作单元写一件印象深的事，难点是学生难以将起因、经过、结果写清楚；四年级下册习作单元要求写游览一个地方，难点是学生不能按一定顺序写景物；五年级上册习作单元要求介绍一种事物，难点是学生不能抓住主要特点，并运用恰当的说明方法"说明白"；五年级下册习作单元写一个人，难点是学生不能抓住人物特点，并运用描写人物的方法写具体；六年级上册习作单元要求写生活中发生过的事情或想象故事，难点是学生无法确定或扣紧、突出中心意思；六年级下册习作单元写一件事情，难点是学生不知道怎样流露真情实感……怎么办？自然就是到精读课文中向作者讨教，从习作例文中迁移思路和写法。学生可以直接向作者"拿来用"。可见，先写后读及至边写边读可以有效降低习作的难度，提高学生的习作水平。

总而言之，习作单元的教学可以适当打破精读课文与习作例文教学、阅读与习作教学的界限，突破传统课时安排成例，大胆取舍，精准选取教学内容，为"写"所用，进而整体地设计教学活动，使其真正服务于"写一篇习作"。

22. 读课文　用课文　学写美景

——四下第五单元习作单元教学建议

一、单元语文要素解读

统编教材小学语文执行主编陈先云先生对习作单元编排有深刻的认识，摘录如下：

教科书中的习作单元自成体系，每个习作单元的课文分为精读、习作例文两类。精读课文在理解内容、积累语言方面不作更多要求，而是注重引导学生体会课文在表达上的特点，学习课文的表达方法；习作例文贴近儿童的生活，便于学生仿写。其间，以"交流平台"的形式对本单元的习作方法与策略进行梳理和归纳，在"初试身手"中提供一些片段练习或实践活动，让学生试着用学到的方法练一练。在学生充分获得感性认识的基础上，运用一定的习作方法练习习作。习作指导强调修正的过程，增强精读、交流平台、初试身手、习作例文与习作之间的整体意识。学习习作单元之初，教师要让学生明白，本单元的学习主要是写一篇习作，单元中的各项内容都是围绕此次习作编排的，各项内容之间环环相扣，体现了语文学习的整体性和综合性。

习作单元，是统编教科书诸多特殊单元（如策略单元、文体单元、思维单元、名人单元、名著单元等等）之一。根据陈先云的观点，本单元的学习，主要是为写好一篇习作服务的。那么，教学可能就要换一种思路、做一些调整了。教学可以不急着"上课"，而是先带着学生浏览整组内容、做做批注（巩固上学期学习的"批注"），动笔写一写"初试身手"或习作（接下来你写的东西会课课陪伴你、时时要你修改的），注意记下学生遇到的困难，以增强教学的针对性。

总之，习作单元的教学，是"……写/改⇌读/写……"的不断循环，在读写互动的循环往复中，学生的读写能力悄然进步。

统编教材四年级下册的习作单元，一要"了解课文按一定顺序写景物的方法"，二要"学习按浏览的顺序写景物"。

二、课文解读和教学建议

第一课：《海上日出》，作者巴金，选作课文时有改动。

1. 散文。作者在船上，常常仔细观察日出，才能详细记录下日出的变化以及不同状况（有时……有时……）中日出的壮观景色。所以，作者最后赞叹"这不是很伟大的奇观吗？"——运用反问强化情感。同学们还记得上学期读的《观潮》吗？作者把对钱塘江大潮的赞叹（也是评价）放在第1自然段："钱塘江大潮，自古以来被称为天下奇观。"同学们还记得三年级习作单元"学习观察"吗？阅读《海上日出》时，还要特别关注大作家巴金爷爷是怎样细致观察的。

2. 先朗读，后默读，再说说日出时的景象。（1）朗读和默读时，都要运用以往学过的"边读边想画面"的方法，读文字，想画面，力争对巴金笔下的日出奇观有所体会。（2）默读时，特别注意观察和描写景物的顺序，体会作者按顺序描写景物的方法和好处。作者将两条线索融合起来，有条不紊地表现出海上日出的奇观。一条线索，表示时间变化的词语，如"转眼间……""慢慢地在扩大……""过了一会儿……""一刹那间……""有时，……这时候……""有时……后来……这时候……"等，这些表示时间变化的词，就是"按一定顺序写景物"的一种方法。另一条线索，表示太阳、云彩、霞光等本身变化的词语，如"红是真红，却没有亮光""颜色红得非常可爱""深红的……发出了夺目的亮光……有了光彩"等。这些表示景物本身变化的词语，就是"按一定顺序写景物"的一种方法。本文中，作者很好地将二者整合起来。（3）为了使景物更丰富、更饱满，作者还长时间观察、描写不同状况下的景物，如第4、第5自然段，分别用"有时……"来描写日出的不同状态。这是将景物写清楚、写具体的好方法。教学时，要特别提醒学生关注。（4）说说日出时的景象，是非常有难度的训练，因为写景的文章，不像小说或故事那样便于复述。因此，建议在教学时，能说的同学说，更多的同学还是熟读成诵，并且主动摘抄描写颜色的词语，以备习作（可以推荐萧红的《火烧云》）。

3. 琢磨表达上的好处，培养阅读欣赏能力。参考课后第二题"读句子，注意加点的部分，想想这样写有什么好处"。

太阳好像负着重荷似的一步一步，慢慢地努力上升，到了最后，终于冲破了云霞，完全跳出了海面，颜色红得非常可爱。

教学时，要避免只给"拟人"之类概念，而要调动学生的想象力，让学生体会作者这样描写的好处。如（1）准确的动词，写出了太阳上升的过程；(2)"负着重荷""努力上升""可爱"，等等，把太阳当作人来写，表现出作者对日出的喜爱（所以一开头就说"为了看日出，我常常早起"），也体现了景物的变化。

完成阅读教学任务后，教师记得让学生拿出"初试身手"的练习或习作，看能不能向作者"借"点什么来修改修改自己的习作。比如，用上表示时间变化的词语、注意景物的变化、写出不同状态下的景物等，如你写"校园一角"，是不是写了天晴时、下雨时、刮风时的样子呢？

第二课：《记金华的双龙洞》，作者叶圣陶，选作课文时有改动。

1. 散文/游记。《记金华的双龙洞》，标题提供了两个重要信息，一是"记"（记叙、记录）；二是景点（"金华的双龙洞"）。教学时，提醒学生阅读一篇文章，要关注标题、开头与结尾、各自然段的首尾句等，以便快速把握文章的主要内容，形成整体印象。习作时，也要向作者这样安排习作内容，比如使用过渡句等，以方便读者阅读。

2. 朗读、默读，利用路线图的方法，体会"按一定顺序写景物"的好处。（1）朗读课文，感受叶圣陶先生文章的上口和入耳，自己读给自己听——听自己读的声音和感觉。（2）默读，抓住关键词句，厘清作者游双龙洞的顺序，完成课后第一题。然后，对照路线图精彩回放，加深印象。教学时，提醒学生，写游记时，先画一画游览路线图，会更有利于把握住顺序，保证按一定的顺序写景物。

3. 重点琢磨作者是怎样把景物的特点和自己的感受写清楚的。（1）写出景物的特点。如写山上的映山红，巧妙对比（与盆栽的比）；写溪流，则体现山势变化而带来的"溪声"的变化；写龙洞的大小，自然想到"大会堂""十来进房子"等大家熟悉的事物，使读者更容易理解，等等。（2）写游记也好，写景物也好，都要注意把自己"摆"进去，把自己的感觉写出来，才能让读者感到亲切也令人信服。如巴金爷爷写《海上日出》，一开头便说："为了看日出，我常常早起。"又说："这时候发亮的不仅是太阳、云和海水，连我自己也成了光亮的了。"再看叶圣陶爷爷写"孔隙"的狭小，就把自己"仰卧在小船里"的感觉写得非常细致，我们读着读着仿佛也在小船里，也有那种感觉，这就叫身临其境。教学时，可以以这段为例，作简要的分析和必要的讲解，然后让学生自己琢磨一下描写内洞的部分是不是也如此。总结描写景物的又一种方法——把自己"摆"进习作中。（3）回到整篇文章，看看作者写了六处景点（根据路线图的提醒），是不是平均使力的，让学生思考作者为什么要把"孔隙""内洞"写得那么详细，然后互相交流一下。最后，总结写游记的又一种方法——可以把特别吸引你的景物作为重点来写（见教材"交流平台"）。

完成阅读教学任务后，再次让学生拿出"初试身手"的练习或习作，看能不能向叶圣陶爷爷"借"点什么来修改修改自己的习作。比如，有没有拿其他地方的景物作比较，有没有写自己的感觉，有没有把印象深的景物写得详细一点点，等等。

三、习作例文解读和教学建议

出示两篇习作例文：《颐和园》，作者袁鹰；《七月的天山》，作者碧野，选作课文时均有改动。

准确定位习作例文的功能。习作例文的功能，是"为写而读"，直接指向启发学生改进习作的可触摸、好仿写的例子。换言之，习作例文，需要则教，不需要则自己琢磨着用。可以让学生写前用，也可以边写边用，更多是在写后用——在修改习作时，细细"参考"习作例文，用得上的尽管拿来用（小到遣词造句、大到谋篇布局），用完看看自己的习作面貌改变了没有。

这两篇习作例文，各具特色，各有"拿来用"的点。因为有"批注"（其实就是教师的"教"了),学生基本读得懂。教师在怎么用上可作点拨,比如,借批注读课文(相应部分),更容易读出课文的"好";借课文读批注,巩固批注的写法,提高自己作批注的能力(上学期刚学过的);借批注和课文读自己的习作,提高自己的习作水平。

《颐和园》一文词汇丰富,语言优美(尤其是第 2、第 4、第 5 自然段),学生要通过朗读(背诵)、摘抄等,积累语言素材。默读课文时,画出起过渡作用的句子,并画出路线图,体会过渡句的作用。教学时,可以简单介绍"移步易景"的写法,即夏丏尊、叶圣陶先生所谓"(游记)目的在借文字'引人入胜',生命全在流动的一点上。……把作者的行动和境地的光景打成一片"。再看看自己的习作,过渡句用了没有,用与不用给你的感受如何。

《七月的天山》,一是关注顺序,学生要关注各自然段的首句;二是关注文学性的语言,特别是第 2、第 4 自然段,尽可能熟读成诵。

这四篇写景的课文读下来,可以让学生再回顾一下、比较一下,还可发现一个共同的特点——第 1 自然段和最后一个自然都很短,要鼓励学生将这种方法用到自己的习作中。

学生读完课文了,也应该写完、改完习作了。那就让学生再整体看看"借"了作者哪些"按一定顺序写景物的方法","借"了作者哪些"好词好句好结构",若有,就誊抄。

23. 观照学习全程　提升思维品质

——五下第六单元思维单元解读与教学建议

本单元是统编教科书"特殊单元"之一：思维单元。语文要素（"了解人物的思维过程，加深对课文内容的理解""根据情境编故事，把事情发展变化的过程写具体"）围绕思维训练确立，教学围绕思维训练展开。思维是"在表象、概念的基础上进行分析、综合、判断、推理等认识活动的过程"。要特别注意的是：（1）思维是一个过程。"过程"意味着是动态的而非凝固的；（2）思维是"分析、综合、判断、推理等"认识活动，不是重复的机械活动；（3）思维是"在表象、概念的基础上进行"，说明思维不是横空而来、凭空产生。从这个定义出发，教学其本质是教思维，教学生如何思维。各学科概莫能外，但是，不同学科又有其个性。比如，语文学科是"在语文学习过程中，通过语言运用，获得直觉思维、形象思维、逻辑思维、辩证思维和创造思维的发展，以及深刻性、敏捷性、灵活性、批判性和独创性等思维品质的提升"。那么，本单元要专项训练哪些思维，提升哪些思维品质呢？

一、语言建构与思维提升——阅读教学建议

（一）以课文《自相矛盾》为例

该课文选自《韩非子·难一》，是教科书编排的第八篇文言文（前七篇为《司马光》《守株待兔》《精卫填海》《王戎不取道旁李》《囊萤夜读》《铁杵成针》《少年中国说（节选）》《古人谈读书》），此时学生已经有一定的文言文语感了。

1. 熟读成诵，培养文言文语感。

所谓"文言文语感"（特指小学生），就是拿到文言文能读得朗朗上口，

结合注释（或字词典）和生活经验能大致了解意思（用自己的话讲故事或说大意）。因此，教小学生阅读"浅易文言文"，要锚定"正确、流利地朗读""熟读成诵"和"大致了解意思"。

例如，《自相矛盾》一要注意"读"（dòu）准长句，读好"楚人有鬻盾与矛者，誉之曰"和"夫不可陷之盾与无不陷之矛，不可同世而立"。将"音组"与"义组"统一起来，即"楚人/有/鬻盾与矛/者，誉之/曰""夫/不可陷之盾/与/无不陷之矛，不可/同世而立"。而其他不易发生歧义的句子，无须一一划"/"以读出节奏，因为文言文不同于古诗词。二要注意读好人物的语言。"鬻盾与矛者"的两句话，都是陈述句，要读出自以为是的语气。教学时，可模仿叫卖吆喝，一方面起到感受人物内心的作用，另一方面帮助学生记忆。而"或曰"的一句话，要读出疑问中略带调侃的语气，因为此人问之前就知道"鬻盾与矛者""弗能应也"。

熟读自然成诵，教师还可稍加点拨。如全文五句话，一二两句写楚人叫卖"盾与矛"（叫卖的话，结构相同），三四两句写他"弗能应"，最后一句是作者的议论/观点（相当于"寓意"）。

2. 会讲、会意、会用寓言故事。

《自相矛盾》是寓言故事。这种寓言故事成语，已经学过的有狐假虎威（《战国策·楚策一》）、亡羊补牢（《战国策·楚策四》）、揠苗助长（《孟子·公孙丑上》）、守株待兔（《韩非子·五蠹》）、南辕北辙（《战国策·楚策四》）、坐井观天（《庄子·秋水》）等。

一会讲。既能用文言讲，相当于背诵；更能用白话讲，用自己的话讲。二会意。即能明白故事背后的道理。寓言故事背后的道理绝大多数都直接写出来，知道寓意并不难，难的是生活或工作中不犯同样的毛病。三会用。即能在口语交际中、习作中恰当引用，以说明道理，增强表达效果，化为自身素养。除了会读/背、会讲、会意外，还要让学生感受到寓言故事篇幅短小但道理深刻，心悦诚服地接受，即形成文学审美，并用于言语实践。

3. 琢磨"自相矛盾"背后的思维问题。

即"想一想：'其人弗能应也'的原因是什么？"如果用"懒汉思维"来回答，就是"因为他'自相矛盾'"。由于"自相矛盾"太经典、太精练，已经把原因和结果完全统一了,无须"解释"。你说他犯了逻辑错误,远不如说他"自相矛盾"来得精准又通俗。那么"弗能应"的原因是什么?原因在"把话说得'太满'了,不留余地"。如果承认(有)"吾盾之坚,物莫能陷也"(我的盾非常非常坚固,任凭什么东西也不能刺破它)的盾,就不存在"于物无不陷"之"矛";反之亦然。即如果承认(有)"吾矛之利,于物无不陷也"(我的矛非常非常锋利,任何东西都能刺破它)的矛,就不存在"物莫能陷"之"盾"。换言之,二者只能取其一,不能兼而有之,否则就是"自相矛盾",因此楚人不能回答,也无法回答。教学时,要多举一些日常生活、工作、说话、作文中自相矛盾的例子,并分析其中的原因,以此训练学生考虑问题周全、说话周密的能力,即培养思维的"深刻性"品质。

(二)以课文《田忌赛马》为例

该课文根据汉代司马迁的《史记·孙子吴起列传》相关内容改写。它是教科书式的故事:一则它多次进入教科书;二则孙子兵法(此文的取胜策略)也是教科书式的。这个故事背后的思维,是建立在细致观察基础上的灵活性,即培养思维的灵活性品质。

1. 把握情节,复述故事。

故事必把握情节,这是阅读故事的基本要求,也是训练概括能力的基本方法。对于五年级的学生来说,这个故事的情节比较容易概括。教学时,可以回忆概括故事情节的基本思路,如按事件的起因、经过、结果概括,按时空变化概括,按人物出场概括,按核心事件发生前、中、后顺序概括,等等。《田忌赛马》的核心事件是"赛马",自然按赛马前如何、赛马中如何、赛马后如何来概括了。比如,(赛马前)孙膑给田忌出主意;(赛马中)田忌按孙膑的主意行事而获胜;(赛马后)田忌向齐威王引荐孙膑。按故事情节复述故事。五年级学生经历了二年级时学习复述、三年级详细复述、四年级简单复述、五年级创造性复述的复述训练(成长)过程,对于《田忌赛马》的复述可谓小菜一碟。教学时,可以提高难度,如以不同的人物口吻来复述。比如,以田忌的口吻(回府后)给门客们讲孙膑用计使自己取胜的故事,或以齐威王的口吻(回朝后)向大臣们介绍孙膑时讲故事,等等。

2. 琢磨关键细节,聚焦思维训练。

这篇课文篇幅不长，人物关系清楚，事件也不复杂，但是值得琢磨的地方还是不少，教学若能让学生在平常处发现不平常那才高明。既然是"思维训练"单元，首先聚焦思维训练。

例如，琢磨孙膑想出调整马的对阵顺序取胜策略的前提条件。第一，是认真观察、仔细分析。教学时，可以问学生：能不能把"孙膑看了几场比赛后发现，大家的马脚力相差不多，而且都能分成上、中、下三等"这句话删除？或者问"只是调换一下顺序，就一定能取胜吗"，让学生明白计策的得来不是要小聪明，而是靠细致观察、仔细分析。第二，孙膑遇到信任他的田忌。提醒学生特别关注描写田忌的内容，思考"田忌很信任孙膑，决定全听他的"，以及田忌在三场比赛后的表现。第一场"田忌输了，但他不动声色，一点儿都不着急"→第二场"田忌微微一笑"→第三场"田忌满意地笑了"。作者为什么要这样详细写田忌，而不是孙膑？如果教学时间宽裕，还可以适当引进《史记·孙子吴起列传》的部分内容，让学生了解庞涓因"恐其（孙膑）贤于己"而"以法刑断其两足而黥之，欲隐勿见"，以激发学生阅读兴趣。

又如，琢磨出场顺序的玄机。教学时，可以问学生：出场顺序还有选择的余地吗？让学生看"对阵图"做练习，连线对阵，填写比赛结果。对阵的全部形式（六种）和输赢一目了然。而这六种对阵中，田忌只有一种（即孙膑的方法）能够获胜，说明孙膑已经在心里"布兵排阵"——"心"上谈兵，这是思维"敏捷性"品质。

3. 关于"规则"的讨论。

笔者曾听一位老师上这篇课文，学生提出一个很有意思的问题："孙膑这样安排马的出场顺序是否违反了比赛规则？例如拳击比赛，按体重分组，某公斤级对某公斤级，怎么能用下等马对上等马呢？"说明时代变化了，学生的视野开阔了，规则意识强了。但是，阅读不能离开文本，更不能离开文本产生的时代背景。因此，要引导学生回到文本，审视西汉那个时代。第一，上、中、下三等马，不是比赛组织者分出来的，而是孙膑观察出来的，所以要细细琢磨"孙膑看了几场比赛后发现，大家的马脚力相差不多，而且都能分成上、中、下三等"这句话。换言之，只有孙膑才知道他们的马的实力。第二，那个时代没有这种比赛的明文规则，因此，违反规则无从谈起。第三，不妨让感兴趣的同学帮助齐威王制定一个"赛马规则"。比如，创设一个情境："齐威王知道了田忌取胜的原因后，一方面任命孙膑为军师；一方面责令孙膑制定'赛马规则'，以免下次被人'钻空子'。请你代孙膑制定之。"于齐威王是"吃一堑长一智"，于同学们是练习写应用文的好时机。

（三）以课文《跳水》为例

该课文的作者是俄国的列夫·托尔斯泰、译者是吴楘之。从20世纪90年代以来，都进入教科书（人教版）。

1. 理清基本要素，指导练讲故事。

教学时，先跟学生理一理故事的基本要素，即阅读故事的基本方法。地点，在"一艘环游世界的帆船上"；时间，"这一天"（具体年代不详）；人物，"船长的儿子"（十一二岁）、水手们（至少"二十来个"）、船长、猴子，这些"人物"中，主人公是船长十一二岁的儿子；事件的经过和结果，（起因）"水手拿猴子取乐"、（经过）猴子拿孩子取乐、（结果）孩子跳水得救，这是需要学生概括的（即课后第一题）。而概括的指导，要善于运用阅读情境以外的材料，如教科书编者的提示（提供的资料）。理清故事的"六要素"后，主要内容就容易把握。接着，让学生讲这个故事。"讲故事"就是阅读理解、阅读欣赏和阅读运用（信息输入与输出），为什么在课堂教学中，鲜见教师正经八百地"教"学生讲故事、"练"学生讲故事呢？

原因归结起来主要有三点：一是教师对"讲故事"之于语文学习的价值认识不到位。关于讲故事的价值，笔者非常赞同小学语文教科书执行主编陈先云的观点："复述的目的在使儿童深入理解文本，提高他们把握文章主要内容的能力和发展思维能力。"二是教师自己也不善讲故事，更不知道如何指导学生讲故事。比如，指名学生讲故事时，一定要站到讲台上面对听众，教师不妨坐到他/她的位置上或站到教室后面；讲故事必须脱稿，但不必一字不差；讲故事不仅是声音，还可用必要的表情和肢体语言以辅助表达效果，等等。三是"讲故事"不是期末考试的项目。故事性课文的教学，与其花时间和精力去讲解、分析、提问，不如指导学生练讲故事、上台"演"讲故事（即用必要的表情和肢体语言辅助讲）。

2. 琢磨水手们的"笑"与船长的"智"。

课文中，由于这艘帆船环游了世界后，"正往回航行"又逢好天气（"这一天风平浪静"），所以人物都很放松，连猴子都如此。大家哈哈大笑，拿猴子取乐，猴子也拿大家取乐，猴子的每一次"取乐"都在笑声中升级。"取乐"是怎么升级的，即"笑"与故事情节发展的关系，是教学的重点。教学时，可以采取图示法，让学生圈出"笑"，然后对应情节（猴子与孩子的表现），"笑"与情节发展的关系就一目了然（见图1）。

大家表现	哈哈大笑	大笑	笑得更欢	吓呆
（猴子）	模仿人动作	摘帽爬桅杆、咬撕逗他生气	撕得更凶	爬到顶端
情节发展	故事开始			
（孩子）	笑得很开心	哭笑不得、眼巴巴望	吓唬、大喊大叫	脱衣爬桅杆追

图1　大家的"笑"与故事情节发展图

由此可见，"笑"引发故事，"笑"推动情节发展，直至不敢笑——"水手全都吓呆了""有个人吓得大叫了一声"，只有猴子"偷着乐"。如果教学时间充裕，不妨让学生以"猴子"的口吻来讲/写故事。

又如，在最紧要的关头，船长出现了。他急中生智，举枪命令儿子"向海里跳"，这是唯一可能救儿子的办法。船长在瞬间做出的决定，足见其经验丰富、思维敏捷。船长在"瞬间"想了些什么？不妨来看看救孩子的可能方法：一是派能爬桅杆的水手上去；二是拖渔网拉起来或用垫子之类的垫在甲板上；三是让儿子抱住横木慢慢往回挪；四是让儿子抓住一根绳子往下溜，等等。而这四种办法都行不通：第一种，水手未必会爬桅杆，即使会爬桅杆，在爬的时候会造成横木颤动，横木一动，孩子必失足砸在甲板上，而且时间也来不及；第二种，有可行性，但是时间来不及，而且未必有那么多垫子；第三种、第四种，十一二岁的孩子未必有那个力量，孩子也未必听得见。唯一的办法是"向海里跳"才有可能生还。还因为有"二十来个勇敢的水手"，从海里把孩子救上甲板完全不成问题。由此可见船长的思维敏捷和决断能力。

二、编故事练思维——习作教学建议

（一）回顾"想象类"习作

本单元习作"神奇的探险之旅"，是一篇具有挑战性的习作："编一个惊

177

险刺激的探险故事"，也是一篇极自由的习作："编一个……故事"。它属于"想象"习作范畴，但是又有一定的约束，要求展开"丰富合理"的想象。教学前，让学生回顾小学阶段想象类习作。（见下表）

小学阶段想象类习作一览表

年级	册次	单元	想象话题	习作标题	习作缩写/自我评价（文字描述）
三	上	三	我来编童话		
		四	续写故事		
	下	五	奇妙的想象		
		八	这样想象真有趣		
四	上	四	我和___过一天※		
	下	二	我的奇思妙想		
		八	故事新编		
五	上	四	二十年后的家乡		
	下	六	神奇的探险之旅		
六	上	一	变形记		
	下	五	插上科学的翅膀飞		

※横线上所填，是动画片中的人物，不是现实中的人物。

（二）明确本次习作的不同——"合理"想象

"合理"想象，即合故事发展内在逻辑之理，这是本单元的训练重点——思维训练。"故事发展内在逻辑"在教科书提示的"人物""场景""装备""险情"中。换言之，想"带"什么样的"人物"和"装备"，就应该去相应的"场景"探险；就设置遇到什么样的"险情"；就利用所带"人物"的专长来"化险"，即情节发展。想象时，要注意修饰语和角色，如"知识渊博的生物学家"，修饰语是"知识渊博"，遇到"险情"，他能用"知识"化险为夷；角色是"生物学家"，那去的"场景"是丛林等。这就是"理"，依这个"理"来编故事、设置情节，就是"合理"。对于五年级的学生来说，这是需要教师教的。

这次习作还与一般童话不同，要"把遇到的困境、求生的方法写具体"，最好"能把心情的变化写出来"。换言之，在童话中，"遇到的困境"可以概括写，如"……我们带来的干粮都吃完了"。"求生的方法"可以"童话式"，如"正在我们一筹莫展时，一个仙子站在我们面前，送来'压缩饼干'"。在这篇探险故事中，要让习作有一定的现实性，特别是"求生的方法"要具体、可行，如"……正当大家饿得饥肠辘辘、腿脚发软时，生物学家某某望了望四周，突然眼睛一亮，只见那厚厚的枯叶堆上冒出一个蘑菇，他喊道：'蘑菇！'大家都循着他所指的地方奔过去，果见一大片蘑菇，个个鲜艳夺目。大家急忙伸手去摘——'等等！'生物学家大声制止……"记住作家曹文轩的创作秘笈"会折腾"，别让故事那么顺利。比如，那一堆蘑菇有毒不能吃（"鲜艳夺目"），知识不就用上了，故事就好玩了。这也是需要教师教的。

（三）修改习作

教科书第一次明确要求学生修改自己的习作，是在三年级上册第四单元"续写故事"："写好以后小声读一遍，用学过的修改符号把有明显错误的地方改过来。"之后，每一次习作都要求学生修改。而第一次学习"修改符号"，则在三年级上册第三单元《语文园地》的"词句段运用"栏目："学习下面的修改符号，并试着使用这些修改符号修改自己的习作。"如果宽泛点说，修改习作在这个单元就提出来了。习作"我来编童话"要求"写完以后小声读一读，看看句子是否通顺"。到五年级第六单元，修改的要求要提高了，以《语文园地》的"词句段运用"提供的资料为标志。这个资料是"叶圣陶先生为一位中学生修改的作文"，曾经入选课文，即肖复兴的《那片绿绿的爬山虎》。教学时，要把这个资料用足：一是用修改符号细致地修改习作；二是谈谈这样的修改给你带来的感受。笔者认为，自从学生学习了修改习作之后，"学生是否用规范的符号修改了自己的习作"应占习作质量的40%。因此，笔者倡导教师批阅学生的习作，应该批阅草稿，以便看学生的修改情况；一方面看习作本身，一方面看修改，在这两方面提出意见后，学生再修改、誊抄。

（四）续编情节，鼓励合作编故事

修改习作后，可指导续编故事。教学时，一般教学生至少编三个情节。编好后，再编一次"三个情节"，再编一次"三个情节"……就构成"长篇探险小说"。还可以同桌或四人小组一起编同一个故事，各想一两个情节，"凑"成一个长故事；还可让部分学生发挥美术专长，给故事配插图或连环画，等等。既培养合作精神，又丰富习作内容，一举多得。

24. "把文学当作文学"

——基于"文学阅读与创意表达"学习任务群的
四下第六单元解读与教学建议

一、2022年版课标中文学作品的基本类型

2022年版课标在"文学阅读与创意表达"学习任务群的第二学段中出现"文学作品"的具体样式，即"阅读描绘大自然、表现人类美好情感的诗歌、散文等文学作品""阅读富有想象力和表现力的儿童文学作品"，等等。从2022年版课标对文学作品举例来看，主要包括六种类型，即诗歌、故事、小说、散文、戏剧、传记等。课标中还出现"叙事性作品"一词，如，"阅读与鉴赏"要求"能复述叙事性作品的大意""阅读叙事性作品……"等。那么，叙事性作品是不是文学作品呢？

从2022年版课标"学业质量"第二学段的表述"主动阅读成语故事、寓言故事、神话故事、革命英雄故事等叙事性作品"以及附录2关于课内外读物的建议罗列的"故事，如成语故事、神话故事、民间故事、中外历史故事等"来看，叙事性作品包括成语故事、寓言故事、神话故事、革命英雄故事、民间故事、中外历史故事等六大种类，显然属于文学作品。

另外，科普、科幻作品是不是文学作品？从第三学段"整本书阅读"学习任务群的表述"阅读文学、科普、科幻等方面的优秀作品，如《寄小读者》《十万个为什么》《海底两万里》等，学习梳理作品的基本内容、针对作品中感兴趣的话题展开交流"。从把"文学"与"科普、科幻"并列来看，科普、科幻不属于文学作品。

综上，课程中的文学作品主要包括诗歌（含儿歌、儿童诗、古诗词等）、故事（含哲人故事、寓言故事、成语故事、神话故事、革命英雄故事、民间

故事、中外历史故事等）、小说（含小小说）、散文、戏剧、传记等六大类。

二、2022年版课标中文学作品在第二学段教学的基本要求

2022年版课标对文学作品的教学要求，主要分布在"课程目标""课程内容"和"学业质量"的相关描述中。

（一）文学作品阅读在"课程目标"中的呈现

2022年版课标在"学段要求"中，对小学第二学段文学作品的阅读要求如下：

"能复述叙事性作品的大意，初步感受作品中生动的形象和优美的语言，关心作品中人物的命运和喜怒哀乐，与他人交流自己的阅读感受。诵读优秀诗文，注意在诵读过程中体验情感，展开想象，领悟诗文大意。"

（二）文学作品阅读在"课程内容"中的呈现

1. 在"文学阅读与创意表达"学习任务群中的要求。

毫无疑问，文学作品阅读主要在"文学阅读与创意表达"学习任务群中进行。其总要求是："通过整体感知、联想想象，感受文学语言和形象的独特魅力，获得个性化的审美体验；了解文学作品的基本特点，欣赏和评价语言文字作品，提高审美品位；观察、感受自然与社会，表达自己独特的体验与思考，尝试创作文学作品。"

第二学段要求为：

（1）阅读并讲述革命故事、爱国故事、历史人物故事，感受幸福生活来之不易，表达自己对美好生活的向往，以及对革命英雄、仁人志士的崇敬之情。（2）阅读描绘大自然、表现人类美好情感的诗歌、散文等文学作品，结合自己的生活体验，尝试用文学语言表达自己热爱自然、珍爱生命的情感。（3）阅读富有想象力和表现力的儿童文学作品，欣赏富有童趣的语言与形象，感受纯真美好的童心，学习用口头或者图文结合的方式创编儿童诗和有趣的故事，发展想象力。

2. 文学作品阅读在其他学习任务群中的要求。

文学作品阅读还分散在其他学习任务群中。这也体现各学习任务群之间既有边界又有交融的特点，各学习任务群的内容和要求有所侧重，但不截然

分割。

（1）"语言文字积累与梳理"学习任务群。第二学段要求"诵读、积累成语典故、中华文化名言、短小的古诗词和新鲜词语、精彩句段等"。（2）"实用性阅读与交流"学习任务群。第二学段"学习具体、清楚、生动地讲述有关老一辈无产阶级革命家和革命英雄、劳动模范、科学家的事迹，以及反映中华传统美德的故事"。（3）"思辨性阅读与表达"学习任务群。第二学段建议"阅读……中华智慧故事"。（4）"整本书阅读"学习任务群。第二学段要求阅读"表现英雄模范事迹的图书，如《小英雄雨来》《雷锋的故事》等"，"儿童文学名著，如《稻草人》《爱的教育》等"，"中国古今寓言、中国神话传说等"。（5）"跨学科学习"学习任务群。第二学段建议"富有创意地设计并主动参与朗诵会、故事会、戏剧节等校园活动"，"关注……历史和传说"，"探寻日常生活中龙凤、松竹梅兰等中华文化意象"，等等。

（三）文学作品阅读在"学业质量"中的呈现

在"学业质量描述"中，第二学段涉及童话、寓言、神话、优秀诗文以及"成语故事、寓言故事、神话故事、革命英雄故事等叙事性作品"等等。

三、文学作品教学的若干建议

（一）依据 2022 年版课标，体现编者意图，制订教学目标

《义务教育课程方案（2022 年版）》明确教学、考试评价等要以课程标准为直接依据。我们制定教学目标时，可以采取"以终为始"逆向设计，即以课程标准中的学业质量标准和"教学提示"（"终"）为参照来研制教学目标（"始"），再根据教学目标来创设学习情境、设计学习活动以及"少量、优质的作业"。

具体到实际教学，还要"透彻理解课文"，吃透编者意图——"双线组元结构单元"特点和课后练习编排意图，将课程标准与教材意图结合起来，才能形成可实施的课堂教学方案。

以四下第六单元为例。四篇课文《文言文二则》（《囊萤夜读》《铁杵成针》）《小英雄雨来（节选）》《我们家的男子汉》《芦花鞋》，主要是反映儿童成长的文学作品。综合第二学段的学业质量标准、"文学阅读与创意表达"

学习任务群的"教学提示"和教材编者意图，研制单元教学目标：

1. 能提取主要信息，把握三篇长文章的主要内容。

2. 能结合关键词句解释车胤、李太白、雨来、"男子汉"、青铜等人物行为，并选择一个角度分析和评价人物。

3. 能发现课文中的优美词语、精彩句段，如描写还乡河的景色，以及对雨来（勇敢）、"男子汉"（可爱）、青铜（勤劳又善良）等的细节描写。反复品味、想象，感受语言优美、体会表达效果，有选择性地摘录，尝试运用到习作中。

4. 能讲述车胤"囊萤夜读"、李太白"感其意，还卒业"的故事；复述雨来掩护李大叔的（或印象最深的）故事、青铜卖芦花鞋的故事；借助生活经验续编青铜"掉头朝那个人追了过去"后的故事。

5. 能正确、流利地朗读课文，有感情地朗读精彩句段，背诵《囊萤夜读》；会写"囊"等 24 个生字，能分析"恭""膊"等汉字的音、形、义之间的关系，积累"悬梁刺股""程门立雪"等成语故事并受到启发。

6. 能阅读《小英雄雨来》《王安忆散文》《青铜葵花》等整本书（可以是比较长的时间），积累整本书阅读经验。

（二）根据文学性，突出审美创造，设计学习活动

文学最突出的特点是审美性。学生阅读文学作品，要"获得较为丰富的审美经验，具有初步的感受美、发现美和运用语言文字表现美、创造美的能力"；要"涵养高雅情趣，具备健康的审美意识和正确的审美观念"。文学作品的阅读教学要指导学生朝着达成这个目标进发，"'把文学当作文学'，按照文学本身的规律研究文学接受和课堂教学规律"，在"了解文学家如何用文学语言构建文本并表达了意义"上聚焦发力。

1. 倡导浸润式，注重审美体验。

在具体的课堂教学实践中，要根据教学目标设计学习活动，倡导浸润式阅读，鼓励大胆想象，方能达成既定目标。

浸润式阅读，就是不带目的、不附条件，自由地读、静静地读、放松地读，让身心整个儿浸在作品描绘的情境、故事、气氛中，仿佛身临其境。如此"整个身心沉浸在阅读之中，文化的感觉有了，语言的感觉也有了"。

同时，带动阅读经验和生活体验、开启想象和联想等直觉思维和形象思维，将语言文字描绘的内容，或想象成画面，或还原成生活，产生共鸣，感同身受，获得丰富的审美体验。正如叶圣陶先生所言，"我们鉴赏文艺，最大目的无非是接受美感的经验，得到人生的受用。要达到这个目的，不能够拘泥于文字。必须驱遣我们的想象，才能够通过文字，达到这个目的"。

倡导浸润式阅读，不是淡化内容理解和形式分析等阅读能力培养，而是首要重视阅读主体即学生的差异性及审美体验的特殊性，满足学生个体的阅读自由和审美感受，努力"由重视经验知识转变为注重审美体验"。

2. 聚焦有创意，着力创意表达。

"文学阅读与创意表达"学习任务群，既体现了阅读教学的共性，即阅读与表达是整体的、不可分割的，将"输入"与"输出"合二为一；又明确了文学阅读教学的个性，即在获得丰富的审美体验过程中，发现创意，揣摩创意，欣赏创意，借鉴创意，尝试有创意地表达，提高语言运用的表达效果，完成语文教学"独当其任的任"——阅读与写作的训练。

例如，《小英雄雨来（节选）》多次写到还乡河的景色，作者写这些景色有什么作用？教学时，既要引导学生通过文字想象、感受还乡河的美，更要读出不同情节中还乡河的景色的"背后的意思"，体现表达效果。如，故事开篇对还乡河边芦花的描写："芦花开的时候，远远望去，黄绿的芦苇上好像盖了一层厚厚的白雪。风一吹，鹅毛般的苇絮就飘飘悠悠地飞起来，把这几十家小房屋都罩在柔软的芦花里。"到人们"听到河沿上响了几枪"误以为雨来遇难时，再次描写芦花："蓝蓝的天上飘着的浮云像一块一块红绸子，映在还乡河上，像开了一大朵一大朵鸡冠花。苇塘的芦花被风吹起来，在上面飘飘悠悠地飞着。"相同地点不同的情节、同样的美景，作用一样吗？显然，第一次的美景是"以美衬美"——美景衬托美丽的村庄和美好的人们（心灵），第二次的美景是"以美衬悲又暗示美"——美景衬托人们以为"雨来'牺牲'"的悲痛，起到以喜衬悲悲更悲的艺术效果，同时又暗示"雨来没有死！雨来没有死！"的喜悦美好。如果学生"读"不到这一层，就没有达成文学阅读与欣赏目标。教学还不能就此打住，得继续迁移：揣摩课文为什么多次出现"我们是中国人，我们爱自己的祖国"，还突出描写雨来被鬼子毒打流出一滴一滴的血"溅在课本那几行字上",进而再迁移到《芦花鞋》一课,琢磨作者为什么多次描写雪景且在"他的赤脚踏过积雪时,溅起了一蓬蓬的雪屑……"中戛然而止。

只有当学生经历"发现、感受语言的表现力和创造力"的过程,真正感受到文学创意的精妙,获得文学的审美体验,才可能心悦诚服主动积累、尝试运用直至脱胎创作,逐步成长为"主动的阅读者、积极的分享者和有创意的表达者"。

3. 多媒介呈现,增强体验活动。

2022年版课标提出"增强课程实施的情境性和实践性,促进学习方式变革"的课程理念,要求"从学生语文生活实际出发,创设丰富多样的学习情境",促进学生自主、合作、探究学习。与"文学阅读与创意表达"学习任务群最密切的学习情境当属"文学体验活动"。因此,创设与教学目标契合、与教学内容关联的学生喜闻乐见又可实施的文学体验活动,便成了文学阅读教学的重要内容和成功标志。学生在文学体验活动中,尝试运用多种媒介参与、记录、呈现活动过程和成果,本身就是一种创意表达。

例如,策划"三代同堂共讲成语故事"的故事会。本单元《文言文二则》(《囊萤夜读》《铁杵成针》)也是经典的成语故事,《语文园地》的"词句段运用"还列举了"悬梁刺股""凿壁偷光""程门立雪""手不释卷"等四个古人读书求学的成语故事。这些故事都是中华优秀传统文化的经典,爷爷的爷爷讲、孙子的孙子讲……代代传承。这个故事会旨在将不同代人读这些故事、讲这些故事、受这些故事启发的"故事"汇聚起来,丰富起来,生动起来。要办成这个故事会,就需要用到视频、音频、照片等多种媒介,调动学生交际沟通、信息技术、口头和书面表达(故事会是习作的好素材)等多种能力,使学生的文学体验得到增强、核心素养得到提升。

4. 整本书跟进,建构精神世界。

落实2022年版课标的阅读教学,要树立着眼于整本书阅读、着手于教材阅读(单篇阅读)的观念,改进单篇阅读教学。单篇阅读教学要打通通向整本书阅读的渠道,用好教材资源。

一是"作者—作者作品",即阅读作者系列作品或将课文置于作者系列作品的背景中,如《我们家的男子汉》,教师将原著的部分内容补充进来,让学生练习概括小标题、琢磨行文顺序,并一窥"男子汉"长大成人的样子(《男子汉成人》),进而阅读《王安忆散文》整本书。二是"课文—课文出处",即阅读"本文选自"的书,如《晋书·车胤传》(《囊萤夜读》的出处)、《方舆胜览·眉州》(《铁杵成针》的出处)。当然,此类书未必适合四年级的学生阅读,但至少能开阔学生的眼界,而《小英雄雨来》《王安忆散文》《青铜葵花》可以是学生的必读书。

相对而言,整本书体量较大、内容复杂、视野开阔,能够满足构建学生丰富精神世界的需求。学生一旦养成整本书阅读习惯,特别是阅读经典著作,就能提高整体认知能力,塑造正确的价值取向,形成良好个性和健全人格。阅读教学若能将学生引上读书这条道,就抓住了语文教学改革的"宗"。正如温儒敏教授所言,"这些年语文教学有很多改革,万变不离其宗,这个'宗'就是读书,把读书变成学生的一种生活方式",也是思维方式。

5. 评价伴随式,"教—学—评"一体化。

《义务教育课程方案(2022年版)》明确要"改进教育评价","增强日常考试评价的育人意识,注重伴随教学过程开展评价",促进"教—学—评"有机衔接,构建"教—学—评"一体化教学格局。

"注重伴随教学过程开展评价",理念上,要求教师树立"教学即评价""评价即教学"的意识;实践上,要求教师设计"少量、优质的"作业并将其嵌套教学过程。同时,设计评价量表,即时观察、记录、指导学生开展学习评价,借助评价量表引导学生反思学习过程,调整学习活动,改进学习方式,进而提高课堂学习效率。

例如,本单元"学习把握长文章的主要内容",是以小标题的形式来把握的,那么练习概括小标题就是一项嵌套教学过程的作业(也是评价工具)。如《小英雄雨来(节选)》,教师引导学生"经历"编者所给小标题——"游泳本领高"——的思路过程后,尝试概括其他五个部分的小标题;《我们家的男子汉》,因为课文已经有小标题,所以练习"给每个部分换个小标题";《芦花鞋》,"为每个部分列出小标题";等等。同时,设计评价量表来引导和规范学生独立学习、合作交流和学习成果。

评价量表主要包括四项内容（各项内容的评价标准由教师设计，学生知晓并理解）：一是概括的方法。如抓住主要事件，摘录原文原句。二是小标题的质量。如用"抓住主要事件"的方法概括的小标题是否准确、精练，用"摘录原文原句"的方法概括的小标题是否有代表性。三是学习的过程。如自学时是否独立思考，讨论时是否自然大方，对待不同意见是否态度端正、交流有效。四是自我反思。如总结学习经验或改进意见，等等。

25. 指导学生尝试作研究和学术表达

——综合性学习单元"遨游汉字王国"的价值追求和教学建议

各版本教材都编排了综合性学习内容，但综合性学习的综合性、实践性和探索性非常强，给一线教学实施带来极大的挑战。因此，统编教材做了必要的调整。本文以统编教材五年级下册"遨游汉字王国"为例，探究其价值追求并给出教学建议。

一、统编教材综合性学习单元的调整及其价值追求

统编教材在三至六年级共安排四次综合性学习，都编排在下册。三、四年级结合单元主题各安排一次综合性学习，即"中华传统节日"和"轻叩诗歌大门"；五、六年级各安排一次以单元编排方式出现的综合性学习，即"遨游汉字王国"和"难忘小学生活"。与原人教版教材的综合性学习相比，一是次数大大缩减，二是更加整合也便于实施（比如，统编教材五年级下册"遨游汉字王国"就整合了原人教版的"遨游汉字王国"和下册"走进信息世界"，详见表1），三是学习要素的提升序列更清晰（详见表2）。

表1　与原人教版"遨游汉字王国"和"走进信息世界"比对表

册次	主题	位置	内容
统编教材五年级下册	遨游汉字王国	第三单元篇章页	感受汉字的趣味，了解汉字文化。 学习搜集资料的基本方法。 学写简单的研究报告。
		汉字真有趣	[活动建议] 搜集字谜，开展猜字谜活动。 搜集体现汉字特点的古诗、歇后语、对联、故事等材料，办一次趣味汉字交流会。

续表

册次	主题	位置	内容
原人教版教材五年级上册	遨游汉字王国	我爱你，汉字	[阅读材料] 1.《字谜七则》；2.《门内添"活"字》；3.《有趣的谐音》；4.《"枇杷"和"琵琶"》；5.《有趣的形声字》。
			[活动建议] 搜集更多的资料，围绕汉字的历史、汉字书法或其他感兴趣的与汉字有关的内容，开展简单的研究。 调查同学的作业本、街头招牌、书籍报刊等，围绕生活中用字不规范的情况，开展简单的研究。
			[阅读材料] 1.《汉字字体的演变》；2.《甲骨文的发现》；3.《书法欣赏》；4.《制定国家通用语言文字法的必要性》；5.《关于"李"姓的历史和现状的研究报告》。
		有趣的汉字	[活动建议] 搜集或编写字谜，开展猜字谜活动，体会汉字的有趣。 查找体现汉字谐音特点的古诗、歇后语、对联或笑话，和同学交流。 搜集有关汉字来历的资料，了解汉字的起源，感受汉字的有趣。 通过其他活动，体会汉字的神奇、有趣。
			[阅读材料] 1.《字谜七则》；2.《有趣的谐音》；3.《仓颉造字》；4.《"册""典""删"的来历》。
		我爱你，汉字	[活动建议] 汉字在几千年的历史中，字体发生了很大变化，让我们阅读提供的材料，再搜集更多的资料，了解汉字的历史。 搜集因为写错汉字、读错汉字而发生的笑话或造成不良后果的事例。 策划一次社会用字调查活动，……推动社会用字的规范化。 书法是在汉字字体基础上形成的独特艺术门类。我们可以搜集一些书法作品……还可以向班上有书法特长的同学请教练字的方法。
			[阅读材料] 1.《汉字的演变》；2.《甲骨文的发现》；3.《一点值万金》；4.《街头错别字》；5.《赞汉字》；6.《书法作品赏析》；7.《我爱你，中国的汉字》。

续表

册次	主题	位置	内容
原人教版教材五年级下册	走进信息世界	第六组篇章页	我们生活在一个信息世界里。在教室里学习，……都是在获取信息。现代社会信息量越来越大，……人们获取信息的途径越来越广。 让我们通过这次综合性学习，……写简单的研究报告。
		信息传递改变着我们的生活	[活动建议] 认真读读"阅读材料"中的文章，……然后和同学交流。 作一次调查，……看看从中能发现什么。 我们经常从电视或网络上获取信息，……展开讨论或辩论。 通过其他活动，体会信息传递方式的变化给我们的学习、生活带来的影响。
			[阅读材料] 1.《古人传递信息的故事》；2.《因特网将世界连成一家》；3.《神奇的电脑魔术师》；4.《网上呼救》；5.《把握自己——在"警惕电子杀手，告别网吧"活动上的演讲》。
		利用信息，写简单的研究报告	[活动建议] 从下面的话题中选择一个自己感兴趣的，……独立或与同学合作进行探究。 通过阅读书籍报刊、上网浏览、调查访问等途径获取资料。 从搜集到的材料中，找出对解决问题特别有用的部分多读几遍，逐渐形成自己的观点。 认真阅读下面的两篇研究报告，讨论一下可以怎样写研究报告，然后分头撰写，并和同学进行交流。
			[阅读材料] 1.《奇怪的东南风——关于爸爸咳嗽病因的研究报告》；2.《关于李姓的历史和现状的研究报告》。

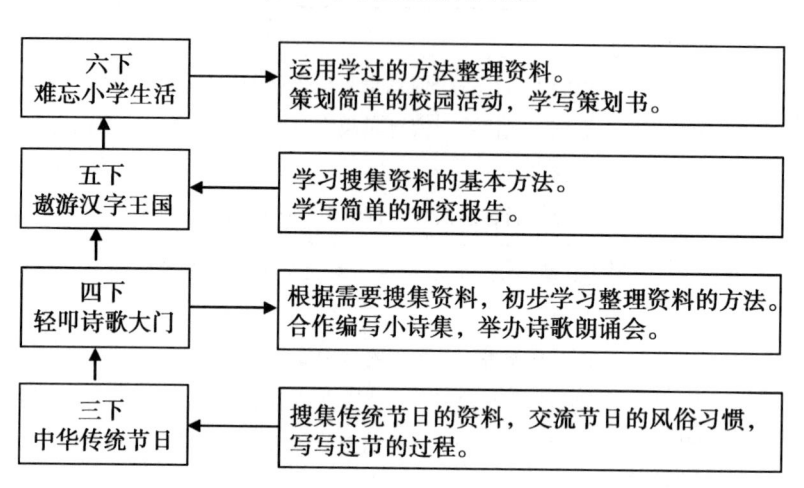

表2　学习要素提升序列表

```
六下              运用学过的方法整理资料。
难忘小学生活  ←   策划简单的校园活动，学写策划书。
    ↑
五下              学习搜集资料的基本方法。
遨游汉字王国  ←   学写简单的研究报告。
    ↑
四下              根据需要搜集资料，初步学习整理资料的方法。
轻叩诗歌大门  ←   合作编写小诗集，举办诗歌朗诵会。
    ↑
三下              搜集传统节日的资料，交流节日的风俗习惯，
中华传统节日  ←   写写过节的过程。
```

这样整合，其价值追求何在？

在总体减少综合性学习次数的背景下，必然寻求"1+1＞2"的效果。不论是"感受汉字的趣味，了解汉字文化"，还是"学写简单的研究报告"，都必须搜集资料、整理资料、引用资料。因此，本次综合性学习以"感受汉字的趣味，了解汉字文化"为内容，以"学习搜集资料的基本方法"为手段，以"学写简单的研究报告"为成果，让小学生尝试接触"学术研究"，努力抵达"减负增效"的理想境界。

二、"遨游汉字王国"的教学建议

从课标对综合性学习目标要求的表述来看，其关键在于"打通"，即打通语文课程内部各方面、打通语文课程与其他课程、打通课程与生活之间的隔膜，使学习成为上下联通左右逢源的有机整体，课程内部、课程之间、课程与生活形成育人育智合力。从教材的编排看，也准确把握住融通整合的精髓。那么，在教学设计上，要充分领会理念，完全落实精神，就应该采取任务驱动学习、方法引领实践的策略，实现教学目标。

所谓"任务驱动学习、方法引领实践"，通俗地说，就是做中学、学中做，按部就班地完成学习任务。那么，综合性学习单元"遨游汉字王国"要完成哪几项任务、怎样完成任务？

1. 任务驱动学习。

通读教材，明确任务。让学生拿出笔来静静地阅读教材，边读边做批注，列出要完成的任务。

（1）读单元导读页，明确整个单元的三项学习任务：一是"感受汉字的趣味，了解汉字文化"，二是"学习搜集资料的基本方法"，三是"学写简单的研究报告"。读完默记在心中或写在笔记本上，以强化之。

（2）读这个单元的提示页，发现在"感受汉字的趣味，了解汉字文化"之外，增加了一项"为汉字的规范使用做一些力所能及的事情"。

（3）读《汉字真有趣》，明确：①阅读5则"阅读材料"（注意编者提示："阅读材料"供参考）。②自由组成小组，讨论"可以从哪些方面了解汉字"。③制订一个活动计划（这是一项写应用文的任务，制订的计划必须是可以落实的）。④根据计划"开展活动"（在教材五则"阅读材料"之外，且不一定都在教室里搜集资料）。

（4）读"活动建议"，明确两项"硬"任务，一是开展猜字谜活动（要求：计划好活动时长、活动地点、负责出谜的人，规定活动方式，如办成"游园式"还是"竞猜式"），二是办一次趣味汉字交流会（要求同"猜字谜活动"）。

（5）读《我爱你，汉字》，明确一项"硬"任务：写一份简单的研究报告，其研究的内容，一是围绕汉字历史（给的阅读材料有《汉字字体的演变》和《甲骨文的发现》）或汉字书法（给的材料有四幅书法作品照片和《书法欣赏》）写简单的研究报告；二是调查同学的作业本、街头招牌、书籍报刊等用字不规范的情况，写简单的研究报告。

（6）读《关于"李"姓的历史和现状的研究报告》，了解简单的研究报告的一种规范写法（行文"框架"或思维模型）。

以上六项阅读内容以及读后形成的项目任务，要在静静地阅读、做笔记中明晰（当然需要教师的指导）——尽可能批注出来、讲述出来。然后，照着做。

2. 方法引领实践。

实践活动，是在教师指导下的学生自主实践。教师指导是实践活动能否达成教学目标的关键。那么，这些实践任务的完成，需要教师做哪些关键性的指导呢？

（1）"活动计划"的制订需要指导。一份完整的"活动计划"主要包括：①计划完成的时间；②计划完成的人员（写清楚负责人、参与者）；③计划的内容（核心部分）；④希望产生的效果或影响等。即"活动计划"的制订方法要指导。

（2）开"交流会"需要指导。同样，"交流会"的时间、地点、交流的主持人、交流的内容和形式、交流会要实现的目标等，都要想明白、定清楚，并用文字写下来。即"交流会"的召开流程需要指导。

（3）写简单的研究报告需要专业指导。

（4）关于"阅读材料"的阅读与运用。①《汉字真有趣》的五则"阅读材料"：第一则《字谜七则》，一是猜谜、二是感受谜面的特点（有趣）。第二则《门内添"活"字》，感受汉字的表意特点和历史人物（曹操、杨修）的智慧。第三则《有趣的谐音》，感受谐音类歇后语的妙趣。第四则《"枇杷"和"琵琶"》，感受同音词误写以及"无巧不成书"式的机智。第五则《有趣的形声字》，是长见识学知识。这五则材料是"汉字的趣味"最重要的五种类型，学生阅读感受到"汉字真有趣"之后，再通过"查找图书""网络搜索"或"请教别人"搜集更多的（每一类）内容，在"交流会"上交流。②《我爱你，汉字》的五则"阅读材料"，第一则《汉字字体的演变》、第二则《甲骨文的发现》、第四则《制定国家通用语言文字法的必要性》，主要是长见识学知识；第三则《书法欣赏》（结合书法课——是"加强语文课程内部诸多方面的联系"的具体体现）主要是学知识和审美鉴赏能力培养；第五则《关于"李"姓的历史和现状的研究报告》是认识一种新文体，并为尝试写这种文体提供"物质基础"。

这些"阅读材料"对于五年级的学生来说，基本一读就懂或多读几遍就懂，几乎没有难度（教师没必要指导）。放手让学生去读，教师只备咨询。

三、尝试写简单研究报告的独特价值和教学建议

尝试写简单研究报告是最具研究含金量的学习任务，即最具研究含金量

的阅读与写作综合体。虽然，它在2001年就进入小学语文课程视野（按课程标准要求，实属"规定动作"），但是近二十年的实践表明，"尝试写简单研究报告"几乎名存实亡，很多教师根本没去做——也做不了——因为大部分教师自己都不会写或没有写"简单研究报告"，如何指导学生去写？其实，简单研究报告的撰写，早在20世纪初，就已经是上海小学课堂的教学内容（见胡适先生的《四十自述》），也是当下美国中小学语文课程的常态。

今天，怎么把"学写简单的研究报告"落到实处呢？

1. 用好范例，掌握"框架"。

原人教版教材五年级下册提供了两篇范例（遗憾的是，都既没有注明作者，也没有注明出处）：《奇怪的东南风——关于爸爸咳嗽病因的研究报告》和《关于李姓的历史和现状的研究报告》。统编教材留下后一篇，并做了修改：（1）在"李姓"的"李"上加了双引号。（2）增加了五处旁批。加旁批是统编教材的创新之一，在策略单元、习作单元、综合性学习单元以及学习批注单元，都留下旁批的痕迹，还有些课文也留下给学生作批注的空白区域。（3）增加了文章出处——"本文是自编课文"。

这个"阅读材料"是特殊的，需要特殊处理——认真地教。综合性学习单元的"阅读材料"主要是让学生自主阅读的，自主选择运用（即"阅读材料"供参考），唯独《关于"李"姓的历史和现状的研究报告》需要"教"。因为这是一篇简单的研究报告范文——唯一的一篇！

其一，了解"研究报告"的一种框架（思维模型）。标题是"研究报告"所研究内容的概括；主体内容包括"问题的提出""研究方法""资料整理""研究结论"四个部分并独立成行。这是一眼就能看得出的外在形式。

其二，了解各部分的内容要求及其逻辑关系。这个要求和逻辑关系，编者已经通过旁批的形式直接告诉你，因此，必须认真阅读旁批。比如：标题部分旁批"研究报告的标题要体现研究的主要内容"，"问题的提出"部分旁批"写出研究的目的"……这些旁批，编者都写得明明白白，五年级的学生都读得懂。因此，让学生静下心来阅读，是基本的教学安排，如果读不懂，请学生提出来，老师相机讲解。

其三，了解隐含在字里行间的"表达秘籍"——教师不点学生难明。比如,"研究方法"部分,作者分点叙述,每一点提示一种方法;"资料整理"部分,用表格的方式呈现,一目了然;"研究结论"部分与"资料整理"部分相比,文字表述基本上是一一对应的关系,只是文字叙述比表格中的内容更简练一些……这样的内在关系,如果教师不点破,学生是较难自悟的。而一旦点破,学生写起来就容易多了。这就是为什么需要教师教的道理。

2. "依葫芦画瓢",尝试写作。

既然教材提供的范例是《关于"李"姓的历史和现状的研究报告》,那么学生较容易"上手"的就是写关于某姓的历史和现状的研究报告了。先布置学生搜集关于某姓(最好是自己的姓氏)的资料,然后尝试取舍资料、整理资料,形成一篇篇关于某姓的历史和现状的研究报告。学生会从中感受到:(1)写简单的研究报告并不难。(2)自己的姓氏大有来头。(3)姓氏文化(包括汉字文化)博大精深。学生有了这样的阅读和写作体验,离达到综合性学习"学术研究"的目标就不会太远。

3. 扩大范围,成为常态。

学习贵在举一反三。学生切身体验到简单的研究报告并不难,又经历了这样一种写作过程("这一类"),再写其他种——比如,尝试围绕"汉字的历史""汉字书法""生活中用字不规范的情况"撰写简单的研究报告,就只是花时间的问题了。

4. 改进评价,强调"做"。

综合性学习是将实践放在第一位的,与之匹配的"主要学习方式之一是探究"。因此,评价必然需要改进而与之相适应,即采取表现性评价,强调的是"做",既注重"做"的过程也注重"做"的结果。比如,规范地注明所援引资料的出处,这样就既是过程的评价指标,也是结果的评价指标。

总而言之,综合性学习是语文课程最具创造性也最具挑战性的,属于"研究型、项目化、合作式学习"的内容和方式,尤其是尝试撰写简单的研究报告,更是含金量极高的阅读与表达综合体。照着统编教材综合性学习的编排去"做",语文课程的境界必将大大开阔,学生的深度学习必将大有长进,创新能力也必将大有提升。

26.《综合性学习：奋斗的历程》
教材解读和教学建议

2022年版课标从第一学段就提出了"综合性学习"的目标与内容，但是教科书将其作为单元学习任务编排，是从三年级开始的。三、四年级和六年级的"奋斗的历程"融入普通单元中，五年级的"遨游汉字王国"和六年级的"难忘小学生活"为独立单元。第一学段诸如培养好奇心、提出问题、用口头或图文等方式表达等，则分散在"单元训练"系统中。

小学阶段"综合性学习"一览表

年级册次	名称	实践活动/学习任务
三下	中国传统节日	了解、记录、整理、写作、展示、评价作品
四下	轻叩诗歌大门	合作编小诗集、举办诗歌朗诵会
五下	遨游汉字王国	了解、制订计划、猜字谜、调查、撰写简单的研究报告
六下	奋斗的历程	开阅读分享会、制作小诗集、写心愿
六下	难忘小学生活	回忆、分享难忘记忆，制作成长纪念册，策划、举办毕业联欢会，给母校/自己写信

一、吃透编写意图、把准教学价值

六年级下册增加一次综合性学习内容，主要意图和价值至少有以下三点：第一，强化习近平新时代中国特色社会主义思想指导，增强革命文化和社会主义先进文化传承与理解；第二，落实"双减"文件精神，适当增加六年级下册教科书内容，确保毕业班"不得有提前结课备考、违规统考"[①] 等行为发生；第三，增强教学内容的整体性，集中将有关革命文化的阅读材料、复习巩固并运用阅读方法和写作实践（搜集红色诗词并制作诗集、表达心愿）等整合起来。

本单元的"阅读材料"，是将上一次修订的教科书中分散在"阅读链接"中的材料集中起来（见下表），这样能够克服以往重视不够、落实不力的问题。

阅读材料	阅读材料来源
《毛主席在花山》	2020 年 7 月第 2 次印刷的六年级上册第二单元《灯光》的"阅读链接"
《狱中联欢》	
《伟大的友谊》	
《春天的故事》	
《十里长街送总理》	2021 年 1 月第 2 次印刷的六年级下册第四单元《为人民服务》的"阅读链接"
《飞夺泸定桥》	新增，选自人民教育出版社《全日制十年制学校小学课本（试用本）语文第九册》
《囚歌》	新增，选自人民教育出版社《六年制小学课本语文第十一册》

二、了解实践活动、明确目标任务

认真阅读教科书编者的提示，抓住关键信息，边读边圈画、批注，形成任务清单或任务导图，使学习目标任务一目了然，以便按图实施，提高学习效率。

[①] 中共中央办公厅 国务院办公厅. 关于进一步减轻义务教育阶段学生作业负担和校外培训负担的意见［EB/OL］.［2021-—07-24］［2022-03-27］, http：//www. gov. cn/zhengce/2021-07/24/content _ 5627132. htm.

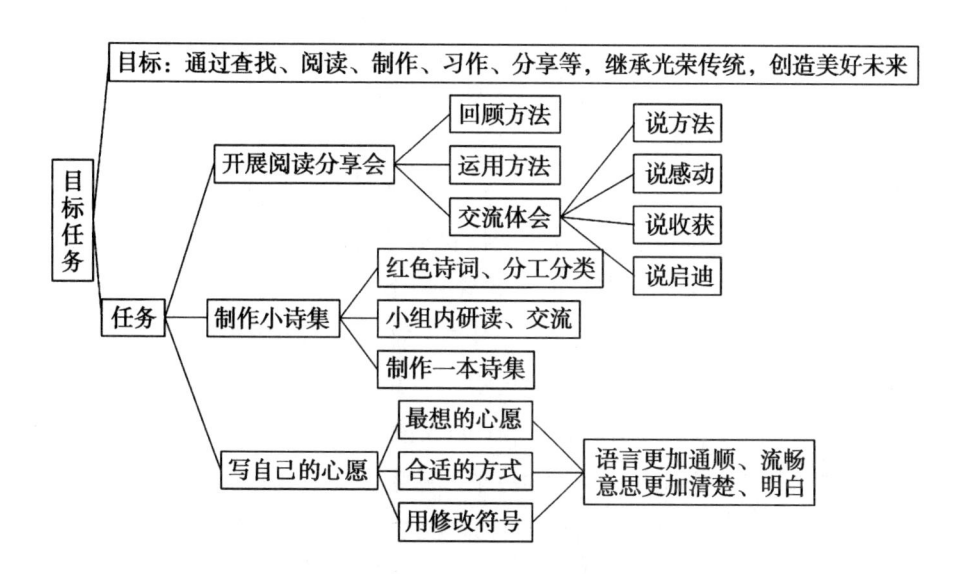

```
                目标：通过查找、阅读、制作、习作、分享等，继承光荣传统，创造美好未来
                                    ┌─ 回顾方法 ─┐  ┌─ 说方法
                     ┌─ 开展阅读分享会 ─┤ 运用方法  │  │─ 说感动
                     │              └─ 交流体会 ─┤─ 说收获
        目标任务 ─┤                                └─ 说启迪
                     │              ┌─ 红色诗词、分工分类
                     │─ 制作小诗集 ─┤ 小组内研读、交流
              任务─┤              └─ 制作一本诗集
                     │              ┌─ 最想的心愿
                     └─ 写自己的心愿 ─┤ 合适的方式 ── 语言更加通顺、流畅
                                    └─ 用修改符号      意思更加清楚、明白
```

三、区别对待，精准施策，有效完成任务

开展阅读分享会，制作小诗集，写一写自己的心愿。这些任务都具有挑战性，需要提前准备、全程跟踪、精心指导、及时评价。

（一）开展阅读分享会

这是一次"会"。要开好会议，就得明确会议目的、准备会议材料、组织会议、记录会议等。

1. 会议目的。通过运用阅读方法读"阅读材料"、分享阅读收获，进一步提高阅读能力，受到革命传统文化教育，升华爱国主义思想感情。

2. 会议材料。阅读方法、阅读材料和阅读笔记（学生的）。

学过的阅读方法及所在年级一览表

阅读方法	所在年级	相关课文
抓住关键句，把握文章的主要观点	六年级上册第六单元	《只有一个地球》《青山不老》《三黑和土地》
关注外貌、神态、言行等描写，体会人物的内心和品质	五年级下册第四单元 六年级上册第八单元 六年级下册第四单元	《青山处处埋忠骨》《军神》《少年闰土》《好的故事》《我的伯父鲁迅先生》《清贫》《十六年前的回忆》《董存瑞舍身炸暗堡》
查找相关资料，加深对文章内容的理解		

199

续表

阅读方法	所在年级	相关课文
体会场景、细节描写中蕴含的感情	五年级上册第六单元	《慈母情深》《父爱之舟》《"精彩极了"和"糟糕透了"》

3. 会议准备。运用方法阅读"阅读材料",按要求记录阅读收获。编者提到的四种阅读方法是有所针对的（教科书中的"泡泡语"有所提示）。具体而言,《毛主席在花山》侧重于"关注外貌、神态、言行等描写,体会人物的内心和品质";《十里长街送总理》《飞夺泸定桥》《狱中联欢》侧重于"体会场景、细节描写中蕴含的感情";《伟大的友谊》侧重于"抓住关键句,把握文章的主要观点";《囚歌》《春天的故事》侧重于"查找相关资料,加深对文章内容的理解"。在运用方法有针对性地阅读时做笔记,记录自己的阅读收获。其"收获"也应该因文而异。

教学时,可以结合编者在"泡泡语"的提示,以主要问题的形式引领学生记录相关信息,以便"分享会"上交流。如:《毛主席在花山》,从毛主席在花山的哪几件小事以及神态、语言、动作的描写中,体会毛主席是一位怎样的领袖。《十里长街送总理》,从人们的哪些表现,体会到人们对失去周总理的悲痛心情和对周总理的敬爱之情?《飞夺泸定桥》,用小标题概括红四团飞夺泸定桥的经过,从红四团"夺桥总攻"的场面中,感受到红四团怎样的英雄气概?《狱中联欢》,从革命者在狱中表演歌舞的场景中感受到革命者怎样的精神风貌?《伟大的友谊》,从马克思与恩格斯的相处中,对"友谊"有了怎样的理解?《囚歌》,叶挺将军是在什么情况下写出《囚歌》的?从中感受到叶挺怎样的内心和品质?《春天的故事》,作者蒋开儒、叶旭全是在什么情况下创作《春天的故事》的?歌词表达了作者怎样的思想感情?以上阅读可以课内与课外相结合。课内回顾阅读方法、明确阅读任务,课内课外接续阅读实践。

4. 会议组织。既然是"阅读分享会",就需要主持人,通过主持人的主持使会议目标明确、过程有序、达成目标。建议主持人为语文老师,并选举一名学生来协助。阅读分享会的程序如下:首先,同桌交流阅读笔记;然后,分小组交流（建议分为6组,组内详细交流、补充,推荐1位代表与全班交流）；最后，各小组派代表在全班交流。交流的内容大致为：用什么方法阅读→阅读的收获（围绕以上问题）→其他小组补充或提问→主持人小结或提炼。

5. 会议"纪要"（可选择）。建议用手机记录"阅读分享会"全过程，然后由会议主持人或协助者对会议进行梳理，或以会议为素材写一篇作文。

(二) 制作小诗集

学生在四年级下学期已经编过小诗集了。这次与四年级合作编小诗集略有不同，一是内容全是"红色诗词"；二是要全班共同制作一本诗集。怎么做呢？

第一，分组分类搜集。建议分为三个小组：一组专门搜集革命领袖、革命英雄写的诗词，如我们学过的就有毛泽东的《七律·长征》《菩萨蛮·大柏地》（六年级上册）、周恩来的《无题·大江歌罢掉头东》（四年级上册）等等；二组专门搜集歌颂中国共产党、歌颂新中国的诗词，如《延安，我把你追寻》（四年级上册）等等；三组搜集讴歌改革开放和新时代的诗词，如《在希望的田野上》（六年级上册）等等。

第二，搜集途径。可以到学校图书馆，当地的图书馆、书店，也可以上网搜索。可阅读的图书如《毛泽东箴言》（中国中共文献研究会编订）、《毛泽东诗词书法诗意画鉴赏》（季世昌主编）、《周恩来寄语（青少年版）》（周恩来思想生平研究会编）、《重读先烈诗章》（中共中央宣传部宣传教育局编）、《我们走在大路上：1949—2019》（大型文献专题片《我们走在大路上》创作组著）等等。

第三，研读诗词。小组内阅读搜集到的诗词，交流各自的感受和体会。先朗读，读得朗朗上口；再结合诗词创作背景，思考诗词表达的思想情感；最后精选若干首（建议每组10首左右）与全班合集。

第四，制作一本诗集。第一步，按一定的比例（如，各类10首左右）精选诗词内容；第二步，按类别分先后编排目录；第三步，征集评选最佳诗集名字，集思广益给诗集起名字、评选出最佳名字，例如，"红星照亮奋斗历程"；第四步，给诗集封面、内页插图；第五步，给诗集撰写序言。（注：序言，也称序，是写在著作正文之前的文章。有作者自己写的，多说明写书宗旨和经过，也有别人写的，多介绍或评论本书内容。）序言可以由同学写，也可以由语文老师写。最后两步,可作为选择性作业,有这方面人才的班级可以完成,若暂时没有的,可以放弃。

(三) 写一写自己的心愿

认真阅读教科书编者的提示,静下心来想一想自己的心愿。如何表达自己的心愿呢?

第一,按教科书的提示,准备、构思、写作和修改。说起构思,可想想课文《灯光》,回忆一下"只有二十二岁"的"著名的战斗英雄"郝副营长的心愿;琢磨一下作者王愿坚是怎样叙述故事来表达郝副营长的心愿的。

第二,要特别注意这次习作的新要求,体现新意。一是注意选择材料。要选择"能够更好地表达你的心愿"的材料;二是注意选择表达方式。"选择一种适合的方式来写"。你擅长记叙故事、写信、写日记还是创作诗歌?如果你愿意尝试过去没有用过的方式来表达你的心愿,或者用不同方式表达同一个心愿,就更有小学毕业生的气派哦。

第三,用日记记录心愿历程。用日记表达自己的心愿,别有一番风味。建议:不要只写一篇日记,而是连续的多篇日记——记载自己心愿的产生、变化、定型的心路历程。

心愿写出来了,不要忘了用修改符号修改,直到语言更加通顺、流畅,意思更加清楚、明白为止。当然,更为重要的是,用行动实践心愿、用心愿照亮实践。

27.《综合性学习：难忘小学生活》教材解读与教学建议

六年级学生即将毕业了，统编教科书六年级下册第六单元（最后一个单元）设计了特殊的学习活动。第一，这个单元是综合性学习单元；第二，是"难忘小学生活"——回顾、梳理、提升、展望，主题内容都为"难忘"；第三，有新任务——策划活动，写出策划书，编排成长纪念册，举办毕业联欢会等；第四，学习生活方式多样化——不一定在学校、教室，不一定要老师教授，不一定阅读纸质资料，不一定读和写，表现的心情不一定是平静等。对于这一单元，教师怎么展开教学为宜？笔者建议如下。

一、处理好昨天、今天与明天的关系，温故知新

本综合性学习单元，虽然有不少新的学习任务，但大多是建立在已有的知识和能力的基础上。在教学时，教师要注意帮助学生提纲挈领地梳理过往，温故知新。（1）制作成长纪念册。从三年级的日记，到四年级的诗集，再到如今六年级的纪念册，要有一个回顾后创新的过程。（2）写信。从四年级学习给"亲友或者其他人"写信到定向/创意写信。（3）写演讲稿。从六年级上册"口语交际：演讲"到毕业写演讲稿。（4）新的写作内容：策划书、毕业赠言、卷首语、主持中的串词、报道稿。这五项写作任务，是实用文体，要好好教、好好练。（5）整理资料。从搜集资料（三年级）到整理资料写简单研究报告（五年级），再到运用学过的方法整理资料，逐步积累。

本单元特别提出"运用学过的方法整理资料"。那么，学生以往学过哪些整理资料的方法呢？我们可以借助表格（见表1）回顾小学期间从搜集资料到整理资料的学习历程。

表1 搜集、整理资料能力的系统训练内容

年级	册次	内容	方法
三	下	搜集传统节日的资料 整理搜集到的资料	问问长辈再去查查相关资料 用表格记录了解到的信息 制作关于……的手抄报
三	下	初步学习整合信息，介绍一种事物	用图表查找资料，整理信息
四	上	写观察日记	观察日记（①图文结合；②做表格）
四	下	查阅资料，了解我国在航天领域的最新成就	
四	下	根据需要搜集资料，初步学习整理资料的方法	阅读报纸、杂志、书籍等方式，搜集现代诗 摘抄本抄写（写清楚作者和出处） 从诗人、内容、形式等角度分类编小诗集
五	上	结合资料，体会课文表达的思想感情	
五	上	搜集资料，用恰当的说明方法，把某一种事物介绍清楚	查找资料，……和同学做一份手抄报
五	上	根据要求梳理信息，把握内容要点	搜集并整理……相关信息，照样子填写表格
五	下	学习搜集资料的基本方法	查找图书、网络搜索、请教别人 把搜集到的资料整理出来（表格），对资料进行简要的概括和分析
五	下	历史上有无数为国捐躯的英雄儿女，查找资料	
五	下	搜集资料，介绍一个地方	有目的地查阅相关资料，记录资料来源 分类整理资料 筛选资料，剔除无关信息，补充完善

续表

年级	册次	内容	方法
六	上	有的信息可能是不准确的，需要再查查相关资料加以判断	
	下	查阅相关资料，加深对课文的理解	查找资料，了解先烈的革命事迹
		运用学过的方法整理资料	

通过表1，学生在小学阶段学过的整理资料的方法一目了然，如图文对照法、表格法、分类摘抄（注明出处）法以及制作手抄报、编成集子，等等。

二、提前布置准备学习活动，课内与课外结合

虽然《综合性学习：难忘小学生活》编排在第六单元，但是，其"学习"绝不是待第五单元结束了才开始，而要早就开始、早就准备。早到什么程度呢？一开学就开始——倡导开学的一二课，不要急于"上课"，而要通读教科书——不是让学生课外泛泛而读，而是在课堂上认真地读。在这个时候，我们要让学生明确本学期要读的课文、要写的习作、要查阅的资料、要开展的活动，等等，做到心中有"数"，行动不慌。对于这个单元，至少有以下任务是需要提前布置、常常提醒的：（1）收集成长照片（最好是有关集体学习生活的）；（2）收集各种作品（习作、书法、美术等）；（3）收集各种荣誉资料；（4）准备毕业联欢会的节目；（5）顺便教学生一项新"技能"——备忘（最简单的是在日历上备忘）。

三、合理使用教材，培养学生的综合能力

（一）回忆往事

1. 填写时间轴、分享难忘回忆。

六年时光，匆匆而过，现在你就要和小学说再见了！这六年，那些特别难忘的时间、人物、故事，大家可以想一想，还可以通过收集、筛选照片，翻阅日记、习作，查看成绩单、评语等回忆起来，用关键词（或一段话）记在备忘录中，然后从备忘录中精选六七件，填写在"时间轴"上。（如果嫌教科书上的"时间轴"太小，就另外设计吧，设计自己的时间轴，也是一种能

力)。贴上相应的照片(没有照片,画画也行),与同学分享。

2. 制作成长纪念册。

(1)选材。"成长纪念册",包含的意思,一是成长,二是值得纪念。成长是体现自己由不知到知,由不明到明,由不晓事到晓事的过程,即精神成长,而不单单是年岁、身高、体重的增长。正因为我们的精神成长了,才值得纪念。只有那些印象深刻的,才会被时常记起念及,因此,你要能从那么多的资料中"选出最能反映你小学生活的有代表性的资料"。

(2)自己动手制作。"成长纪念册"一定是自己"白'纸'起家"制作的。只有这样,才是学习,也才能表现出你的独特个性和创意。因此,除了笔墨纸砚颜料胶水等你不能制造的原材料外,其他都由自己(或家长、同学、老师帮助)制作。

(3)制作步骤。教科书已经教授制作成长纪念册的"三步骤"了,学生按部就班即可,要特别注意以下两个能力训练点。

第一,给资料分类。教科书提供了"编年体"和"栏目式"两种分类方式,基本够用。我们可以有所改变创新,如在词组的运用上有变化,同样是"编年体",可以有自己的"提法"。这个"提法",体现了你的创意,还可以有其他用途,如作为纪念册目录。

编年体		编年体		编年体
一年级——我上学了		2014年9月1日——校门口		
二年级——我进步了	⇨	2015年6月1日——红领巾	⇨	
三年级——我长大了				
四年级——我学会了				
五年级——我做到了				
六年级——我毕业了				

第二,设计纪念册。在设计过程中,我们要注意能够体现"语文"能力的提高。我们可以先回顾四年级《综合性学习:轻叩诗歌大门》的学习,并把那年做的"诗歌集"拿来看看。两年之后制作的"毕业纪念册"应该比以前进步了。在哪些方面更进步呢?①取一个贴切的名字;②创作"卷首语"或"成长感言";③为每张照片创作简短、有趣的文字介绍;④提炼合适的小

标题；⑤节选或缩写长文章；等等。其中①③④⑤都是"旧知旧能"，创作"卷首语"或"成长感言"是"新知新能"，得好好学习。

什么是"卷首语"？一般解释为图书或杂志扉页的文章，可以让读者很快感受到书刊的观点、主题，是书刊的主体思想的体现……毕业纪念册的"卷首语"可以写些什么呢？①写一篇散文吧。或谈谈对小学六年生活的感想；或抒发对同学、师长、母校的留恋之情；或展望未来学习生活的美好图景；等等。②创作一首小诗吧。同学们在四年级时就尝试过了，还在坚持创作吗？选一个学习活动（或校园、人物等），"剪影"成一首小诗，为你的纪念册点一盏"灯"。③讲一个小故事。把自己的想法（如情感、愿望、理想等）隐藏在故事里。④如果暂时没有灵感，你就"拿"别人的来用吧——但一定要注明出处。比如，发现某一期期刊或图书的"卷首语"特别打动你（或特别应景），就抄下来也未尝不可（最好把自己的感受，比如摘抄的原因也写出来）。

3. 认真阅读"阅读材料"。

认真阅读"阅读材料"中的《老师领进门》（刘绍棠）、《作文上的红双圈》（黄蓓佳）两篇文章，再次领悟"十年树木，百年树人；插柳之恩，终生难忘"的韵味，领悟那"红双圈"引发的偶然与必然的哲思。

《老师领进门》，记叙"我"那时（1942年）读书的情景。你可能无法想象，一位教师怎么能够同时教得了"四个年级四个班"的"四十人"呢？是啊，时代变化多快啊，我们现在的学习条件，与那时相比真是发生了翻天覆地的变化，唯有不变的是，老师的用心和同学的勤奋！此其一。其二，这篇文章的叙述方式很"新"，而且可以常用。比如，引用的行文格式，同学们还记得什么时候接触过吗？对了，五年级的《青山处处埋忠骨》，六年级的《鲁滨逊漂流记（节选）》。同学们看，是不是这两种格式可以直接"拿"来用呢？可能你在"卷首语"的写作中就用上了。

《作文上的红双圈》，同样是一篇回忆性的散文，写作原因同样是因为老师的教育之恩。这是不是也勾起了同学们对往事的回忆？你是不是也有过类似的经历？我们可以回忆一下小学阶段读过的有关老师的课文，如《一张画像》《不懂就要问》《一只窝囊的大老虎》《为中华之崛起而读书》《别了，语文课》《他们那时候多有趣啊》等。如果有感触，你就赶紧写下来吧，以书信的方式最好，可以一举两得。

（二）依依惜别

1. 举办毕业联欢会。

这是综合能力的表现，是才艺大展示，也是情意抒发的好时机，是每个人小学生活的"圆满的句号"。因此，必须人人参与。要办好毕业联欢会，必须早策划、早准备。这里涉及几项语文能力，比如，口语交际中联络、协调、请求、主持会议等，习作任务中写策划书、主持与串词、剧本、报道稿、演讲稿等。以下重点对写作任务的落实提出建议。

写策划书。策划书属于应用文（见表2）。是关于筹划、谋划的文本。"毕业联欢会活动策划书"怎么写呢？教科书已经提供了范本，同学们照着"填空"就行。需要特别提醒的是：（1）人人都写（作为应用文练习）；（2）由班委敲定一份，在班级毕业联欢会活动中使用。

表2 小学阶段应用文一览表

年级	册次	应用文
一	下	《动物王国开大会》渗透《通知》的基本要素
二	上	学写留言条
三	上	学写日记
	下	学写通知、试验报告、寻物启事
四	上	写观察日记、写信
五	上	制定班级公约、使用电子邮件、缩写、做手抄报、设计海报
	下	学写课本剧、写读后感
六	上	学写演讲稿、倡议书、读/改说明书
	下	写作品梗概、制作成长纪念册、写策划书、写主持与串词，报道稿

准备主持语与串词。主持语与串词，就是节目主持人在主持节目（使整个活动自然向前推进）时说的话。一台节目精彩或不精彩，主持人的台词和串词的文采（包括主持人的风采）很关键。主持语一般包括开场白、串词和结束语三部分。（1）开场白。节目正式开始前主持人说的话。这话可不能随便说说，一要与活动主题契合（联欢会）；二要富有文采，才能起到调动观众

情绪、拨动观众心弦的作用（所谓"暖场"）。比如，毕业联欢会，主题必然是喜庆的、热闹的，但又隐含淡淡的伤感和深深的祝福。因此，开场白要富有激情，但又不可太张扬。（2）串词。就是把上下节目连贯起来，使之过渡自然、推进顺畅。一般会对上一个节目稍做点评（或感谢节目演出人员，或感谢观众的热情参与），接着对下一个节目稍做"宣传"（调动观众的"欣赏期待"），或直接播报下一个节目（请观众欣赏），等等。由于演出的不确定性，串词也会临场变化——这是对主持人的临场应变能力和语言的调度能力的考验。写串词，要对节目内容和顺序了然于胸。（3）结束语。结束语与开场白遥相呼应（就像一篇文章的开头与结尾。其实，主持与串词，就像一篇文章），要对整个联欢活动做简要总结（点评、感谢）、精彩回味、未来期许、温馨提醒等，使人感到余味无穷、依依不舍。怎样把主持与串词写好？我们可以多看看优秀的电视节目吧。

写剧本。若要将"小学生活中令人难忘的事情改编成小品演一演"，必然涉及剧本的写作（在四年级《西门豹治邺》接触过剧本）。剧本的开端、结尾和对话中间，有一些说明性的文字，包括人物表、时间、地点、服装、道具、布景以及人物的表情、动作、上下场等"舞台说明"，主体部分为角色的对话。我们当然希望每个同学（或小组）都创作一个剧本，然后选择几个出色的进行排练，在毕业联欢会上演出。改编剧本之前，我们要先创作故事（"难忘的事情"），然后根据故事进行改编。

写报道稿。报道稿属于"消息"，是简要而及时地报道事件。毕业联欢活动报道稿，就是把（某班）毕业联欢活动举办的时间、地点、参加人员、活动内容和意义（气氛）等内容写清楚（活动内容部分稍微具体一点），再加上一个标题（也可以加一个副标题）。写好后，可以拿到学校"红领巾广播站"广播，或投到学校校刊上发表等。当然，你可以借助多媒体技术，制作"美篇"，使报道更丰富、更快捷、更吸引人。

写演讲稿。我们在上学期《口语交际：演讲》中撰写过演讲稿并且演讲过了。这一次是专门的毕业演讲，要对"谁""讲"些什么呢？这个"谁"自然是同学（同班、同届等）、师长（或母校）了；"讲"的内容自然与毕业有关，如友谊、感恩、期待、祝福等。我们可以确定一个主题，表达一个观点，写一篇演讲稿,然后演讲,并选出一两篇在毕业联欢会上演讲。

2. 写信。

我们在四年级学过写信,但是,这一次的写信有点儿意思——对象有规定、内容有新意(创意)。(1)写给老师或同学,自然是回忆共同度过的美好时光,表达深切的感恩、深深的不舍之情了。(2)写给母校。这个对象很特殊,不是具体的某个人,既要回忆美好时光,更要提出中肯建议、期许美好未来。(3)写给自己。这一项更具挑战!写的时候,不妨把自己幻化成"你",然后对"你"倾诉——规劝、鼓励、憧憬等,总之,对"你"一往情深、无比期待,展望未来、放飞梦想。这封信当然是秘密了。因此,不妨贮藏起来,将来某一时刻(也许自己在信里规定了)再开封,那一定别有一番滋味在心头!这三封信,大家都要写(当然,不要挤在一起),建议写好信封、贴上邮票寄出去——写给老师或同学的,自然由老师或同学收;写给母校的由校长收;写给自己的自然是自己收。若干年后,这些信都是一笔宝贵的精神财富!特别是给母校的,中肯建议可能被采纳,原件可以存放到学校图书馆而成为校史、校园文化的重要组成部分。我们还特别期待,大家的习作能够编排成集,留在学校的图书馆里,成为"学校图书",成为校园文化之精华。而自己收到自己的信,不妨珍藏等待未来开封。这是小学阶段最后一篇习作了,一篇别开生面的应用文至此写完了。

3. 认真阅读"阅读材料"。

《我为少男少女们歌唱》(何其芳)、《聪明在于学习,天才在于积累——华罗庚1956年在北京大学的演讲》(华罗庚)、《给老师的一封信》(戚书哲)、《毕业赠言》,这几篇文章,不是待前面的任务都完成了,再来阅读,其实,这些材料可能早就阅读了、早就用了。

《我为少男少女们歌唱》,是一首现代诗(我们在四年级《综合性学习:轻叩诗歌大门》集中阅读过、创作过,还编排过诗集),热情奔放、充满力量。我们不仅要朗读、背诵,还要模仿写一两节,更可以做"诗朗诵"的内容在毕业联欢会上表演。

《聪明在于学习,天才在于积累——华罗庚1956年在北京大学的演讲》是一篇演讲稿。学习时我们一要认识演讲稿这种文体,二要接受思想教育,三要模仿写一篇演讲稿。建议把这篇演讲稿提前到第五单元，在学习《真理诞生于一百个问号之后》时，与议论文互学。这篇演讲稿使用了"副标题"——这是小学阶段第一次接触，要了解、尝试运用（写"报告稿"就可以用上）。"副标题"是对主标题进行解释、说明、补充等等，以增加表达效果。比如，本文的"副标题"对主标题进行了解释、说明、补充，增加了表达效果。

《给老师的一封信》，除了再复习书信的格式外，可以和《老师领进门》《作文上的红双圈》一起阅读，以便突出"书信"的特点，如明确的对象、语言的情态、真挚的情感等。随着时代的变迁，纸质书信减少，电子邮件等形式被广泛使用，书信在人与人沟通中具有独特的魅力。

《毕业赠言》，提供了写给老师的三则、写给同学的二则例子，虽然对象不同、角度不同、长短不同，但是情感相同——真诚的感激、美好的祝福。

至此，本单元《综合性学习：难忘小学生活》结束了，让我们带着满满的收获，和小学生活说一声——再见啦！

28. 革命文化类课文教学的价值和建议

　　2022年版课标明文规定语文课程的学习内容，"体现中华优秀传统文化、革命文化、社会主义先进文化的作品，应占60%－70%"。这是以往教学大纲、课程标准中所没有的。为什么要这样安排呢？

　　一方面，是扭转以往教材对革命文化类课文重视不够的局面的需要。据笔者统计，1995年版人教版教材共有革命文化类课文48篇，涉及革命人物27位，其中有名有姓的就有19位，如毛泽东、周恩来、朱德、邓小平、刘伯承、李大钊、方志敏、董存瑞、黄继光、邱少云、江姐、王二小、雨来等。而"一标多本"时期，人教版减至23篇17位，语文版18篇14位，苏教版13篇10位，北师大版10篇10位。2019年全面推开使用的统编教材，革命文化类课文明显增加，达到34篇（未包含鲁迅和鲁迅单元）。相信根据2022年版课标修订的统编教材还会进一步扩充革命文化类课文的数量。

　　另一方面，是"把立德树人作为语文教学的根本任务"的需要，更是"赓续红色血脉"的需要。2022年版课标在"学段要求"中明确提出，第一学段要"初步懂得幸福生活是革命前辈浴血奋战、艰苦奋斗换来的，激发对革命领袖、革命家、英雄人物的崇敬之情"；第二学段要"感悟革命英雄、模范人物的爱国主义情怀和高尚品质，激发向英雄模范学习的意愿和行动，培养对中国共产党和中华人民共和国的朴素情感，增强民族自豪感"；第三学段要"感受先贤志士的人格魅力，感悟老一辈无产阶级革命家的英雄气概、优良作风和高尚品质，体会捍卫民族尊严、维护国家利益和世界和平的伟大精神"。

一、2022年版课标革命文化内容的分布与学段要求

　　2022年版课标中革命文化的学习内容与要求，主要分布在"实用性阅读

与交流""文学阅读与创意表达""思辨性阅读与表达"和"整本书阅读"等学习任务群中。"跨学科学习"任务群虽没有明文规定，但《义务教育语文课程标准（2022年版）解读》则强调"在跨学科学习中，（把）中华优秀传统文化、革命文化和社会主义先进文化作为重要的学习主题始终贯串所有学段"。2022年版课标各学段、各学习任务群都要求能"讲述"，如"学习具体、清楚、生动地讲述有关老一辈无产阶级革命家和革命英雄、劳动模范、科学家的事迹""尝试用多种媒介方式记录、展示、讲述他们的故事""阅读并讲述革命故事、爱国故事、历史人物故事""运用讲述、评析等方式，交流自己的情感体验""讲述英雄模范的动人故事""讲述自己感受到的家国情怀和爱国精神"等。这与"学段要求"是一致的。"阅读与鉴赏"语文实践活动的规定中就明确提出"能复述叙事性作品的大意""能简单描述印象最深的场景、人物、细节"。

的确，革命文化故事是用来讲述的，讲得清楚、讲得熟练、讲得具体、讲得生动，故事蕴含的"理想信念、爱国情怀、艰苦奋斗、无私奉献、顽强斗争和英勇无畏"等自然就会深入人心。

二、统编教材有关革命文化类课文的编排意图

不论是2022年版课标要求的"创造性地开展语文教学"，还是2011年版课标提出的"创造性使用教材"，都必须以"认真钻研教材，正确理解、把握教材内容"，即"透彻理解课文"为基础和前提。"透彻理解课文"至少包括两层含义：一是透彻理解课文表达的思想内容与作者的表达思路、语言运用技巧；二是透彻理解课后练习的编者意图。二者相互交织、紧密联系，构成教师"创造性使用教材"（也是"创造性地开展语文教学"）的核心内容和必要条件。

教学革命文化类课文，"讲述故事"是主要任务。讲述故事大抵有三种类型。第一类是讲述故事，相当于详细复述。例如，《邓小平爷爷植树》要求学生"结合课文内容和插图，说说邓爷爷植树的情景"，《一个粗瓷大碗》要求学生"说说这个'粗瓷大碗'有什么感人的故事"，《军神》要求学生"以他（沃克医生）的口吻讲讲这个故事"，《狼牙山五壮士》要求学生"根据课文内

容填一填,再讲讲这个故事",等等。第二类是说说主要内容,相当于简要复述。例如,《八角楼上》要求学生"说说毛主席是怎样工作的",《难忘的泼水节》要求学生"用下面的词语,说说周总理是怎样和傣族人民一起过泼水节的",《为中华之崛起而读书》要求学生"想想课文讲了哪几件事,再连起来说说课文的主要内容",《小英雄雨来(节选)》要求学生"给其他五个部分列出小标题,再说说课文的主要内容",《青山处处埋忠骨》要求学生"说说课文的两个部分分别写了什么内容",《开国大典》要求学生"简要说说开国大典的过程",等等。第三类是为解决问题而叙述事件,相当于整合信息、搜集证据形成观点看法。例如,《刘胡兰》要求学生"说说从哪些地方可以看出刘胡兰在敌人面前毫不屈服",《清贫》要求学生"说说你从方志敏的自述中体会到他怎样的品质",《金色的鱼钩》要求学生"说说小说写了一位怎样的老班长",《董存瑞舍身炸暗堡》要求学生"说一说董存瑞是一个怎样的战士",等等。

统编教材34篇革命文化类课文(含阅读材料),要求讲述故事的有24篇,占七成。讲述故事,不仅锻炼学生的记忆能力、理解概括能力,还能渗透思想教育。学生能把故事讲清楚、讲熟练、讲具体,自然会受到精神感染。

三、学生的身心发展规律和认知规律

小学生记忆能力强、形象思维优势明显,讲述故事能发挥他们之所长,还能解决因革命文化类课文离学生生活距离比较远、容易产生隔膜等问题。

1. 讲述故事,能拉近距离、冲破隔膜。

笔者做的一项调查显示,近三成的学生认为"阅读革命文化课文,难以理解其内容"。为了克服理解困难,教材编者对故事内容进行了适当删减,如《朱德的扁担》删掉了战士们"藏扁担"的内容;《黄继光》删减了介绍黄继光出生情况和参加志愿军原因等内容。教材对课后练习也进行精减,使之更加符合学情。教学此类课文可重点指导学生讲述故事。

例如,《吃水不忘挖井人》一课只有3个自然段4句话103个字,简洁地介绍故事发生的地点、主要人物、主要事件。教学中要先着力让学生正确朗读课文,识字学词,读熟课文后尝试讲述故事。反复讲述故事,学生自然就

理解了课文内容。随着学习的深入，学生会慢慢理解"吃水不忘挖井人"就是"过上幸福生活不忘记革命前辈、革命先烈"。面对一年级学生，课文中的"革命""解放"等抽象的词语可以绕过不讲，"乡亲们为什么自己不挖井""毛主席怎样寻找水源"等内容也可以暂时不拓展，因为这些内容并不妨碍学生朗读课文、讲述故事。笔者听一位教师上课，展示动画视频及文字内容。内容涉及毛主席怎样"勘测水源""确定井位"，准备挖井时"村民阻止"，最后"合力挖井"等。文字多达314字，是课文的3倍多，反而加大了学生理解的难度。

2. 讲述故事，促进理解、训练思维、发展语言。

调查还显示，超过七成的学生对"英雄故事情节"感兴趣。讲述故事不仅有利于激发学生阅读兴趣，加深对文本内容的理解，发展形象思维，增强审美体验，还能通过"以正确的语句、文本分析、概括段落的主要意思等作为基础"训练逻辑思维，促进学生核心素养的发展。

从三年级起，统编教材中革命文化类课文的课后练习，要求概括段意、列小标题、抓主要事件，再"说说课文的主要内容"的有6篇。教学中既要在训练概括能力（列小标题）、发展逻辑思维上用功，也要在讲述故事、发展形象思维上发力，促进思想内容理解，培养对革命英雄的崇敬感情，传承红色基因。

3. 讲述故事，传承革命文化，赓续红色血脉，落实以文化人。

革命故事是革命文化的主要载体。讲述革命故事就是传承革命文化，赓续红色血脉，就是"把立德树人作为语文教学的根本任务，清晰、明确地体现教学目标的育人立意"，践行"让文章本身去教育学生"的理念。

革命文化类课文教学，尤其是在"跨学科学习"任务群中，可以适时安排课本剧表演等语文实践活动，多学科参与、多角度展示、多种媒介呈现，发掘革命文化故事的丰富内涵，用革命传统、革命精神滋养学生的心灵。

综上所述，革命文化类课文的教学聚焦讲述故事，符合2022年版课标精神与教材编写意图，符合学生身心发展规律和认知规律。学生借此记住英雄人物、英雄故事，就能自然而然受到熏陶感染和激励鼓舞，逐步树立正确的世界观、人生观、价值观，成长为有理想、有本领、有担当的时代新人。

29. 古典名著课文教学：把握共性　突出个性

——五下第二单元解读与教学建议

置于 2022 年版课标语境中，五年级下册第二单元当属"文学阅读与创意表达"学习任务群。其教学，既要把握古典名著阅读教学的共性——初步学习阅读古典名著的方法，加深内容理解，增强审美情趣；更要突出古典名著阅读教学的个性——为实际阅读原著做一条"引子"，为胜任阅读原著点一下"穴位"，为长远阅读原著留一分"笨拙"。

一、把握古典名著课文教学的共性

本单元选编的四篇课文分别来自《三国演义》《水浒传》《西游记》和《红楼梦》。

教师透彻理解教材，并用足教材直到"创造性地使用教材"开展指导学生学习活动，提高培育学生的核心素养的效益，是教学之正道。这是 2022 年版课标提出"创造性地开展语文教学，充分发挥语文学科独特的育人功能"的题中之义和基本追求。

统编语文教科书通过选文和练习设计来强化主流意识形态，落实社会主义核心价值观，以此"立德树人"。因此，"透彻理解教材"就是透彻理解"选文和练习设计"；"用足教材直到'创造性地使用教材'开展指导学生学习活动"就是在透彻理解选文和练习设计的基础上，引导学生理解选文、完成练习。如果学生连选文都半生不熟，连练习都无法完成，就谈不上课堂教学质量了，就是教之失职师之失责。怎么理解选文、怎么完成练习，关键在教师专业水平和教学艺术上。

（一）读出"文体感受"

理解选文，首先是正确、流利地朗读课文，读出"文体感受"。对于五年级学生来说,"正确、流利地朗读课文",应该也必须是课外预习的事;"读出'文体感觉'",才是课堂上需要教师指导的事。就这四篇课文而言,读好人物对话、读出人物形象,就是"读出'文体感受'"。

例如,《草船借箭》,周瑜请诸葛亮商议军事那段对话,要读出周瑜以"商议军事"为名想治罪诸葛亮的"妒忌者"形象,而最后一声长叹"诸葛亮神机妙算,我真比不上他!"要读出周瑜"心有不甘又不得不服"的形象;《景阳冈》中酒家与武松的对话,要读出酒家的"一片好心"形象和武松的豪爽粗犷"没心肠"形象;《猴王出世》要读出众猴的"猴性顽劣"形象和猴王的"千岁大王"形象;《红楼春趣》则要读出众丫鬟的热闹活跃"群象"和贾宝玉的天真任性形象,等等。

(二)品出点"味儿"

在此基础上,品出点"味儿"。教师"务必捉住儿童高涨的情绪,指导他们用默读、吟唱、想象、表演、体味等等方法,尽情地把课文欣赏一下,务使想象逼真,课文中所描写的情境宛在目前,有似身历其境一般,这才亲切有味"。

尤其是通过默读默会、调动联想想象,努力"进入"选文情境以产生共鸣,享受文学阅读的审美情趣、增强文化自信。这是本单元阅读教学需要有所突破的难点。因为,"语文教科书蕴含的意识形态,是在课文自身的情境中展现的。作品就是它所要表达的意义和价值的载体,目的是让读者能借此如实地感知意义和价值"。

二、突出古典名著课文教学的个性

(一)为实际阅读原著做一条"引子"

课文是"引子",课堂教学亦是"引子"——"引"起学生阅读原著的兴趣,"引"导学生阅读原著的基本路径,促成学生实际阅读原著行为。正如王意如教授在《努力构建阅读整本书的经验》讲座时所引"我们教的不应该是伟大的作品,而应该是对阅读的热爱",激发兴趣、阅读原著。

引导学生实际阅读原著方面,教科书已经做了很好的设计。如《草船借箭》课后第三题"读课文前,你对课文中的人物有什么了解?读课文后,你对哪些人物有了进一步的了解？你还想了解《三国演义》中的哪些故事？"其后"阅读链接"节选了《三国演义》原著第四十六回，对应课文倒数三个自然段（用以对比阅读，感受原著与课文的不同"味儿"）；《景阳冈》课后"资料袋"简介《水浒传》以及人物插图和外号（是一种美的指引）；《红楼春趣》课后"阅读链接"林庚的《风筝》（可对比风筝的名字，略观《红楼梦》对人物和物件起名的艺术——隐喻），等等。

这些设计，无不在引导教师和学生经由读一篇短短的课文到实际阅读原文原著。更何况，还有"快乐读书吧 读古典名著，品百味人生"的跟进和支持。教学时，要用好这些设计，将其融入教学过程；要开好"快乐读书吧"，专课启动并跟进《西游记》等整本书阅读。

（二）为胜任阅读原著点一下"穴位"

用之于本单元的阅读教学，就是要为胜任阅读点一下"穴位"——既点到学生阅读理解课文之难穴，也点到学生怕读原著之痛穴。总之，点到"穴位"了，学生不管是阅读课文还是阅读原著都更加胜任。

不管难穴还是痛穴，"点穴"之道无非四招。第一招，"连滚带爬"地读。教科书编者也作了相应的提示，如《猴王出世》"遇到不明白的语句，可以猜猜大致意思，然后继续读下去"，《红楼春趣》"读读课文，能大致读懂就可以"等等。第二招，紧扣"编者意图"读。即按照教科书练习设计的要求，指导学生完成练习即可。这是作为课文——不论是精读还是略读——必须达成的基本目标。第三招，适当运用多种媒介阅读。中国古典名著四部都有影视作品，特别是《西游记》影视动漫等极为丰富且受孩子们欢迎。教学时，可以适当观看与课文内容紧密关联的影视作品，重点引导学生对比阅读，并琢磨文本与影视之间的联系，或将其改编为剧本——作为选择性课后作业。第四招，抖个"包袱"引发读原著。选自中国古典四大名著的课文，教学如果不能引发学生阅读原著的兴趣且阅读了原著，就不算是完整的有效的阅读教学。这样的教学，"可称之为'半截子'的阅读教学"。例如，《草船借箭》，诸葛亮还有哪些惊人的神机妙算？《景阳冈》，武松打虎之后去了哪儿？《西游记》中猴王有多少昵称，都是在什么样的情节中出现的？《红楼春趣》，宝玉真的不喜欢读书吗？等等。这些问题，都可能激发学生一探究竟的好奇心和求知欲，进而阅读、求证。可谓种下了读书种子。

（三）为长远阅读原著留一分"笨拙"

若能通过你的一节课，学生就想去读且真正去读《西游记》《水浒传》《三国演义》《红楼梦》，并窥见中华优秀传统文化精妙之一丝亮光，进而常常读、反复读，就是"功德无量"了。

综上所述，中国古典名著四篇课文的教学，既要把握住共性——透彻理解课文，"初步学习阅读古典名著的方法"，静心读书，享受浸润式阅读带来的审美体验，又要突出个性——为实际阅读做"引子"，为胜任阅读点"穴位"，为长远阅读留"笨拙"，合力实现经由读一篇课文到读原文原著的理想目标，增强中华优秀传统文化自信。

30. 基于幼小科学衔接的小学"适应期"语文教学建议

2021年《教育部关于大力推进幼儿园与小学科学衔接的指导意见》（以下简称《意见》）和2022年版义务教育各学科课程标准的颁布实施，标志着幼儿园与小学科学衔接提升到国家战略层面。幼儿园保育教育要做好"入学准备"，小学学科教育要做好"入学适应"，以确保幼儿园教育与小学教育双向互动、自然过渡。而具有"多重功能和奠基作用"的语文课程，是幼儿园教育与小学教育科学衔接的关键，必须知彼知己，坚持按课程标准"零起点"教学，努力设计"活动化、游戏化、生活化"的学习活动，实现幼小科学衔接的既定目标。

一、认真盘点"入学准备"与"入学适应"，知彼知己

《意见》为幼儿园保育教育与小学学科教育之间科学衔接、顺利过渡指明了方向。《意见》还提出诸如"大班下学期要有针对性地帮助幼儿做好生活、社会和学习等多方面的准备""将一年级上学期设置为入学适应期""改革一年级教育教学方式，国家课程主要采取游戏化、生活化、综合化等方式实施""坚持按课程标准零起点教学"等具体举措，确保幼小衔接双向互动、协同合作。

同时，《意见》还附了两个附件：附件一《幼儿园入学准备教育指导要点》从"身心准备""生活准备""社会准备""学习准备"四个方面提出指导要点；附件二《小学入学适应教育指导要点》与之对应，从"身心适应""生活适应""社会适应""学习适应"四个方面提出指导要点，且明显进阶，使《意见》好用、管用。

只要细读附件，幼儿园"入学准备"与小学"入学适应"就了然于胸。进一步一条条对照着读，我们还会发现，幼儿园"入学准备"的要求并不低，单就"学习准备"而言，幼儿园保育教育若果能"准备"如此，落实到位，一年级"入学适应"根本不是问题。试以语文"学习能力"为例，幼儿园的"入学准备"、小学一年级的"入学适应"与2022年版课标的相关目标要求差距并不明显（见表1）。换言之，从国家规范文件之规定来看，幼儿园大班与小学一年级在学习能力上并非截然区别，只要"各就各位"即自然衔接，就像水流一样。

表1 幼儿园入学准备、小学一年级入学适应和新课标对比表（部分）

项目	入学准备	入学适应	新课标（第一学段）
口语交际	在集体情境中能认真听并能听懂他人说话、有疑问时能主动提问。	在日常生活和课堂教学中能领会同学和老师说话的主要内容，并能积极做出回应。	能认真听他人讲话，努力了解讲话的主要内容。……积极参加讨论，敢于发表自己的意见。
讲述故事	能较清楚地讲述一件事情。	能较完整地讲述小故事，能简要讲述自己感兴趣的见闻。	能较完整地讲述小故事，能简要讲述自己感兴趣的见闻。
阅读	能说出图画书的主要情节，并有自己的理解和想法。	喜欢阅读，对感兴趣的人物和事件有自己的理解和想法，能随着作品的展开产生相应的情感体验。	能借助读物中的图画阅读。阅读浅近的童话、寓言、故事，向往美好的情境，关心自然和生命，对感兴趣的人物和事件有自己的感受和想法，并乐于与他人交流。
识字写字	能认识并书写自己的名字。	乐于在阅读的语境中识字。学习认识汉字的笔画和间架结构，初步掌握写字的基本笔画、笔顺规则。	学会汉语拼音。掌握汉字的基本笔画和常用的偏旁部首，能按基本的笔顺规则用硬笔写字，注意间架结构，初步感受汉字的形体美。

通过对比，不难发现，除了识字写字外，"入学适应"的要求并没有高出"入学准备"多少。而将"入学适应"期的要求置于课标的第一学段要求中，

第一学段要求就明显高于"入学适应"了。这就要求任教一年级的教师,通盘考虑入学适应、课程标准与教科书(第一册)的目标要求,关注它们之间的关联,透彻理解其精神实质,尤其要以入学适应和课程标准相关要求来把握第一册教科书的内容、知同见异(见表2),以精准制定教学目标,精确选择教学内容,精心设计教学方案以及评价标准等。如此,到位而不越位,便可使幼小衔接天衣无缝。

表2 幼儿园入学准备、小学一年级(第一册)教科书相关内容对比表

项目	入学准备	教科书第一册
口语交际	在集体情境中能认真听并能听懂他人说话、有疑问时能主动提问。	在一起做游戏中,做到大声说话,让别人听得见;注意听别人说话。在班级里做自我介绍,做到说话的时候,看着对方的眼睛。在公共场所说话,注意有时候要大声说话,有时候要小声说话。在完成任务中,能大胆说出自己的想法。
讲述故事	能较清楚地讲述一件事情。	尚未提出"讲述故事"的目标要求。
阅读	能说出图画书的主要情节,并有自己的理解和想法。	朗读课文,读准字音,注意音变(如"一"的不同读音),分角色朗读课文,注意读好长句子的停顿,等等。认识句子,认识自然段,仿照课文说话,了解童话中的人物、事物(如是什么、做什么等)、心情,联系生活经验了解左右、大小等相对性,等等。
识字写字	能认识并书写自己的名字。	能联系生活、事物,借助拼音、图画等认识300个生字;会写100个常用汉字(端正坐姿、正确握笔,按笔顺规则书写并注意笔画在田字格中的位置等);认识"一"等22个常用笔画名称和"木"等34个常用偏旁名称(结合其构成的字,初步了解典型偏旁部首的"表义"性质),等等。

通过"入学准备"与小学教科书第一册相关内容的比对,我们不难发现,小学一年级第一册教科书(也就是"入学适应"期)之间主要差距的具体表

现：口语交际和讲述故事几乎没有差距（"入学准备"甚至略高于"入学适应"），是完全适应的；"阅读"和"识字写字"差距比较明显，是不容易适应的。具体看：（1）阅读。主要是阅读量显著增加。一年级上册教科书共编排文本49篇（首/段），其中课文14篇、儿歌古诗韵文（在"我上学了"、识字单元、汉语拼音单元、《语文园地》等）27篇（首/段）、"和大人一起读"的故事或儿歌8篇，计3250字（不含标点符号。其中最长《猴子捞月亮》263字，最短《天地人》9字）。一年级"适应期"的学生，将这49篇朗读得正确、流利（还有其中要求背诵的课文11篇）都是不容易的，何况还有"仿照课文说话"等训练。（2）识字写字。不仅数量激增，从只"能认识并书写自己的名字"飙升到"会认"300个生字和"会写"100个字以及认识22个常用笔画名称和34个常用偏旁名称（还不包括汉字拼音的书写），而且质量猛升，如注意汉字笔画在田字格中的位置、掌握笔顺规则、做到"三个一"，"会写"字还要了解基本意思（能掌握借助图画、事物、典型偏旁部首示义，联系生活等方法），等等。

基于以上分析，一年级"适应期"语文教学的重点、难点、落脚点，显然都在识字写字和阅读（朗读）上。

二、正确理解"零起点"教学，因"学"施教

"坚持按课程标准零起点教学"，是《意见》提出的幼小科学衔接的关键举措，是"减缓坡度，降低难度"的必然要求。"零起点"教学，并不是从"零"——"一张白纸"——开始，而是基于《3—6岁儿童学习与发展指南》和《幼儿园教育指导纲要》以及《幼儿园入学准备教育指导要点》等所做的准备（现有发展区）开始教学。此其一。

其二，要"坚持按课程标准"实施教学。这就要求教师透彻理解课程标准第一学段的"学段要求"、"课程内容"（尤其是"学习内容"和"教学提示"）、"学业质量"等方面的目标要求、教学提示和质量标准，坚持依标施教（含学）、依标评教（含学），不得进行纸笔考试。

其三，毕竟课程标准是以"学段"为单位规划各项内容和目标的，要落细、落实，必须凭借教科书。因此，透彻理解教科书、吃透编者意图才是关

键一步。如上文所述，一年级第一学期的识字写字、阅读等教学任务（数量、难度）显著增加，坡度不缓、难度不低，如何"减缓"、如何"降低"，极大地考验教师的专业能力和教学智慧。而吃透并用好教科书实施"教—学—评"，是最基本的专业能力和最重要的教学智慧。反之，超课程标准超教科书要求实施"教—学—评"，是专业能力不及和教学智慧不济。

其四，以学为本，因材施教。一个班级的学生，不管人数多与少，也不管其在园"入学准备"充分与薄弱，都存在差异。教学的关键在正视差异、用好差异，长善救失。例如，鼓励表现好、进步快的学生当"小老师"，协助教师"教"那些需要帮助的同学。尤其是大班额教学更为迫切。如此，一方面，让表现好、进步快的学生因教同学而学得更好，同时获得被需要的成就感；另一方面，让需要帮助的同学得到及时帮助而跟上进度，同时获得被关心的归属感，彼此都快速适应学科学习的要求，增强班集体的凝聚力。

三、针对性设计"活动化、游戏化、生活化"学习活动

不论是《意见》提出"改革一年级教育教学方式，国家课程主要采取游戏化、生活化、综合化等方式实施"，还是课程标准要求"注重幼小衔接，基于对学生在健康、语言、社会、科学、艺术领域发展水平的评估，合理设计小学一至二年级课程，注重活动化、游戏化、生活化的学习设计"，都为幼小科学衔接提供了基本遵循。

将学习活动设计得"活动化、游戏化、生活化"一些，旨在与幼儿园的"游戏式"学习和"一日生活式"保育相衔接，努力减轻小学"冷板凳式"学习给幼儿带来的畏惧感、束缚感，但并不意味所有的学习内容和学习方式都是"活动"的、"游戏"的、"生活"的，尤其是"大班额小教室"的现实条件（即便是农村一些超小班级，也由于师资条件的限制，难以"活动化、游戏化、生活化"）限制，难以"动"起来。试想一个小小的教室里50多个孩子活动起来，会是什么样的场面，况且还有课桌椅！那么，如何"注重活动化、游戏化、生活化的学习设计"呢？

其一，更新教学观念。观念不更新，行动难改变。教师要切实树立以学生为主体、以学习为中心的教育理念，确立因学施教、以教促学的教学观念。

当然，以学为中心的教，是更有针对性的教、更有效的教、更高明的教。这样的教，必然要求教师遵循学生的身心发展规律和认知规律，要对教学目标和内容了然于胸，要精心设计和周密组织教学活动以及精准评价教学成效。否则，"以学为中心"就如痴人说梦、盲人瞎马。

其二，提高教学组织力。一年级学生的注意力、自制力都处在发展期，懵懵懂懂，若教学组织不得力，学习效率将大打折扣。因此，除提高教学内容和形式的吸引力外，还要讲究方式方法，以锻炼和提高学生的注意力和自制力。一是"儿歌式"的教学组织语言。诸如"睁大眼睛看过来""拉长耳朵听清来""一二三坐端正来"等。二是"分段式"的教学时间编排。将课堂四十分钟切割成"10—5/10—5/10"三段，"10"为教学新内容的时间、"5"为学间游戏或活动的时间（在这个时间段里，可以做身体各部分运动操，可以将所学内容编成儿歌童谣表演说唱，可以下座位自由活动等）。如此不断地调整学生的注意力并确保在注意力集中的时间里教学新内容，提高教学效益。

其三，因内容制宜。"活动化、游戏化、生活化的学习设计"是方向性的、原则性的，不能绝对化、教条化。换言之，不是所有教学内容都能够或适合"活动化、游戏化、生活化"的，必须因内容制宜，具体内容具体设计。

1. 《我上学了》的学习设计。如《我是中国人》，听老师介绍国旗和天安门城楼，了解自己的民族并在课本插图中找到"自己"；《我是小学生》可以表演唱《上学歌》，然后朗读；《我爱语文》可以"比一比"，谁的读书姿势、写字姿势（包括执笔）正确且坚持的时间长（如做"木头人"游戏）；《讲故事 听故事》可以设计成角色游戏，等等。

2. 汉语拼音单元的学习设计。汉语拼音是识字的工具，是常用的键盘"输入法"。汉语拼音抽象乏味且知识点多，发音技巧多，如果教学目标把握不准，教学活动设计不当，教学组织不力，就立即让学生体验到学习之繁难艰辛。"图—文—拼音"互动与"脑—口—手"并用的"活动化、游戏化、生活化"学习设计则是破解难题、减负提质的关键。

（1）"图—文—拼音"互动。汉语拼音单元每一课的插图尺幅大（往往是整页）、示形表义明显（如《ɑ o e》一课，小女孩张嘴发音表示"ɑ"；公鸡啼鸣图是"o"的形；大白鹅的倒影是"e"的形；小汽车分别在平路、上坡路、下坡路接着上坡路和下坡路上行驶，既表示"平阳上去"四声的形，又提示发音技巧等等）。教学时要充分利用图画的形象性和情境性帮助学习。从第 4 课《d t n l》开始到第 13 课《ang eng ing ong》结束，每课都编排一首儿歌韵文，一则增强内容的趣味性，二则通过阅读巩固拼音，增强了"活动化、游戏化、生活化"的可能性。教学时，要强化图与文与拼音的关联，看图识拼音符号、读文带动拼音，形成"图—文—拼音"互动共进的教学模式。

（2）"脑—口—手"并用。汉语拼音教学看似简单，其实不然，教与学不仅要动口、动脑，更要动手。动口，无须论证；动脑重点在看图想象和记忆；而动手常常被窄化和误解。"动手"，包括"抄写"和"用手势辅助发音"两项。抄写，其主要功能是帮助记忆，因此宜宽松要求，既可以突破"四线三格"的限制（因为孩子的手部肌肉发育尚难以完成如此精细的书写动作），也可以用手指代笔书写。手势辅助发音，是汉语拼音教学的传统且有效的手段，便捷、形象，活动化、游戏化。一般地，教学发音时，师生都伸出右手，五指并拢，掌心向上或向下，通过手部或手指动作示形表现发音要点或技巧。如，①四声的发音，右手平伸五指并拢掌心朝下，双眼注视中指指尖：发音平时，手从左向右平划约一尺的距离同时发音；发阳平时，手从下向上斜划约一尺的距离同时发音；发上声时，手先从上向下斜划约半尺后紧接着向上斜划约一尺的距离同时发音；发去声时，手从上向下斜划约一尺的距离同时发音。这样手口并用以确保四声发音到位且平稳饱满。②翘舌音、后鼻音等发音时的舌部运动，也需要手掌"代替"舌头演示动作变化，让学生"看见"同时模仿，以掌握技巧、准确发音，等等。如此"脑—口—手"并用，好玩又好用且有用。

3. 识字单元的学习设计。识字单元共 10 课，主要以儿歌、童谣、韵文为载体（其中《口耳目》侧重字形与字义直接关联，《日月水火》认识象形字，《日月明》了解会意字），要求"会认字"（能形音对应，不仅在本课中，在其他语境中也能"认"出来）共 100 个（含《语文园地》）；要求"会写字"（不仅"会认"，而且写得正确、有些字还了解它的意思或形义音之间的关联）共 40 个。这 10 课的教学活动设计适合以"活动化、游戏化、生活化"为主。如，《天地人》《口耳目》《日月水火》《对韵歌》《画》《大小多少》《日月明》等内容,诵读活动和猜字游戏相结合;《小书包》《升国旗》等内容,诵读活动和生活(实践操作)相结合。

4. 课文单元的学习设计。课文是"文选型"教科书的核心部分,是"识字与写字""阅读与鉴赏""表达与交流""梳理与探究"(简单地说就是"听说读写思")等语文实践活动的主要情境,因此,课文是培养学生的"文化自信、语言运用、思维能力、审美创造"等核心素养的重要载体。一年级"适应期"14篇课文,要完成的任务有八大项:(1)"会认字"152个(其中56个要求"会写",学习结合图画识字的方法);(2)认识常用笔画名称9个和常用偏旁名称25个;(3)明确要求掌握的词汇包括要求"会写字"在课文中的词语、"的"字结构词语(如,船 小小的船;金色的_____);(4)朗读课文,读得正确、流利,读准"一"的变调,读出人物角色,读好长句子的停顿;(5)背诵课文6篇;(6)认识自然段,认识逗号和句号;(7)理解课文相关内容,如《青蛙写诗》"说一说青蛙写诗的时候谁来帮忙了",《明天要远足》"你有过这样的心情吗?和同学说一说",《项链》"说一说:大海的项链是什么?"《雪地里的小画家》"雪地里来了哪些小画家?他们画了什么",《乌鸦喝水》"说一说乌鸦是用什么办法喝着水的",等等;(8)结合课文内容练习表达与交流能力,如《四季》"你喜欢哪个季节?仿照课文说一说",《影子》"你的前后左右都是谁",《比尾巴》"照样子做问答游戏",《大还是小》"你什么时候觉得自己很大?什么时候觉得自己很小",等等。如此繁重的教学任务(所列是教科书编者意图——即基本要求)要在规定的课时完成,其教与学的方式必然以常态的"教—学—评"活动形式为主且要加强教学组织管理能力,辅以"活动化、游戏化、生活化"的活动设计。比如,《小小的船》可以"读—唱—演"结合,《影子》可以做"踩影子"的游戏,《比尾巴》《青蛙写诗》《雨点儿》《雪地里的小画家》等可以角色扮演,《乌鸦喝水》可以边读/讲边演示等等,以增加阅读的兴趣性,锻炼具身认知力。

5. 口语交际单元的学习设计。现行教科书"口语交际"是在真实的口语交际情境中训练表达、倾听、应对的能力,具有高度的生活化、实用性,对应新课标的"表达与交流"语文实践活动和"实用性阅读与交流"学习任务群。教科书编排的《我说你做》《我们做朋友》《用多大的声音》《小兔运南瓜》都可以设计成"活动化、游戏化、生活化"学习活动，让学生仿佛"回到"幼儿园的"一日生活"中。例如，《我说你做》，可以把教室的桌椅推开，同学们围起来做游戏，在真实的游戏中"大声说，让别人听得见"且"注意听别人说话"；可以把《我们做朋友》的交际活动提前，让学生自由找同学"聊聊天"，在聊天的过程中掌握"说话的时候，看着对方的眼睛"，使每一个同学尽快"成为新朋友"；可以把学生带到图书室/馆阅读、实践并体验"小声说话"，以及模仿各种交际情境，实践并体验"不同时候"在"不同场所"要用不同的音量说话；可以"代替"小兔操作、独立或合作完成"运南瓜"的任务并"大胆说出自己的想法"，等等。这些交际活动都是真实的生活，每一位学生都是交际的主人而不是旁听生；每一个教学活动都是真实的任务而不是纸上谈兵。

6."快乐读书吧"的学习设计。"快乐读书吧"是为学生"爱读书、读好书、善读书"而专门设计的栏目。此栏目既根据学生的年龄特征推荐适合阅读的整本书，又编排了循环往复的阅读训练点（包括阅读习惯/阅读方法），以提高阅读实践和阅读指导的效能（见表3）。一年级适应期《快乐读书吧：读书真快乐》没有推荐固定的书目，设计教学活动时，一方面，注意对接"入学准备"，以图画书阅读为主，继续培养学生"说出图画书的主要情节，并有自己的理解和想法"的阅读能力；另一方面，阅读活动以"生活化"为主，重点在激发阅读兴趣、养成阅读习惯，如带领学生到学校图书室/馆阅读，扮演图画书中的角色讲故事，周末由父母亲带去书店看书，等等。

表3　统编教科书小学语文"快乐读书吧"阅读内容一览表

年级	文体	阅读习惯/阅读方法	类别
一上	不固定	主动阅读：借助图画和拼音阅读	短篇儿童文学作品
一下	童谣和儿歌	学会分享：交换图书	
二上	短小的童话故事	注意看封面的书名和作者；爱护图书	
二下	简单的儿童故事	学会看目录	

续表

年级	文体	阅读习惯/阅读方法	类别
三上	童话	1. 想象；2. 把自己代入故事	篇幅较长的汇编类作品
三下	寓言	1. 读懂故事；2. 联系生活经验理解道理	
四上	神话	1. 认识到神话对于古人的严肃性；2. 感受神话的宏大气魄	
四下	科普	1. 用学过的方法理解科学术语；2. 学会进一步质疑和探索	
五上	民间故事	1. 认识到民间故事的口头性特点；2. 感受民间故事的善恶对立和圆满结局的特征	中长篇名著
五下	古典章回体小说	1. 体会章回体的特点；2. 学会看回目	
六上	成长/教育小说	1. 以主人公为中心梳理人物关系；2. 把人物和情节联系起来记忆	
六下	以漫游为主题的世界名著	1. 沉下心读；2. 了解写作背景、做读书笔记	

综上所述，小学"适应期"的语文教学，要基于"入学准备"，把准课程标准，透彻理解教科书意图，因"材"制宜地设计"活动化、游戏化、生活化"学习活动，努力减缓坡度，使学生顺利过渡，尽快适应并胜任班级制学科式学习。